全国职业院校素质教育创新规划教材

劳动实践教育

(职教版)

宿 晖 张冬梅 梁 亮 **主 编**
路德旺 杨玉攀 郭劲东 **副主编**

中国商业出版社

图书在版编目（CIP）数据

劳动实践教育：职教版/ 宿晖，张冬梅，梁亮主编． －－北京：中国商业出版社，2021.10

ISBN 978－7－5208－1760－8

Ⅰ．①劳… Ⅱ．①宿… ②张… ③梁… Ⅲ．①劳动教育－中等专业学校－教材 Ⅳ．①G40－015

中国版本图书馆 CIP 数据核字（2021）第 172967 号

责任编辑：李飞 蔡 凯

中国商业出版社出版发行
010－63180647 www．c－cbook．com
（100053 北京广安门内报国寺 1 号）
新华书店经销
北京军迪印刷有限责任公司印刷

*

787 毫米×1092 毫米 16 开 12.75 印张 260 千字
2021 年 10 月第 1 版 2021 年 10 月第 1 次印刷
定价：38.80 元

* * * *
（如有印装质量问题可更换）

前 言
Preface

　　劳动是物质财富和精神财富的创造活动，对个人、社会、国家的发展都具有重要意义。

　　近年来，"劳动教育"一词热度再升。2018年9月10日，习近平总书记在全国教育大会上发表讲话，提出了"培养德智体美劳全面发展的社会主义建设者和接班人"的总要求，同时也对各级各类学校提出了切实加强劳动教育、科学构建劳动教育体系的新要求。2020年3月20日，中共中央国务院发布了《关于全面加强新时代大中小学劳动教育的意见》通知，提出要把劳动教育纳入人才培养全过程，贯通大中小学各学段，贯穿家庭、学校和社会各方面。同年7月，教育部印发《大中小学劳动教育指导纲要（试行）》，对各级各类学校劳动教育实施进行示范引领。

　　教育部《大中小学劳动教育指导纲要（试行）》指出："劳动教育是新时代党对教育的新要求，是中国特色社会主义制度的重要内容，是全面发展教育体系的重要组成部分，是大中小学必须开展的教育活动。"强调劳动教育具有鲜明的思想性、突出的社会性、显著的实践性。本书主要依据《大中小学劳动教育指导纲要（试行）》，从中职学校目前的劳动教育情况、中职生群体的特点出发，探究中职生在新时代应该掌握的知识理论和劳动技能，主要包括劳动教育与劳动价值观概述、劳模精神、工匠精神、创新精神、家务劳动、校园劳动、社会实践劳动、公共服务、劳动安全与劳动保护九方面的知识。内容循序渐进，强化学生劳动素养提升讲述榜样故事，侧重引导学生自觉实践注重劳动实践，全面助力学生成长成才。

　　希望本书能发挥劳动教育的综合育人价值，使学生理解和形成马克思主义劳动观，体会劳动创造美好生活，体认劳动不分贵贱，热爱劳动，尊重普通劳动者，养成勤俭、奋斗、创新、奉献的劳动精神，形成良好的劳动习惯。

　　具体来说，本书主要有以下特点：

　　1. 以劳动实践为核心，将劳动知识教育、劳动技能教育、劳动价值观教育、劳动素养教育有机结合起来，达成知识、能力、素养一体化的育人目标。

　　2. 贯彻课程思政理念，将知识与能力、情感与价值观、德育与思政等落实于过程与方法之中。从劳动认知到劳动实践，从家务劳动到社会实践、志愿者服务，知识、实践内涵丰富，覆盖面广。在劳动实践中，渗透课程思政、品德教育、劳动精神教育，是本教材突出的特色。

❖ 劳动实践教育

关于劳动实践教育考核，建议如下：

1. 以劳动技能、劳动素养评价为主（各占40%），知识性评价为辅（占20%）。

2. 知识性评价是对劳动知识、劳动精神及劳动价值观的了解、理解程度的认定，可采取命题考试、问卷、竞赛等形式进行。

3. 劳动技能评价是对各项劳动项目（主题）劳动技能的认定，包括劳动过程、劳动成果，采取成果导向、项目化评价。由劳动者完成劳动项目后形成劳动成果或劳动报告，进行自我评价，由项目组织者在劳动者自我评价的基础上进行评价。

4. 劳动素养评价是对劳动态度、劳动价值观及劳动行为习惯等进行的评定，侧重于劳动过程和劳动管理（如，7S管理），采取行为导向、项目化评价。由劳动者完成劳动项目后形成劳动报告，对自己的劳动过程中的行为规范进行自我评价，由项目组织者在劳动者自我评价的基础上结合劳动过程中的行为规范进行评价。

5. 劳动技能与劳动素养评价不可分割，在项目及过程中一同评价。

本书在编写过程中得到山东省济南商贸学校、济南市技师学院、济南传媒学校、济南市电子机械工程学校、盐城生物工程高等职业技术学校、山东文理教育投资集团等单位的大力支持。同时参考和借鉴了劳动教育研究方面的文献资料、网络资源和相关的研究成果，在此一并表示真诚的感谢。

由于编者水平有限，书中难免有不足和疏漏之处，敬请广大读者批评指正，也可以对本书提出宝贵意见，以便修订完善。

编者

2021年6月

目 录
Contents

第一单元　劳动教育与劳动价值观概述 ·· 1
　　第一课　劳动概述 ··· 2
　　第二课　劳动教育概述 ·· 11
　　第三课　树立正确的劳动价值观 ·· 18

第二单元　劳模精神 ·· 28
　　第一课　劳模与劳模精神 ·· 29
　　第二课　劳模精神的当代价值 ·· 35
　　第三课　弘扬和践行劳模精神 ·· 41

第三单元　工匠精神 ·· 49
　　第一课　工匠精神概述 ·· 50
　　第二课　工匠精神的价值 ·· 55
　　第三课　弘扬和践行工匠精神 ·· 60

第四单元　创新精神 ·· 68
　　第一课　创新精神概述 ·· 69
　　第二课　创新思维 ·· 77
　　第三课　创新能力 ·· 86

第五单元　家务劳动 ·· 92
　　第一课　衣物的洗护与收纳 ·· 93
　　第二课　民以食为天 ·· 100
　　第三课　起居有常 ·· 105
　　第四课　家庭保健与日常维修 ·· 110

第六单元　校园劳动 …… 116
　　第一课　维护校园环境 …… 117
　　第二课　塑造宿舍文明 …… 123
　　第三课　参加社团活动 …… 127

第七单元　社会实践劳动 …… 133
　　第一课　勤工助学 …… 134
　　第二课　假期实习与假期兼职 …… 141
　　第三课　顶岗实习 …… 146

第八单元　公共服务 …… 153
　　第一课　志愿者服务 …… 154
　　第二课　社区服务 …… 164

第九单元　劳动安全与劳动保护 …… 168
　　第一课　劳动安全与劳动保护概述 …… 169
　　第二课　劳动安全教育 …… 179

附录 …… 187
参考文献 …… 197

第一单元

劳动教育与劳动价值观概述

【知识目标】
1. 了解劳动的概念、劳动的内涵和外延及劳动的重要意义;
2. 熟悉劳动教育的现状、时代价值和实践路径;
3. 熟悉马克思主义劳动观和习近平新时代中国特色社会主义劳动观。

【能力目标】
1. 理解劳动的伟大意义;
2. 认识接受劳动教育的重要性和必要性;
3. 树立正确的劳动价值观。

【素养目标】
1. 端正劳动态度,形成积极的劳动心理准备。
2. 简单劳动行为养成。

劳动教育重要性,旨因影响价值观;
劳动伟大创价值,科学发展劳动观;
劳动知识须认知,劳动根脉要厘清;
劳动技能要培养,实践锻炼是关键;
劳动素养要提升,劳动习惯须养成;
劳动伴着品德炼,劳动创造人健全。

第一课 　劳动概述

课堂导入

在劳动中淬炼成长

炒一份"余老师同款蛋炒饭"、以"抗疫加油"为主题进行一场水果拼盘大比拼、养护一盆绿植作为特殊的开学礼物、制作一个手工包送给妈妈……由于新冠肺炎疫情，学生们经历了一段特殊的成长时光，这也成为进行劳动教育的一个机会。一些学校开展"厨艺云课堂""线上手工课"等活动，引导学生参与形式多样的家务劳动。一份份特别的"作业"让居家生活变得丰富多彩，也让学生们在一菜一饭、一针一线中体会劳动的滋味。

《尚书》有云："不知稼穑之艰难，乃逸乃谚。"的确，没有挥洒过劳动的汗水，没有体会过劳动的艰辛，就很难真正理解劳动的内涵，珍视劳动的价值。环顾我们周边，青少年"不知稼穑"的现象并不罕见。因为"课业忙""不重视"等，他们少有机会走进"实践的课堂"，难以对现实中的劳动有更多切身的体验和感受，在一定程度上折射出劳动教育淡化、弱化的现实。

"离开劳动，不可能有真正的教育。"教育家苏霍姆林斯基的话至今依然给我们深刻的启示。

资料来源：http：/opinion.peop1e.com.cn/n1/2020/0422/c1003-31682576.htm1，有改动

讨论：劳动的真正内涵是什么？劳动的意义在哪里？

课堂在线

对于"劳动"这一概念，人类的认识历史其实已经相当长了，很早以前古人便揣摩到了"劳动"的真谛。如"日出而作，日落而息"中的"作"便是对劳动的一种解释，其有"从事某种活动"之意。"春种一粒粟，秋收万颗子"就是对"农作"的直观解释。"劳动"是隐藏于民间口口相传的农作行为，也是现代国家法律里涉及的有明确界定的"劳动"行为。

一、劳动的概念

劳动是人们改变劳动对象，使之适合自己需要的有目的的活动，即劳动力的支出。劳动是人类社会生存和发展的基础。

马克思将劳动定义为"劳动首先是人和自然之间的过程，是人以自身的活动来引起、调整和控制人和自然之间的物质交换的过程"。国内外哲学、政治经济学和法学等诸多领

域的学者都对"劳动"这一概念进行过阐述。《现代高级英汉双解词典》中对它的解释为"劳动是心或身之劳作"。劳动是指人们使用一定的劳动工具作用于一定的劳动对象,创造某种使用价值或效用以满足人类自身需要的有目的的活动。

有的学者阐释,"劳动是人们为了满足物质、精神文化的需要,以及实现自身全面发展所进行的有目的的活动,是人能动地、创造性地利用自然资源、社会资源和人类自身潜能与客观世界进行物质交换并创造精神文化产品的过程"。

总而言之,劳动是人们为了创造使用价值以满足物质和精神需要而对体力与脑力的耗费。

二、劳动的内涵和外延

劳动的内涵就是它所含的本质属性的总和,而其外延是适合"劳动"的某些对象的范围及性质。理解劳动的内涵和外延,有助于进一步了解"劳动"这一概念。

(一) 劳动的内涵

我国宪法明文规定:"中华人民共和国公民有劳动的权利和义务。"这就要求每个有劳动能力的人,都要将劳动看成自己的光荣职责和神圣使命,必须以主人翁的态度对待劳动。

一般而言,劳动可分为脑力劳动和体力劳动两大类。劳动的成果是创造的物质财富和精神财富,所以体力劳动与脑力劳动统一在人的生产实践过程中,两者相互渗透,并没有完全的分割界限。

劳动精神作为一种意识活动,会反作用于劳动实践过程中。一方面,劳动精神会激发人们投身劳动的热情;另一方面,在劳动精神的作用下,人们将克服劳动中的困难,培养不怕辛苦敢为人先的毅力和品质。

随着时代的变迁,我们要牢牢把握劳动的内涵,因为劳动的外延是随着时代的发展而发展的。我们对劳动的认识也应该有所发展,跟上时代的要求。劳动这一概念应该是与时俱进的,随时代变化而具有不同的时代特征。因此,我们要在当今时代背景下把握"劳动"这一概念。

(二) 劳动的外延

劳动的外延是人类实践活动的一种特殊形式,多指创造物质财富和精神财富的活动。"实践"一词亦可指"劳动"。实践是指人能动地改造客观世界的物质活动,是人所特有的对象性活动。人的实践活动具有自主性,人通过实践不但能够认识客观规律,而且能够利用客观规律,使其为人所用。在《中国大百科全书·哲学卷》中,劳动被定义为"人类特有的基本的社会实践活动,也是人类通过有目的的活动改造自然对象并在这一活动中改造人自身的过程"。

《左传·宣公十二年》中有"民生在勤,勤则不匮"的说法。睿智的古人很早就理解了"不匮"与"勤"的因果关系。人的辛勤劳动能产生无穷的社会财富,是社会安定幸福的前提。改革开放以来,中国人民通过辛勤劳动创造了巨大的财富。随着时代的变化,

◆ 劳动实践教育

劳动的内涵和外延经历了巨大的改变，劳动的形式更加多样。今天，劳动不再局限于农业劳动，办公室、办公车间工作、实验室研究、图书馆写作都可称为劳动。在某种程度上，学生在学校努力学习也是一种劳动。劳动不仅仅指一项意义重大的工作，日常清洁是劳动，制造工具也是劳动。

当今的知识经济时代与马克思所处的时代相比，劳动在内容和结构形式上都发生了重大变化，劳动的各个对象的性质也产生了相应的改变。

1. 劳动形式的单一性和多样性

劳动不是固定不变的，而是一个充满丰富内容的可变活动，它随着社会生活实践的发展而不断丰富。随着科学技术水平的提高，物质产品不再能够完全满足社会需求，必须通过有形或无形的精神产品及其服务来满足。

2. 劳动范围的区域性和全球性

随着经济全球化的发展，劳动已超出传统意义上一个企业、行业甚至一个国家、社会的范围，而具有了世界意义。无论是劳动的创造还是劳动价值的实现，都因时代发展而具有了全球性。生产一件商品的劳动是否为社会所需要、是否能创造并实现其价值，不再仅仅由一国市场决定，而是越来越多地由世界市场决定。

3. 劳动要素的整体性和分离性

劳动是一种现实性的活动，只有各种要素在劳动过程中统一起来，才会有整体的劳动过程。

在知识经济条件下，劳动不再等同于一般劳动，知识劳动成为重要的劳动形式并影响整个劳动活动过程。它更多地表现为掌握了现代科技和劳动技能的劳动者，利用现代化的设备和技术体系，与劳动对象发生作用。在知识经济条件下，劳动的主体和客体及工具出现了一定程度的分离，使创造财富的劳动过程变得有序而简化。但是需要注意，分离没有也不可能否定劳动的整体性，而是更加突出劳动的整体性，是劳动要素整体性与分离性的统一。把握劳动要素整体性与分离性相统一，为认识和把握劳动与劳动结果的科学内涵奠定理论基础。

4. 劳动本质的稳定性和发展性

劳动是改造客观世界、引起物质变换的对象性活动，任何劳动都会产生一定的劳动结果；劳动是人类的本质活动，离开劳动，人类就不能生存与发展；劳动创造世界，劳动创造人本身，对劳动的这些基本认识表明，劳动的本质具有稳定性，但在不同的经济时代和资源条件下，人类劳动的内涵和外延都随之发生重大变化。在知识经济条件下，人类认识自然、改造自然的能力不断提高，科学技术发展迅速，赋予了劳动本质以新的内涵：劳动的内容将会更加丰富多彩，形式也越来越富于变化，劳动者的流动性将会增强，体力支出将会减少，智力支出则会越来越多，劳动的世界性将把人类联结为一体，生产效率也会越来越高，高效率人才的重要性会越来越突出，对人才的争夺也会愈演愈烈。

案例链接

梦桃精神穿越时空

岁月峥嵘，总有一种精神熠熠生辉。时光荏苒，总有一种信念生生不息。

党的好女儿赵梦桃离开我们已经57年了，咸阳纺织业也经历了翻天覆地的变化，而"高标准，严要求，行动快，工作实，抢困难，送方便"的梦桃精神却激励着无数一线工作者砥砺前行。

赵梦桃是原西北国棉一厂细纱车间的一名普通工人，在进厂的11年里，她曾42次被评为劳动模范红旗手，连续7年月月全面完成生产计划，并帮助13名工人成长为工厂和车间的先进生产者。她创造的一套先进的"巡回清洁检查操作法"在陕西省全面推广。

时代变迁，赵梦桃小组的精神接力依然不辍。这背后是一代代组员长期的付出。

"进赵梦桃小组之前，总觉得能进小组很光荣。进入小组之后才知道，赵梦桃小组不光意味着荣耀，更意味着要比别人吃更多的苦受更多的累。"赵梦桃小组第11任组长刘小萍深有体会地说。2003年，为了满足市场需求，企业技改频繁，一批高密细薄织物成为主要生产品种。赵梦桃小组试纺135支高支纱时，现有的摇车方法落纱时造成的断头率达90%以上，白花增多，产量下降，小组的生产管理和生产计划受到很大影响。而用同样的摇车方法落45支纱时，断头率仅有5%。经过反复试验分析总结，赵梦桃小组创新性地推出了"高支纱落纱方法"，60支以上的高难品种落纱断头率由50%下降到10%。新操作法在60支以上的高难品种上推广后大大提高了质量和效率，提高了产品市场竞争力。

赵梦桃小组第9任组长徐保凤至今难忘她刚进厂时的情景。当时，她对练技术很不适应，便觉得委屈辛苦。面对周围35℃左右的潮湿空气不绝于耳的机器轰鸣声，还有直钻耳鼻的飞絮，感受可想而知。她的手也被纱线划破了，钻心地疼。种种困难让徐保凤常常半夜躲在被窝里哭。她曾经想过放弃，但小组"大家庭"般的温暖让她最终留了下来。时光飞逝，光阴如梭。赵梦桃小组自命名以来，已经走过了57个春秋，先后经历了13任新老组员的不懈征战。

2019年11月，习近平总书记对赵梦桃小组人员亲切勉励："希望大家继续以赵梦桃同志为榜样，在工作上勇于创新甘于奉献精益求精，争做新时代的最美奋斗者，把梦桃精神一代一代传下去。"

"总书记给我们的亲切勉励让我们感到格外振奋。这是对梦桃小组各个组员最大的精神鼓舞。作为新时代的纺织青年梦桃精神的传人，我们一定不负众望，将梦桃精神继续传承好发扬好，在平凡的岗位上做出不平凡的业绩。"赵梦桃小组现任组长何菲坚定地表示。

这是一条让人赞叹的光荣之路，从20世纪60年代初延续至今。串串足迹传颂着英雄劳模们接力奋进的动人故事，书写着梦桃传人们敬业奉献的精彩华章。

这是一座令人仰望的精神高地。57年间，组长换了一任又一任。高、严、快、实的优良传统和作风丝毫没有丢。

在喧嚣嘈杂的织机轰鸣声中，在无穷无尽的纱海布浪里，吴桂贤、王西京、翟福兰、王广玲、张亚莉、韩玉梅、刘育玲、徐保凤、周惠芝、刘小萍、王晓荣、何菲，一代代梦桃传人始终把提高产品质量和挖掘生产潜力作为奋斗的方向，做表率、当先锋，带领小组成员一棒接着一棒跑，用热血和汗水谱写了感天动地的奋斗者之歌。

资料来源：http:/news.cnwest.com/bwyc/a/2020/03/26/18598192.html，有改动

三、劳动的重要意义

马克思认为，人与动物最大的区别就是人类劳动具有自觉性，"有意识的活动把人同动物的生命活动直接区别开来"。

1958年，中共中央、国务院关于教育工作的指示中明确地表示要将教育与生产劳动结合确定为党的教育工作方针。20世纪90年代，"教育必须与生产劳动相结合"的提法被写进了《中华人民共和国教育法》，并在2015年的修订稿中予以保留。事实上，我国各地区、各方面还存在劳动教育不同程度地被弱化、软化及淡化的社会现象。我国在第十三届全国人民代表大会常务委员会第七次会议上通过了对《中华人民共和国劳动法》（以下简称《劳动法》）等七部法律的修改决定，由此可见，国家对劳动及其保护颇为重视。劳动无论是对个人还是对社会，乃至对国家都有极其重要的意义。

1. 劳动是个体创造美好生活、实现人生价值的基本途径

习近平总书记多次强调，"幸福不会从天而降，美好生活靠劳动创造""幸福都是奋斗出来的""永远把人民对美好生活的向往作为奋斗目标"。劳动是个人实现人生价值，享受美好生活的基本途径。恩格斯也在《劳动在从猿到人转变过程中的作用》中指出，其实劳动和自然界一起才是一切财富的源泉，自然界为劳动提供材料，劳动把材料变为财富。但是劳动还远不止如此。它是整个人类生活的第一个基本条件，而且达到这样的程度，以至于我们在某种意义上不得不说：劳动创造了人本身。每个人都离不开劳动，美好的生活需要通过劳动创造，这是新时代劳动教育新的内涵。充分调动起人们作为劳动主体的积极性，使之为了实现美好目标而奋斗，可以说这是新时期对人们提出的新要求。

人的本质是通过劳动得以确定和形成的。劳动是人类最基本的生产活动，也是为了生存和发展而采取的最迫切的活动，劳动在人的幸福生活创造中发挥着巨大作用，正是通过劳动，人才具有了追求美好生活的基本条件和途径。与此同时，人在劳动的基础上形成各种观念上的思想。从哲学上讲，人类区别于动物的最重要的指标就是人能够制造和使用工具，劳动不仅造就了人类的标志特性，使之有能力、有可能追求美好生活，并且在劳动实践的基础上，人的本质力量不断地增强，各种生活需求也更为丰富且广泛。当前，我国社会的主要矛盾已经转化为人们日益增长的美好生活需要和不平衡不充分的发展之间的矛盾。人们不再满足于丰衣足食，而是要从中获取更多的满足感和幸福感，而这些需要通过加倍劳动获得。从这方面来说，劳动促进了人的自身发展，使人追求美好生活成为一种必然。美好生活，作为一种生活目标，是人们在实践中形成、有可能实现的一种未来理想生活状态。正如马克思所说，劳动已经不仅仅是谋生的手段，而且本身成了生活的第一需

要。这就要求我们把握好"美好生活靠劳动创造"这一基本价值指向，正确认识劳动在人的生存和发展中的重要地位，同时相信通过劳动必定能实现人的美好向往，实现人生价值。

> **案例链接**
>
> 当代"愚公"毛相林，用劳动、坚持和努力改变了一个村庄的命运。"井底之蛙，没有出路。要有出路，必须发扬愚公移山的精神，问天要路。"1997年，当时38岁的下庄村党支部书记毛相林，下定决心要带领村民凿山修路。"咱不能一直当穷汉，就算再难，我也要带头冲一冲。"毛相林一次又一次地在村民大会上给大家鼓劲，"山凿一尺宽一尺，路修一丈长一丈。这辈人修不出路来，下辈人接着修，抠也要抠出一条路来"。就这样，从1997年开始，毛相林便带领村民在悬崖绝壁上修路。绝壁上修路就是赌命，但是他却带头在绝壁上悬空钻炮眼、安放炸药雷管，带头搬石头、铺路。就像蚂蚁啃骨头一样，毛相林带领着下庄村人，在悬崖上艰难地一寸一寸向前推进。毛相林经常说："我是修路发起人，最重的活儿、最危险的活儿必须带头干。"
>
> 2004年3月，一条2米多宽、8公里长的"天路"终于修到了山外，下庄村结束了与世隔绝的历史。路通的那一天全村都沸腾了！毛相林再也抑制不住自己，他大声对着乡亲、对着这群山说："今天祖祖辈辈没有做成的事，在我们这一代终于把这条路修通了，我毛矮子，对得起全村的人，对得起死去的兄弟们！"
>
> 路修通了，接下来，毛相林还要打通村民们的"致富路"。毛相林请来县里的农业专家对下庄村的气候、土壤环境进行全面考察分析，确定了发展柑橘、桃树、西瓜三大产业。2015年，下庄村在全县率先实现整村脱贫。2019年，下庄村人均年收入已达到一万两千多元，比通路前翻了40多倍。如今的下庄村水果经济四季不断，种小麦、种油菜，绿色山货供不应求，外地的媳妇愿意嫁进来了，70%的农户都有小轿车……

2. 劳动是推动人类社会进步的根本力量

营造劳动光荣风尚是新时代劳动观教育的突出要求。随着社会的变迁和发展，劳动光荣的意识在不同的时期有着不同的意义。在中华人民共和国成立之前，劳动光荣多强调的是在道德上的认可和执行。在某种程度上可以说人的劳动过程就是一个道德的打磨过程。是否劳动、劳动的态度及最终的结果可以反映一个人品德的高度。但是，这种道德化的解释存在一种弊端，即人们的道德观念会伴随着利益关系而发生变化。中华人民共和国成立以后，劳动光荣的观点开始突出表现为劳动人民在政治上的被尊崇，劳动发展成为思想政治教育中重要的环节，故此，劳动光荣开始成为社会主义社会的一个主旋律。劳动是光荣而神圣的存在，劳动的主体——人也有了一个光环。无产阶级是为广大劳动人民服务的，所以，那时的劳动和劳动人民的社会地位也有了很大的变化。

改革开放以后，随着人们对物质财富要求的提高，劳动光荣的重心逐渐偏移到对物质的获得感和满足感上。这一转变表明了人们越来越重视劳动的具体性和实用性，从而形成为满足生产力快速发展而产生的劳动的发展。

新时代到来，劳动光荣着重强调劳动人民在精神上的重塑，产生了劳模精神、工匠精神、创新精神等新兴词汇。它们是对我国广大劳动人民的劳动和生产实践活动所做出的高度凝练与本质概括，是全体劳动人民在为实现中华民族伟大复兴中国梦的路上写下的浓墨重彩的一笔。至此，劳动光荣被赋予了更多的活力和更新的价值意义。营造劳动光荣的社会风尚是一个长期且复杂的过程，离不开劳动人民的道德认可、政治遵从、物质满足和精神塑形。在社会主义现代化建设的发展和变化中实现劳动光荣，更是一个艰巨但意义深刻的任务，可以说，劳动是推动人类社会进步的根本力量。在现在科技发展、精神文明建设颇具活力的新时代，要想传递富有新含义的"劳动光荣"理念，必须把它作为新时代劳动教育的出发点和最终归宿。

3. 劳动是富国强民的重要举措，是国家发展的前提和力量

马克思曾说，任何一个民族如果停止劳动，不用说一年，就是几个星期，也要灭亡。一个国家的发展无疑是靠劳动支撑起的各行各业的有序进行，从一个人依靠劳动自力更生到千百万人依靠劳动丰衣足食，支撑起来的是整个国家的安定和发展。

我们都知道，当中国还处于封建社会的时候，西方国家已经出现了新的生产方式。中国没有跟上世界历史转变的潮流，在西方坚船利炮的冲击下陷入了内忧外患的境地。在这种背景下，仁人志士高举挽救民族危亡和国家振兴的旗帜，不再局限于封建的农耕劳作和手工作坊，开始学习先进的科学技术和机器生产，同时带动了教育的现代化。经过了新民主主义革命和社会主义革命，虽然建立了中华人民共和国和社会主义制度，但经济水平远远落后于世界先进水平，这就决定了我们必须解放和发展生产力，工人阶级作为先进生产力的代表冲在前面。自改革开放以来，我们提出建设富强民主文明和谐的现代化国家，确定了全面建成小康社会的奋斗目标，强化人民的劳动主体地位，强调劳动的客观价值和意义。可以说，没有全国劳动人民对待劳动的热情，以及积极进取的决心和力量，社会主义事业的进程不会达到目前的阶段，蓬勃发展的势头更要后延。

习近平总书记曾强调，"弘扬劳模精神，弘扬劳动精神，弘扬我国工人阶级和广大劳动群众的伟大品格，在实现两个一百年奋斗目标的伟大征程上再创新的业绩，以劳动托起梦想"。劳动托起中国梦是新时代劳动教育的重要方向，是实现中华民族伟大复兴的强大动力。实现中华民族的伟大复兴是中华民族近代以来最伟大的梦想。这种伟大梦想是与中华民族劳动人民的劳动和实践紧密联系在一起的。

一切为我国社会主义现代化建设和为中国梦的实现助力的劳动都是光荣的，都值得敬佩，参与这一伟大进程的所有劳动人民都应该得到尊重，因为这一切归根结底都是为了实现国家富强、民族振兴和人民幸福的目标。"中国梦"是每个劳动者的"中国梦"，"劳动者"是一同实现"中国梦"的劳动主体，实现中华民族伟大复兴的"中国梦"是广大劳动人民伟大劳动、不懈奋斗的价值指向。

案例链接

铁路女青年的青春之歌

中华人民共和国成立后,国家决定在蜀道修建一条电气化铁路——宝成铁路。这一消息令全国人民振奋,更激励了聚集在秦岭的铁路大军的昂扬斗志。

1954年年初,刚从唐山铁道学院铁道建筑工程系毕业的白淑萱被分配到铁道部工程总局第六工程局第二工程段。她是中华人民共和国培养的第一批女大学毕业生,认为能为祖国修建铁路是一项无比光荣的事业。面对巍峨的秦岭,白淑萱立志从这里开始,把青春献给祖国的铁道事业。

在参加宝成铁路宝鸡至凤川段铁路施工的日子里,白淑萱不畏山高路险,勇敢地带领测工在险峻的秦岭山区测量,几次与死神擦肩而过。在技术岗位上,白淑萱以"谁说女子不如男"的气概勤奋工作,毅然承担了宝成线管段内隧道的施工技术工作。当时,隧道施工设备落后,工人用手风钻开挖隧道,施工时洞内飞扬着灰色粉尘,空气污浊,令人喘不过气。黑发姑娘进洞工作后,出洞时就成了"灰毛女"。尽管工作环境如此艰苦,但白淑萱想到宝成铁路建成后人们将乘坐火车在他们修建的隧道中穿行时,便感觉任何辛苦都是值得的。于是,她不分白天黑夜坚持到洞中测量,按设计要求严格施工。

白淑萱还非常关心工人施工安全。一天,她统领工员、测工进洞检查安全时发现险情,立即飞奔到工区报告。工区主任赶到现场,立即采取防范措施。当夜,山坡塌方,将隧道洞门掩埋,幸亏他们提前将洞内工人撤离,才防止发生一次重大伤亡事故。

白淑萱凭着她在学校学到的铁道建筑工程专业的知识、技能和体育锻炼得来的强健体魄(她曾任学校女篮队队长),同工友一起打隧道、建桥梁,展现了新一代女青年的精神风貌。在云横秦岭的宝成铁路施工战线上,白淑萱谱写了一支铁路女青年的青春之歌。

中华人民共和国第一条电气化铁路——宝成铁路建成通车已经60多年了,在回望中华人民共和国铁路发展的光辉成就时,人们不会忘记那些崎岖蜀道上的铁路建设者。白淑萱在参加宝成线宝鸡至凤川段施工时,获得陕西省劳动模范及全国劳动模范荣誉。之后几十年,她一直保持劳模品格,为陕西铁路辛勤工作。

实践行动

生活劳动体验感知

【实践目的】
通过参与劳动,认真体会劳动过程,让学生感受自己的身体、知识、思维能力、意志和人际关系等方面的改变。

【实践内容】
(1) 确立本次劳动的形式。例如,烹饪、打扫卫生、洗衣物、公益劳动等。

❖劳动实践教育

（2）学生根据自己的意愿选择一项劳动，记录劳动内容以及劳动过程中涉及的他人。

（3）根据本次劳动，学生反思自身的肢体运动能力、感知能力、知识、思维能力和人际关系的变化，并做出记录。

（4）填写下列劳动报告：

劳动项目	劳动内容	劳动过程	劳动成果质量（评价）
烹饪			
打扫卫生			
洗衣服			
收获与感悟：			

第二课　劳动教育概述

课堂导入

劳动教育，有必要吗？

例一： 小朱是某高校的一名大学生，听到学校要开展劳动教育时，发表了自己的看法："现代科技越来越发达，很多传统劳动都可以被科技产品替代，我觉得没必要把时间浪费在学习这些生活技能上，因为对每个人来说都应该做自己擅长、能为社会做出最大贡献的事。"

例二： 小包参加了学校组织的学农活动，度过了一周与田野大地、劳作生活亲密接触的时光，回校后写的作文还获得了高分。"虽然累，但是很开心，比农家乐还有意思。"小包回到家后对父亲说。当被问到学农、职业体验活动等一系列劳动教育深层次的感受时，小包一脸严肃地讲道："体力劳动实在太辛苦了，因此我得用功学习，上好大学、选好专业，成长为高端人才。"

讨论：
(1) 你赞同小朱和小包的看法吗？为什么？
(2) 劳动教育有何意义？请结合自身的经历或见闻谈谈你对劳动教育的看法。

课堂在线

很多人都有这样一段经历：开学第一天，学校就会组织全校学生进行拔草、卫生大扫除等活动，其实这些就是学校中"劳动"的典型例子。大多数学生对此认真对待，但是也有少数学生对劳动产生怠慢甚至抵触的心理。一些学生或家长对此提出异议，表示学校是学习的地方，进行这样的劳动会浪费学生很多学习时间和精力，甚至有人认为这是学校在用学生进行免费的卫生清洁，是不该有的现象。

其实，有这种想法的人是没能理解"劳动"对于学生和学校的意义，错误地认为学生"只能攻学习"，也将学校教育做了片面化解读。

一、我国劳动教育的现状

在国家、社会和学校的共同关注下，当前，学校劳动教育得到了一定程度的发展并取得了一定的成效，但学生劳动教育仍然相对滞后，仍然是学校教育的薄弱环节，存在的问题不容忽视。当前我国学校劳动教育存在的问题主要表现在以下几个方面。

（一）劳动教育的观念相对淡薄

学校教育以学生科学文化知识的学习为主，注重学生专业知识的传授，而忽略了学生

◆劳动实践教育

劳动价值的引导、劳动精神的培养、劳动习惯的养成及劳动实践锻炼等方面的教育。首先，在理论教学中主要以学生专业文化知识的掌握为教学目标和考核内容，关于学生劳动价值观和劳动精神的教育则内容甚少，而且教育效果与教师自身的劳动价值观和劳动素养有很大关系，劳动教育无专门的课程设置。其次，在劳动实践方面，各学校的专业实习时间相对较短，专业实习时间也安排得较晚，难以与专业理论学习紧密衔接。另外，学校对学生日常劳动习惯养成关注较少，学生劳动习惯培养尤其是体力劳动的锻炼在很多学校相当缺乏且没有被重视。

（二）劳动教育缺乏科学系统的管理

劳动教育取得良好的效果离不开科学设计和有效管理，而当前我国多数学校对劳动教育缺乏科学系统的管理，主要表现为以下两方面。

1. 劳动教育的物质投入和保障不到位

学生劳动教育的开展需要人力资源、教学设备、劳动工具和劳动场所等的投入。而目前多数学校对劳动教育的资金支持和物质保障都很有限，因此学生劳动教育的顺利开展受到很大的限制，劳动教育的积极性很难得到充分的发挥。

2. 劳动教育的制度保障不充分

劳动教育受到多种因素的制约，缺乏科学系统的管理制度是目前导致学生劳动教育存在诸多问题的关键所在。没有专门的组织机构和有效的管理机制，缺乏专门的部门来落实，缺乏专门的人员来统一规划和管理，最终导致劳动教育缺乏时间保障、缺乏组织管理及氛围。

（三）劳动教育的内容和形式缺乏时代性

随着时代发展，当今学生主体的个性不断变化，而目前学校劳动教育的内容和形式长期一成不变，缺乏时代性，难以吸引学生，难以适应新时代的教学要求。因此，在日新月异的时代，学生劳动教育的内容和形式需要不断与时俱进，不断发展和创新。在新的时代下，劳动教育应结合实际问题，增加劳动教育对学生的吸引力，使其更具实效性，真正起到提高学生劳动素养、促进学生全面发展的作用。

（四）劳动教育的普及程度不高

由于学校对学生劳动教育的重视程度不够，相当一部分学生在劳动价值观方面出现了偏差，缺乏必要的劳动精神和劳动品质，劳动习惯较差。学校在推进劳动教育的过程中存在诸多问题，没能及时有效地解决学生存在的问题。比如，学校提供的劳动岗位数量有限，只有一小部分学生获得锻炼机会。在学校组织的公益劳动志愿服务等劳动实践活动中，学生主动参与劳动实践的自觉性较差，活动容纳的人数有限，使学校劳动教育的受众面小。而校外的勤工助学社会实践等也由于信息渠道不畅、信息的可靠性和安全性等问题，极大地限制了学生参加劳动实践的机会。

二、劳动教育的时代价值

2015年，习近平总书记在庆祝五一国际劳动节暨表彰全国劳动模范和先进工作者大会上的讲话中曾经强调："在前进道路上，我们要始终弘扬劳模精神、劳动精神，为中国经济社会发展汇聚强大正能量；要始终坚持人民主体地位，充分调动工人阶级和广大劳动群众的积极性主动性和创造性；要始终实现好、维护好、发展好最广大人民根本利益，让改革发展成果更多更公平惠及人民；要始终高度重视提高劳动者素质，培养宏大的高素质劳动者大军。""劳动"一直是一个时代话题，热度经久不息，在当代仍显示出极大的时代价值。

（一）有助于完善德智体美劳全面发展的教育体系，助力全能人才的培养

学校教育的主要任务是为祖国培养德智体美劳全面发展的社会主义建设者和接班人，培养具有正确世界观、人生观、价值观、劳动观及事业观等的人才；学校肩负着"为人民服务，为中国共产党治国理政服务，为巩固和发展中国特色社会主义制度服务，为改革开放和社会主义现代化建设服务"的神圣使命。为完成伟大的使命，国家大力拓展德智体美劳全面发展的教育方针。新时代加强劳动教育，是学校立德树人的重要组成部分，是对新时代教育方针的丰富和贯彻落实，是形成高质量人才培养体系的必然要求。

根据新时代马克思主义劳动观以及新时代劳动者素质培养目标，劳动教育要正确处理各种劳动范畴的关系，正确处理学习与其他劳动的关系，让受教育者明确认识到学习科学文化、参与科研也是脑力劳动的一种，是受教育者的主要劳动形式和内容。投身科研就是参加脑力劳动，热爱学习热爱科研也是热爱劳动的一个重要表现。在知识不断更新的时代，在个人职业不得不发生转换的现代社会经济发展中，学会自主学习以及正确的脑力劳动方法和技能，培养热爱劳动的习惯有利于培养高素质劳动力，维持和提高劳动力的价值，更有利于提高受教育者的职业适应度，降低职业转换率及减少时间，进而提高整个社会的经济效益。就此而言，学会学习就是学会脑力劳动，无论是对社会还是对个人，都具有更为重要的意义和价值。正是由于受教育者在学校所从事的主要是脑力劳动，这才使适当的见习实习劳动，公益劳动及家务劳动等成为其必要的补充。

劳动教育是新时代党的教育方针的重要组成部分。劳动教育既与德育、智育、体育、美育相互联系，又有独特的价值与功能。劳动教育有利于树立优良的品德，培养劳动精神是高校进行德育的重要部分，是培养学生正确的世界观、人生观、价值观的必要途径；劳动教育有利于促进智力的发展，"实践是检验真理的唯一标准"，学科实习、各学科的实验等科学技能的培养都是通过劳动来实现的，因此劳动教育是高校增强智育的重要途径；劳动教育有利于增强体魄，有利于提高学生对事物的审美。劳动最根本的价值在于立德树人。加强劳动教育有独特的功能，有利于培养全社会形成重视劳动、热爱劳动、劳动最光荣、劳动最伟大的价值观念，促进形成爱岗敬业、脚踏实地、一丝不苟、精益求精的劳动精神；促进学生对劳动过程的理解，遵循劳动流程和规则，构建专业的、严密的劳动知识技能框架，熟练掌握劳动工具的操作，培养高端人才。

❖ 劳动实践教育

随着高等教育和社会经济的发展,大学的职能在不断扩展,承担着人才培养、科学研究、社会服务、文化传承等使命,然而无论大学如何发展,社会经济环境如何变迁,以"立德树人"为标准的人才培养工作始终是大学的根本任务。发展经验和实践证明,劳动教育是培养、造就全面发展人才的必要条件,也是基本途径和有效途径。学校应该紧随这一目标要求,增强学生热爱劳动的文化意识,培养学生在日常生活中热爱劳动的习惯,强化学生劳动作为中华民族优秀文化应该被传承的意识,重视劳动教育对学生身心发展的重要性,促进学生德智体美劳全面发展。

(二)有助于建设高素质劳动者大军,实现中国梦

习近平总书记曾指出:"人世间的美好梦想,只有通过诚实劳动才能实现;发展中的各种难题,只有通过诚实劳动才能破解;生命里的一切辉煌,只有通过诚实劳动才能铸就。"劳动教育是实现中国梦的强大助推力量。"以劳动托起中国梦",最根本的要依靠劳动者的诚实劳动、辛勤劳动和创造性劳动。在新时代,我国经济发展的主要特征是由高速增长阶段转向高质量发展阶段。《中国制造2025》行动纲领指出,力争通过"三步走"实现制造强国的战略目标,做强实体经济,建设知识型、技能型、创新型劳动者大军。在这种充满生机的背景下,高度重视增强劳动教育是实现所有伟大目标的必由之路,有着更为迫切的现实意义和历史意义。改革开放以来,我国经济发展迅速,这得益于开放包容的政策、改革红利、自然资源红利、人口红利、国际贸易投资环境红利等。当前,我国经济发展存在许多主要问题,如体制结构仍不尽合理,长期形成的结构性矛盾和粗放型增长方式尚未得到根本改变;城乡区域经济社会发展仍不平衡;农业基础薄弱,农民收入偏低,农村发展滞后的局面尚未改变;通货膨胀的压力依然存在等。为了解决一系列的问题,势必要转变经济发展方式,优化经济结构,促进产生新的经济增长动力。因此,必须打造一支优秀的、热爱劳动、精通劳动的大军,这就需要制定新时代的教育方针,将增强劳动教育作为其重要的一部分。加强劳动教育,有利于培养高素质的劳动者大军,激发人们争做优秀的"能工巧匠"和无私奉献的"大国工匠",为我国由"中国制造"走向"中国创造"源源不断地提供人力资源、智力源泉和创新的灵魂。

高校加强劳动教育,一方面可以促进当代学生认真学习科学文化知识,形成深厚的知识文化功底,构建清晰有条理的学术框架;另一方面,有利于学生树立和坚定理想信念,塑造高尚的人格,培养热爱劳动的光荣情怀,树立崇高的科学的社会理想,自觉地将个人理想与社会理想有机结合,把倡导对国家集体的责任感和奉献精神与满足个人的利益愿望实现个人的价值统一起来,在实现个人理想的同时,主动为建设中国特色社会主义现代化强国贡献自己的一份力量。

改革开放以来,全国高校坚定不移地遵循有中国特色的社会主义课程来教学,持续推进教育体制改革,不断地创新教学方式,重视素质教育,着重培养德智体美劳全面发展的人才,增强学生对社会的认知和学习,促进学生增强为人民服务的责任感和使命感,激发学生勇于探索的兴趣,增强学生善于发现和解决问题的能力。但是,在现实生活中存在劳动教育被虚化弱化软化边缘化的现象。一段时间以来,由于受到我国传统文化中不合时宜

思想，如"劳心者治人，劳力者治于人""万般皆下品，唯有读书高"等落后观念的不良影响，以及拜金主义、投机主义和享乐主义等的冲击，出现了一些不求上进的"啃老族"，部分学生"四体不勤，五谷不分"等现象。在一项对某所学校400名本科学生的调查中发现，大部分学生能正确认识劳动，热爱劳动，具有正确的劳动态度和劳动价值观，但是学生缺乏参与实践劳动的积极性。究其原因，当个人愿望得不到满足或遇到挫折和失败时，一些人容易产生消极否定情绪，导致他们产生抱怨退缩放弃等心理，降低了他们的劳动积极性。

为解决上述问题，学校应加强对学生的劳动教育，重视劳动教育对国家和社会发展的重要影响。全国高校加强劳动教育，有利于学生更好地掌握科学知识，增强动手实践能力和自学能力，从而提高课堂教学质量，促进优秀人才的培养；有利于学生体会到劳动的乐趣，培养学生参加劳动的兴趣，促使其发自内心地接受并热爱劳动；有利于学生认识到劳动的艰辛，切身体会"谁知盘中餐，粒粒皆辛苦"的劳苦，学会尊重劳动者，珍惜劳动成果；有利于学生在挥洒汗水多次尝试中塑造强大的心理素质，在艰苦奋斗、顽强拼搏中磨炼自己的意志，使自己变得更加强大；有利于学生形成正确的就业观，促进学生提高创新创业能力。

(三) 有利于强化青年学生思想政治教育，拓宽思想政治教育的路径

劳动教育有利于强化思想政治教育的实践性。劳动教育是实现立德树人价值的基本途径，也是将学生培养成为国家和社会服务贡献的重要向导。习近平总书记说："青年一代有理想、有本领、有担当，国家就有前途，民族就有希望。"劳动教育有利于学生树立坚定的理想信念，有利于学生增强各项本领，有利于培养学生成为有责任有担当的社会主义建设的接班人。

劳动教育有利于提升思想政治教育的针对性。在实际生活中，一些学校在实施对学生思想政治教育的过程中忽略了对学生的劳动教育。这使学生可能长期与劳动实践相脱离，不能正确认识劳动，缺乏劳动观念，养成严重的依赖性，独立生活能力差，动手实践能力低下，缺乏团结协作的积极性，容易形成以自我为中心的狭隘思想，缺乏服务贡献国家和社会的意识。而要解决这些问题，学校必须将加强劳动教育重视起来，培养学生的劳动意识和能力，增强学生的劳动意识并激发劳动情感，锤炼学生的劳动意志并培养劳动能力，强化学生的劳动锻炼并落实劳动行为。

(四) 有助于增强学生热爱劳动的文化意识，传承优秀文化

中华民族优秀传统文化中蕴含勤劳勇敢自强不息的思想精华，热爱劳动是我们站稳脚跟的根基，也是我们推进新时代的起点。在历史上，人们通过劳动把自然界变成活动的对象，自身的价值也得到体现和升华。凡是在劳动中有突出贡献的人都成为人们倾情歌颂的对象，成为万民敬仰的英雄。对劳动的肯定和推崇以及对劳动人民的认可和褒扬，可以在神话故事、名人典故、诗词歌赋、书法绘画中找到相应的"基因"。劳动观因中华民族优秀传统文化而更加具有历史厚重感，反映民族特色，彰显民族优秀品格。

尊重劳动，尊重劳动者，是事关社会根基的大命题。但在现实生活中，无其是青年一

代，对劳动的意义缺乏基本认识，对劳动者缺乏基本尊重，因此，加强劳动教育具有十分重大的现实意义。用劳动精神培育新时代青年不仅是青年人才综合素质培养的要求，而且是民族复兴的时代要求。2018年9月，习近平总书记在全国教育大会上强调："要在学生中弘扬劳动精神，教育引导学生崇尚劳动尊重劳动，懂得劳动最光荣、劳动最崇高、劳动最伟大劳动最美丽的道理，长大后能够辛勤劳动、诚实劳动、创造性劳动。"这一重要论述明确提出了用劳动精神来培育新时代青年的要求，并为当前社会中存在的青年劳动精神缺失与弱化的问题，以及要传承中华民族热爱劳动的文化指出了目标和解决方向。

案例链接

播撒希望种子的奉献者

2017年9月25日，复旦大学钟扬教授在去内蒙古城川民族干部学院出差讲课的途中遭遇车祸，而此前他已订好9月28日去拉萨的机票，因为他要赶去和西藏大学的同事商讨一流学科建设问题。53载人生虽然短暂，钟扬却用了16年奔赴野外盘点青藏高原植物种子资源，为人类"种子方舟"收集了4000万粒种子，填补了世界种子资源库没有西藏种子的空白，并带领西藏大学的生态学科进入一流学科建设名单；他用10年时间在上海种下一片红树林，为后人留下美丽景观和生态屏障；他用心血培育一大批优秀学子，其中不少少数民族学生已遍布西藏、新疆、青海、甘肃和宁夏等西部省份和自治区。

他的同事中国科学院院士、复旦大学副校长金力说："钟扬是一个与众不同的人，他是一个追梦者。"曾与他短暂共事的中国科学院院士、中国科技大学校长包信和说："钟扬是一个特别纯洁和高尚的人，没有私心杂念，他一心扑在教育事业上，始终坚守他的初心。"他复旦大学研究生院的同事说："过去我们加班再晚，离开办公室时，都能看到钟老师办公室的灯亮着。现在，他办公室的灯不再亮了，但是他点亮了我们每个人心中的灯，让我们每个人都思考人生的价值。"

资料来源：http：/dangxiao.fudan.edu.cn/e7/ea/c8873a124906/page.htm，有改动

三、劳动教育的实践路径

劳动观念的普及从来都不是短期可实现的，它需要一个循序渐进的过程。劳动教育的实践路径大体可分为明确目的与意义、丰富内容与形式、构建体制和机制三个阶段。

学生是劳动教育的主体，充分发挥主体的主观能动性是有效开展学生劳动教育的核心和关键。学生应积极主动地参与劳动教育，提高对劳动教育必要性和重要性的认识。

1. 树立正确的人生观和价值观

学生应自觉树立崇高的人生价值观，认识自身担负的使命和责任，理解个人价值的实现不在于个人享受，而在于对国家、社会和他人的贡献。狭隘的个人价值观将极大地限制个人的发展。只有树立正确的人生价值观，才能意识到自身担负的责任与使命，进而形成提高自身品行的自觉。

2. 清楚地认识自身存在的问题

学生在树立崇高人生价值观的同时，应清楚地认识到自身存在的问题和差距。当代学生成长条件普遍优越，由于家长呵护及学校劳动教育的缺失而出现心态浮躁、眼高手低、逃避困难、害怕挫折等一系列问题。学生要清楚认识到自身问题，找到原因并积极寻求改变，才能提高投身社会承受挫折的能力。

3. 正确认识劳动教育的必要性

学生应通过劳动教育获得正确的劳动价值观，通过劳动实践获得生活的独立，增强面对挫折的心理素质，提升自身品格与能力。正确认识劳动教育的必要性是充分调动学生参与劳动教育热情，激发学生通过劳动实践提高自身综合素质自觉性的前提，只有在此基础上，劳动教育才能取得良好的效果。

实践行动

学习劳动教育

【实践目的】

培养学生自主探究能力，理解新时代劳动精神。

【实践内容】

1. 阅读《中共中央国务院关于全面加强新时代大中小学劳动教育的意见》，查阅相关文献（包括纸质书籍和互联网资源），了解国家对劳动教育的要求，将劳动教育的基本内容填写下表：

劳动种类	劳动内容	劳动知识	劳动技能	劳动素养（价值观等）
1.				
2.				
3.				
4.				
5.				

注：空行不够可外加。

2. 撰写一份劳动教育建议报告，谈谈你对劳动的认识和劳动教育活动的开展建议（不少于700字）。

第三课　树立正确的劳动价值观

> **课堂导入**

部分青少年劳动价值观异化五大怪象

现象一：好逸恶劳嫌贫爱富，不尊重劳动和普通劳动者

受社会不良风气及家庭教育不当影响，一些孩子从小形成了"劳动分贵贱"的错误价值观。"爸爸妈妈教育我，如果不好好学习，以后就要去扫大街，当清洁工，进工厂，回家种田。"在他们幼小的心灵里，劳动已然分了贵贱。

现象二：小皇帝、小公主层出不穷，"老儿童""巨婴"越来越常见

由于当前青少年的教育环境和成长氛围，本来应该由家庭承担的劳动教育被大量的课外补习替代，小皇帝、小公主层出不穷。如今，甚至出现了"老儿童"现象。天津一所高校的一名女大学生，一上大学就带妈妈过来陪读，妈妈白天在外面打工，早中晚过来送饭，给孩子洗衣服，还承包了宿舍的卫生。除了这种陪读的，还有大学生定期寄脏衣服回家洗，或者花钱雇钟点工去宿舍打扫卫生，大学生生活自理能力堪忧。

现象三：不劳而获、坐享其成倾向

当前，大中小学生超前消费的苗头已经显现，中小学生使用奢侈品高档化妆品的新闻频现报端，大学校园贷裸贷案例层出不穷。据了解，陷入裸贷的女大学生中有部分人是因追求奢侈品而无法自拔，还有的不努力学习痴迷于炒期货黄金和互联网金融P2P，追求"一夜暴富"嫁个"富二代"。

现象四：不思进取，青年"啃老"现象日益凸显

随着城乡经济条件的改善，一些大中专毕业生不就业或慢就业的情况比较常见。如果找不到"不苦不累，冬暖夏凉，坐办公室"的工作，有些青年宁可回家"啃老"，每天在家上网打游戏，或者拿着父母的钱周游世界，吃喝挥霍。

现象五："年轻人宁送外卖也不进工厂"，职业教育没有吸引力

一些企业透露，现在职业学校的毕业生不愿意去工厂，其中还包括职业技能大赛上的佼佼者。目前，大量产业工人从制造业流向快递行业，工匠流失现象严重，而这些工匠恰恰又是中国制造业转型升级最缺的人才。

讨论：

(1) 如何看待上述异化的劳动价值观？为什么？

(2) 新时代正确的劳动价值观应该是什么？

> 课堂在线

一、马克思主义劳动观

劳动是马克思用以分析人类历史发展的核心范畴之一。人类历史是以人的物质劳动作为载体的历史，劳动在整个人类社会和社会历史的发展中处于关键性地位。在历史唯物主义的视域中，马克思对人类劳动的基本价值进行的分析主要表现为劳动创造世界、劳动创造历史和劳动创造人本身这三大主张。

1. 劳动创造世界

马克思认为，构成人类赖以存在的现实世界的关键要素之一正是人的劳动，而且这种劳动是现实生活中的人的感性物质劳动，即作为人类实践活动最基本形式的"生产劳动"。马克思认为，这是区分人与动物的关键。"当人开始生产自己的生活资料，即迈出由他们的肉体组织所决定的这一步的时候，人本身就开始把自己和动物区别开来。人们生产自己的生活资料，同时间接地生产着自己的物质生活本身。"从这里可以看出，人类的生产劳动都是有意识、有目的的活动，其试图创造出一个可以满足人类生活需要的物质世界。

不过，在马克思看来，从事生产劳动的个体"并不是处在某种虚幻的离群索居和固定不变状态中的人，而是处在现实的、可以通过经验观察到的、在一定条件下进行的发展过程中的人"，这使劳动个体的生产劳动并不只是单一地生产出外部物质世界的现实性，而且还生产出人类社会生活的现实性。因此，马克思历史唯物主义所理解的世界，本身是人类的现实生产劳动的结果，而不是与人类的现实生产劳动无关的抽象的外在实体。也正是通过劳动，人类和外部世界的关系才发生了根本性的转变，原先自在意义的自然世界逐渐成为自为意义的人类世界。在这一世界中，关键性的问题不再是通过劳动来解释或直观，而在于改变或改造世界。作为人类最基本实践活动形式的劳动，也不再只是单纯地依靠人的感性活动，而是将感性活动转变为人的现实社会活动。由此，马克思正式揭示了劳动的社会规定性，并从人与人的社会关系层面来理解和把握劳动，从而实现了历史唯物主义对之前一切旧唯物主义的根本性超越。

2. 劳动创造历史

在马克思看来，只有人类的生产劳动，才真正构成了人类历史的基础，才是打开人类历史发展秘密的钥匙。他说："人们为了能够创造历史，必须能够生活。但是为了生活，首先就需要吃喝住穿以及其他一些东西。因此，第一个历史活动就是生产满足这些需要的资料，即生产物质生活本身，而且，这是人们从几千年前直到今天单是为了维持生活就必须每日每时从事的历史活动，是一切历史的基本条件。"这表明，只有立足于生产劳动，才能真正理解人类历史的发展，只有劳动人民，才是历史的创造者，而人类创造历史的行动蕴含在日常生产劳动之中。马克思由此批判了各种独立于人的生产劳动之外的唯心主义历史观，并将劳动看作建立历史唯物主义的基石，人类历史发展的一切现实性都离不开人的劳动过程。对于马克思的这一伟大发现，恩格斯曾经鲜明地指出，"历史破天荒第一次被置于它的真正基础上；一个很明显的而以前完全被人忽略的事实，即人们首先必须吃喝住穿，就是说首先必须劳动，然后才能争取统治，从事政治宗教和哲学等，这一很明显的事实在历史上的应有之义此时终于获得了承认"。总体来看，在马克思的历史唯物主义中，劳动被看作"一切历史的基本条件"和"人类的第一个历史性活动"，其既是人类历史发展的事实起点，也是整个历史唯物主义建构的逻辑起点。马克思正是通过劳动来揭示物质资料生产的作用，发现了人类社会关系发展的客观规律性；并由此肯定了人的主体地位，继而发现劳动人民在历史发展中的巨大作用。而这正是马克思全面建立历史唯物主义的两个理论准备。

3. 劳动创造人本身

马克思深刻指出："劳动不仅创造出人类的物质世界和社会历史，还创造了人类自己。劳动首先是人和自然之间的过程，是人以自身的活动来引起调整和控制人和自然之间的物质交换的过程。"这是由于为了在对自身生活有用的形式上占有自然物质，人类必须使其身上的自然力臂和腿头和手运动起来，而当人类通过这种运动作用于他身外的自然并改变自然时，也就改变了其自身所处的社会生活及人类本身。因此，"劳动是整个人类生活的第一个基本条件，而且达到这样的程度，以至我们在某种意义上不得不说：劳动创造了人本身。"对此，恩格斯在《自然辩证法》一书中依据当时的科学研究成果，从人类起源的意义上论证了劳动在从猿到人的转变过程中具有决定性作用。这种决定性作用主要体现在两方面：一方面在人类的起源意义上，是劳动创造了人本身；另一方面在人类的进化意义上，也是劳动创造了人本身。正是在改造世界的劳动过程中，人类才真正地证明自己是类存在物，而劳动就是人类能动的类生活。人只有通过作为类生活的劳动，"自然界才表现为他的作品和他的现实。因此，劳动的对象是人的类生活的对象化：人不仅像在意识中那样在精神上使自己二重化，而且能动地现实地使自己二重化，从而在他所创造的世界中直观自身"。总之，劳动不仅是人的本质规定，更是人类自身生产和再生产的创造过程。

二、习近平新时代中国特色社会主义劳动观

在基于劳动是马克思主义的中心范畴上，社会主义核心价值观是马克思主义中国化的重要内容，劳动贯穿于整个社会主义核心价值观，居于核心地位。自党的十八大以来，习近平总书记重视社会主义核心价值观的建设，不断提出新思想、新建构。对社会主义核心价值观中的劳动思想，习近平总书记也做出了新时代的新解读。习近平新时代中国特色社会主义劳动观继承了马克思主义劳动观的基本思想，同时也结合了我国优秀传统文化的劳动理念，把劳动视为推动社会发展的本质力量，坚持"实干才能梦想成真"。

社会主义核心价值观短短 24 个字，即富强、民主、文明、和谐，自由、平等、公正、法治，爱国、敬业、诚信、友善，言简意深。习近平总书记以社会主义核心价值观为根本价值体系支撑，对劳动思想进行了以下三方面的解读。

1. 国家层面

2015 年 4 月 29 日，习近平在同知识分子、劳动模范、青年代表座谈时强调："全面建成小康社会，进而实现中华民族伟大复兴的中国梦，必须依靠知识，必须依靠劳动，必须

依靠广大青年。""幸福不会从天而降,梦想不会自动成真。实现我们的奋斗目标,开创我们的美好未来,必须紧紧依靠人民、始终为了人民,必须依靠辛勤劳动、诚实劳动、创造性劳动""实干首先就要脚踏实地劳动"。

习近平总书记从国家层面解读了劳动观的意义。"千里之行,始于足下""民生在勤,勤则不匮",中华民族发展至今都是由一代又一代的劳动人民用双手双脚"实干"出来的,我国"兴邦"的发展目标是遥远的,但却不是不可及的,在迈向未来的征程中,并不是一帆风顺、一蹴而就的,越是美好的未来,越需要付出艰辛努力。要积极发挥劳动在国家层面的作用,用人民的劳动实现全面建成小康社会,推动我国建成富强民主文明和谐美丽的社会主义现代化强国,实现两个"一百年"的奋斗目标,实现中华民族伟大复兴的中国梦,实现党和国家坚持的国家富强、民族振兴、人民幸福的历史使命,走中国特色社会主义道路,弘扬中国精神、凝聚中国力量,用劳动托起中国梦。

2. 社会层面

2015 年,习近平总书记在庆祝五一国际劳动节暨表彰全国劳动模范和先进工作者大会上的讲话中提出:"我们一定要在全社会大力弘扬劳模精神、劳动精神,大力宣传劳动模范和其他典型的先进事迹,引导广大人民群众树立辛勤劳动、诚实劳动、创造性劳动的理念,让劳动光荣、创造伟大成为铿锵的时代强音,让劳动最光荣、劳动最崇高、劳动最伟大、劳动最美丽蔚然成风。"

习近平总书记提出要弘扬劳模精神,表现在社会方面就是要利用劳模精神使"劳动蔚然成风",用坚定的步伐引领时代发展。坚决反对形式主义、官僚主义、享乐主义和奢靡之风的不良风气的影响,营造劳动最伟大的正能量的社会氛围,培养真抓实干埋头苦干的积极向上的良好风尚,推动社会发展。一方面,劳动者要诚实劳动才能实现发展的美好愿望,创造更加幸福美好的生活,实现个人梦和中国梦,积极实现社会和谐。另一方面,强调中国特色社会主义劳动工会的积极作用和劳动法的完善,要坚持维护职工的合法权益并帮助职工群众通过正常途径依法表达利益诉求,竭力将为工人阶级和劳动群众服务作为劳动工会一切工作服务的起始点与终止点,有助于维持转型期的社会稳定。

3. 个人层面

习近平总书记指出:"中华民族是勤于劳动善于创造的民族。正是因为劳动创造,我们拥有了历史的辉煌。也正是因为劳动创造,我们拥有了今天的成就。"劳动创造了人类,人类在劳动中创造了未来。劳动创造了中华民族,创造了中华的优秀文化历史,那么,劳动也会创造中华民族的美好未来。

新时代劳动观在个人层面的解读有三点:第一,工人阶级和广大劳动群众作为劳动主体能够将个人理想与社会理想相结合,同中国梦齐头并进,始终以国家的主人翁姿态为发展中国特色社会主义做出贡献,利用自己掌握的知识素养和实践素养充分发挥主观能动性,勤勤恳恳地劳动,以辛勤劳动为荣,以好逸恶劳为耻,实现体面劳动自由劳动,展现出自己的人生价值。第二,坚持弘扬劳模精神,用先进人物劳动模范带动普通的广大的劳动群众,将"领头羊"的作用发挥出来。人是一种社会群体动物,只要当一小部分人先动起来的时候并且发挥着重大的积极作用,大部分群体就会被这种风气引领前进,广大劳动群众一起用劳动实现中华民族伟大复兴,托举起中国梦。第三,要加强青年的劳动教育。培养知识技术创新三位一体的新型劳动人才,发挥劳动教育成才的知识分子的作用、提升国家的综合实力,实现中华民族繁荣,实现中华民族伟大复兴的中国梦。知识分子群体作为高素质的人才,具有了德智体美劳全面发展的能力,创新能力强,让他们实现创造性劳动,打破传统的生产思维和封闭的劳动思维,为国家的发展献计献策,灌输不竭的动力,也为应对国际上的挑战做好准备。

习近平新时代中国特色社会主义劳动观的三方面解读坚持了社会主义核心价值观的精神,构建了极具特色的社会主义核心价值观的内容,挖掘了马克思主义劳动观在新时代的本质要求,符合我国的时代精神和民族精神,成为习近平新时代中国特色社会思想的重要组成部分。习近平新时代中国特色社会主义劳动观坚持在中国共产党的领导下,在工人阶级和广大劳动群众的共同努力奋斗下,给予新时代的劳动群众以正确的劳动观指引,实现好、维护好、发展好劳动人民的根本利益,让劳动者享受实践惠果,坚持了马克思用劳动实现未来社会中的人的自由全面发展的观点。共产主义社会将会是自由人联合体,是人类命运共同体,让马克思主义劳动观在马克思主义中国化的时代发展中散发光芒。

【劳动资料卡】

最美奋斗者

2019年5月,中共中央国务院办公厅印发《关于隆重庆祝中华人民共和国成立70周年广泛组织开展"我和我的祖国"群众性主题宣传教育活动的通知》(以下简称《通知》)。《通知》中提出评选表彰"新中国最美奋斗者",即评选表彰300名中华人民共和国成立70年来各地区各行业各领域涌现出来的,来自生产一线群众身边的先进模范。

同时,为隆重庆祝中华人民共和国成立70周年,经党中央批准,中央宣传部等部门决定在全国范围内开展"最美奋斗者"学习宣传活动,热情讴歌中华人民共和国成立以来各地区各行业各领域涌现出来的先进人物,激励广大干部群众以"最美奋斗者"为榜样,自觉把自身的前途命运同国家和民族的前途命运紧密联系在一起,在实现个人理想价值的过程中,为决胜全面建成小康社会、夺取新时代中国特色社会主义伟大胜利、实现中华民族伟大复兴的中国梦贡献力量。

"最美奋斗者"评选标准:坚持用党的科学理论武装头脑,坚定贯彻执行党的基本理论基本路线基本方略,牢牢站稳党的政治立场,坚决维护党中央权威和集中统一领导,信念坚定为民服务、勤政务实敢于担当、清正廉洁的基层优秀党员干部;在经济建设、政治建设、文化建设、社会建设、生态文明建设和党的建设以及国防和军队外交等方面不懈奋斗,为国家富强、民族振兴、人民幸福做出重要贡献的各行各业代表人士;长期奋战在基层一线,在平凡的岗位上做出不平凡业绩的工人、农民、知识分子、干部和各界人士,以及人民解放军指战员、武警部队官兵、公安干警、消防救援队伍指战员等。

三、树立正确的劳动观

（一）劳动无贵贱之分

劳动创造了人本身，也创造了世界。人类社会能发展至今，正是因为历代先民在各行各业的辛勤劳动缔造了越来越发达的文明。中华民族在历史上孕育了无数能工巧匠。已出土的中国古代最重的青铜器司母戊大方鼎，反映了商朝末年宏大的铸造业、发达的青铜文化和匠人高超的铸造技术。生活于春秋战国时期的鲁班，被尊称为木匠的鼻祖，在生产劳动中发明了许多木匠手工工具，例如曲尺、墨斗、锯子。东汉蔡伦改进的造纸术被列为中国古代四大发明之一。宋末元初的黄道婆将海南崖州的纺织技术带回乌泥泾，通过改善纺织工具，传播棉纺织技术，促进了松江府和长三角一带纺织业的蓬勃发展。这些匠人大多为平民百姓，但都在生产劳动中发明创造，促进了生产力的发展，并因其社会贡献泽被后世而受人尊敬，流芳百世。

1. 重视劳动体验

"民生在勤，勤则不匮。"勤劳是中华民族的传统美德。然而，在物质生活较为富裕的当下，有些人从小到大过着饭来张口、衣来伸手的生活。有些人奉行享乐主义，认为洗衣、做饭是可以用钱买到的服务。还有些人对劳动有性别歧视，认为洗衣、做饭都是专属于女性的活儿，男性要成大器不能为家务活所累。这些懒惰的行为和偏执的思想与尊重劳动、热爱劳动的社会主义新风尚背道而驰。当我们抛开所谓三六九等、享乐主义、贵贱之分等观念，能够正视劳动的意义时，就会发现劳动在人类的生存发展中起着积极的作用，它不仅是我们谋生的手段，能使我们学会生活技能，还能增强人的自立自强精神。

2. 从事适合自己的工作

在理想的社会中，人们各尽其能，各得其所。然而在现实生活中，我们时常发现学生对于职业和工作有着不切实际的期许，眼高手低，有的人甚至走了很多弯路才认清现实，发现自己最适合从事的职业。一个人究竟具备哪些潜质，究竟适合从事何种劳动、何种职业是一个探索性问题，需要在日常生活和劳动中不断地反思并发现自我。霍金曾说，"无论生活看起来多么糟糕，总有你可以做并能做成功的事情，重要的是不要放弃"，鼓励我们要努力发掘自己的胜任力，进而争取从事适合自己的工作。此外，从事任何工作都有相应的要求。要做什么工作，首先需要付出劳动、努力，并获得相应资质。

3. 正确看待职业分类

随着社会的发展，中国的职业结构也发生了很大的变化。第一部《中华人民共和国职业分类大典》（以下简称《大典》）颁布于1999年。2015版《大典》在先前的基础上，结合我国在社会转型时期的社会分工特点及社会与经济发展现状，进一步完善了中国的职业分类，将职业分类结构分解为8个大类、75个中类、434个小类、1481个职业。

正确看待职业分类，深入了解职业内涵，有助于我们树立朴实、平等的职业观，找准职业定位，做好自己的职业生涯规划。无论从事何种行业与职业，只要热爱自己的工作、努力勤奋、持之以恒、精益求精，最终都能有所收获，做出成绩。

> **案例链接**

我从来就不只是"卖房子的"

晚上11点，客户发来一连串购房疑问——张永刚熬夜做了一份20页的PPT发给了对方。报告里包含客户需求、选房范围、房屋基本信息、商圈情况、小区均价、房源税费明细、首付月供等信息，最后还有安心服务承诺、交易流程图、税费计算资料以及首套二套等政策交易资料。

当张永刚把报告呈现在客户面前时，对方很震惊——大多数客户不认为经纪人有给他做一份置业报告的能力。客户的反馈是"专业、靠谱、用心，买房就找你了"。

学金属材料的北京航空航天大学硕士张永刚，大学时做出过国家发明专利，按照大多数人的职业路径，他应该是做科研或进国企，然而，他最终进入了房产服务行业。

在传统认知里，房产经纪人只是掌握信息差，撮合交易。但张永刚的自我定位是高水平职业化的价值提供者。

2018年，张永刚的人生第一个买卖单就卖出了一套价值1450万元的房子。那天晚上11点半，他在店里看书，进来一对夫妻，说这个小伙子挺拼。

"我当时做新房的工作做得特别充分，就等客户来咨询了。我跟他们讲了北京市场、局部市场、开发商最新的楼盘，讲区域、讲小区、讲卖点、讲产品。"

建立信任后，张永刚带他们看了很多新房，到最后有两个盘拿不定主意，客户每天晚上下班后11点多打电话叫他去家里聊天，经常聊到12点多，考虑到底选择哪个房，现在买房合适不合适，担心定了新房旧房还没卖掉怎么办。

"这个时候我就像朋友一样帮他们做疏导。后来，这个客户还遭遇P2P爆雷，损失了上百万，内心特别挣扎，这时我就跟他一起推心置腹地商量解决方案。"

"我们的服务是有温度的，我对自己的定义是一个能提供多线价值的服务者。"张永刚说。除了温度，更重要的是尊严，而尊严必须通过专业和真诚获得。

（二）积极主动地劳动

1. 积极对待被安排的劳动任务

在我们的日常生活和学习中，家长、老师和同学会给我们安排一些劳动任务，如日常家务、班级值日、义务劳动等要做到积极主动地劳动，首先就应该积极对待被安排的劳动任务。

古人说："明日复明日，明日何其多？我生待明日，万事成蹉跎。"要克服拖延，就要在接到劳动任务之后，给自己设定任务完成期限和完成标准，充分利用劳动时间，合理分解劳动任务，及时付诸行动，高效开展劳动。

2. 发现和设计潜在的劳动任务

当我们踏上工作岗位，在未来的事业发展过程中，如果只会承担别人安排的任务的话，是很难真正有所成就的。追求事业的过程也是坚持劳动的过程。如果能够基于自己的事业发展目标，善于发现、主动规划、合理设计和全力实施工作任务，就一定能在自己的工作领域不断取得突破和发展。

（三）诚信地劳动

崇尚劳动、尊重劳动，更要诚信地从事劳动。讲诚信，守规范，求质量，是劳动时应有的认知、态度和习惯，也是取得成功必备的条件。诚信即诚实守信，是中华民族的传统美德，是百行之源，也是成事之本。《管子·乘马》篇曰：非诚贾（不是诚实的商人）不得食于贾（以商谋生），非诚工不得食于工，非诚农不得食于农，非信士不得立于朝。管子认识到诚信的重要性，要求君民上下都讲诚信，无论经商务农，还是做官都要以诚信为本。只有以诚信的态度对待自己的劳动，才能收获劳动成果，取得劳动成功。

1. 诚信是最基本的职业道德规范

职业道德规范特指在职业活动中，所有从业人员应该遵守的行为准则和规范的总和。我国社会主义的职业道德的基本规范包括爱岗敬业、诚实守信、办事公道、服务群众、奉献社会。这里的诚实守信即诚信，要求在职场中诚实地从事劳动，坚守信用，并将其贯穿于整个劳动过程。

2. 诚信劳动是个体获得成功的基石

人是社会性动物，无法离开社会而独立存在。人类的劳动也存在于一定的社会关系中，通过人与人之间的合作来实现。这种合作需要诚信去维持和巩固。因此，诚信是劳动中最基本也是最重要的态度、习惯和素养之一。对于个体而言，诚信劳动是个体在职场生存和发展的基石。习总书记说过："劳动是财富的源泉，也是幸福的源泉。人世间的美好梦想，只有通过诚实劳动才能实现发展中的各种难题，只有通过诚实劳动才能破解生命里的一切辉煌，只有通过诚实劳动才能铸就。"

案例链接

诚信劳动

有的员工在工作中图省事，耍小聪明，最终聪明反被聪明误，被企业解雇，与职场成功失之交臂。老李于2008年入职某车轮制造企业，担任装胎工。他的主要工作是负责轮胎动平衡，即在轮胎经过平衡机器时，根据显示屏或指示灯显示的数值，选择相应的平衡块，并装配至轮圈上。刚开始工作的几年，老李按照企业的规范进行操作。后来，他从同事处学会用手套或者布遮挡机器上的红外线设备，使轮胎不经过平衡机器就下线，从而减少工作量。从2012年开始，老李就用这种方法为自己"减负"，一次空放几只轮胎，让自己早点下班。后来，他还将这个方法告知其他同事。2018年，该企业在进行日常设备维护时，发现轮胎平衡数据存在问题。经技术部门调查，包括老李在内，共有15名员工存在不做轮胎动平衡的情况，发现的不合格产品达3000余件。由于轮胎平衡关系到车辆行车安全，这对企业来说，是严重的质量事故。该企业紧急召开会议，逐一排查生产线和库存产品，对不符合质量标准的产品进行返修。老李等15人严重违反公司规定，在工作中不按照操作指导书进行操作，并造成大量不合格产品，给企业带来巨大损失。企业以此为由对15人予以开除处理。老李等人最终为自己的不诚信劳动行为付出了代价。

（四）尊重劳动成果

1. 劳动成果来之不易

劳动成果之所以来之不易，是因为任何一项劳动成果都需要人类付出相应的体力或智力，也就是马克思所说的"无差别的人类劳动"。有些劳动成果所耗费的体力或智力较少，有些劳动成果则需要投入大量的人、财、物进行制作或创造。不论这个成果所凝结的劳动量有多大，由何种劳动产生，它们都代表着劳动者无差别的心血付出，都代表着劳动者对岗位的尊重、对社会的尊重和对自己的尊重。

2. 人类的进步缘自劳动成果的积累

习近平总书记说："人民创造历史，劳动开创未来。劳动是推动人类社会进步的根本力量。"自有人类文明以来，人类社会在经济运行、文化建设、制度创新等领域都取得了巨大进步。正是因为我们注重积累，才产生了量变到质变的结果。因此，取得成功不是一蹴而就的，而是一个积累的过程。这个过程可能历时较短，也可能历时较长，这取决于所要达到的目标，以及自己所拥有的实力与资源。但是无论如何，只要坚持不懈，注重每一个细节的积累，并及时地总结和反思，就一定会产生更伟大的成果。

3. 劳动成果形式多样

生产生活中的劳动成果多种多样，任何一项劳动成果都集合了人类的体力劳动和脑力劳动。任何一种劳动都是平等的，因此无论是体力劳动成果还是脑力劳动成果都需要被保护。在法律层面，我国制定了很多法律法规来保护不同形式的劳动成果，最为典型的便是《中华人民共和国专利法》。该法的主要目的是保护发明创造专利权，鼓励大众发明创造。

此外，在我们购买他人劳动成果时，也有《消费者权益保护法》等法律保护消费者的合法权益不受损害。因此，我们不仅要尊重体力劳动成果，还要尊重信息社会中的脑力劳动成果。在享受丰富的劳动产品时，应尊重和保护他人的脑力劳动成果，不可因为脑力劳动成果获取的便捷性，而在无意中侵犯他人的知识产权。只有给予脑力劳动充分的尊重和保护，才能激励创作者创作出更多优秀的作品。

4. 积累、爱惜和推介自己的劳动成果

我们不仅要尊重和珍惜他人的劳动成果，也要注重积累、保存和爱惜自己的劳动成果。尤其是在完成一个较为复杂、需要花费很大的精力和体力的任务时，更应该做好规划，从细小的工作开始，通过劳动成果的不断积累，最终达到看似遥不可及的目标。此外，我们还应该积极向外界推介自己的劳动成果。主动推介是为了让自己的劳动得到别人的关注和赏识，从而获得自我发展的机会。作为这个时代的"后浪"，我们应该主动地接触社会，积极向外界展示我们的劳动成果，用自信和个性赢得属于自己的未来。

> **实践行动**

<h3 style="text-align:center">社会观察与实践体验活动</h3>

【实践目的】

培养学生树立正确的劳动观。

【实践内容】

1. 选择生活中几种常见的职业或工作，具备条件的可进行体验，不具备条件的可进行观察，将体验的结果或观察到的现象填写下表：

职业或工作种类	劳动内容	劳动过程	体验结论或观察现象
餐厅服务员			
快递员			
保洁员			
废品收购			
马路绿化			
理发师			

2. 根据自己的社会观察或实践体验，写一份社会观察与实践报告，该报告应包含如下几个方面内容：

（1）在社会观察中，是否发现他人不尊重劳动者的现象。

（2）在亲身体验的环节中，你怎样看待这份工作以及这份工作存在的社会意义。

（3）经过此次体验，你是怎么理解"劳动""劳动创造价值""劳动致富""劳动光荣""劳动伟大"的？是否改变你之前对这类工作的看法。

（4）我们应该如何尊重劳动者？

第二单元

劳模精神

【知识目标】
1. 了解劳模与劳模精神的基本概念和内涵;
2. 掌握劳模精神的当代价值;
3. 掌握弘扬和践行劳动精神的意义和途径。

【能力目标】
认真体会劳模精神,并在生活中自觉践行劳模精神。

【素养目标】
1. 养成劳模榜样的做事态度;
2. 养成劳模榜样的做事行为规范。

          劳动模范是榜样,劳模精神代代传;
          爱岗敬业甘奉献,艰苦奋斗勇创新;
          勤劳做事诚做人,拼搏进取报国恩;
          劳模精神要传承,知行合一是路径;
          从我做起小事做,劳模精神见行动;
          学好本领建功业,我当劳模我能行。

第二单元 劳模精神

第一课 劳模与劳模精神

课堂导入

干什么工作，能成为全国劳模？

中华人民共和国成立之初，我们国家就开始表彰先进劳模了。新中国第一代劳模，知名度很高，你应该听过他们的名字，大庆铁人王进喜、掏粪工人时传祥、杂交水稻之父袁隆平、纺织工人赵梦桃、农业劳模申纪兰……

20世纪五六十年代，如果你是工人、农民，你会惊喜地发现，这些全国劳模绝大多数都跟你是同行。

改革开放以来，更多行业的能人走上劳模奖台。科教文卫体，各行各业辛勤工作的朋友都可以有个当劳模的梦想。如果你是搞科研的知识分子，你能看到跟你同行的前辈当上了劳模，比如陈景润、蒋筑英。

2005年起，如果你是私营企业家或者农民工，你也有机会当劳模。那年，全国劳模评选名单上第一次出现了30多名私营企业家和23位农民工。到了2015年，你要是个"码农"，或者"美妆带货达人"，也有机会被评为全国劳模。比如网络语音架构师贾磊，在商场销售化妆品的龚定玲。

几十年来，全国劳模的结构越来越多元化，有基层劳动者，也有高学历技术人才；有理科生、工科生，也有文科生。劳模结构变化，是因为中国在变。中国靠着劳动发展起来，劳动又在发展中有越来越丰富的内涵。

讨论：
(1) 你知道哪些劳模？他们是做什么工作的？你最佩服他们的哪些品格？
(2) 你认为劳模应该具备哪些特质？谈谈你心目中劳模的样子。

课堂在线

一、劳模

劳动是人类的本质活动，是指有劳动能力和劳动经验的人在生产过程中有目的地支出劳动力的活动，是人类创造物质财富或者精神财富的活动；是能够对外输出劳动量或劳动价值的人类活动，是人类征服客观自然世界的直接的、唯一的手段，也是人类生存和发展的最基本条件；是发生在人与自然界之间的活动，其实质是通过人的有意识的、有一定目的的自身活动来调整和控制自然界，使之发生物质变换，即改变自然物的形态或性质，为人类的生活和需要服务。

❖ 劳动实践教育

　　劳动在现实生活中表现为各种不同的形式，如体力劳动和脑力劳动、简单劳动和复杂劳动等。不同的劳动形式在社会发展的不同阶段具有不同的地位和作用，其中创造性劳动的价值更高。但无论何种形式的劳动，都具有一定的价值，都是财富的初始源泉和人类历史发展不可缺少的推动力量。在放手让一切生产要素的活力竞相迸发的同时，更要鼓励劳动，造就劳动光荣的观念，培养劳动神圣的信念。因为劳动是第一生产要素，是社会运行的基础条件，是人全面发展的根本尺度。

　　劳模是劳动模范的简称。"劳"表示劳动，这是劳模的基本前提。"模"体现了一种"示范"和"楷模"的价值导向，一种可近、可亲、可信、可学的榜样作用。"劳模"意味着"先进符号"，是人民授予生产建设中先进人物的一种崇高称号，以表彰劳动中有显著成绩或重大贡献可以作为榜样的人。

　　劳模是在社会主义建设事业中成绩卓著的劳动者，经职工民主评选、有关部门审核和政府审批后被授予的荣誉称号。劳动模范分为全国劳动模范与省、部委级劳动模范，有些市、县和大企业也开展劳动模范评选。中国的第一次劳模表彰大会开始于1943年与1944年在陕甘宁边区召开的劳动英雄和模范生产者表彰大会。中华人民共和国成立后，继续沿用这种方式来调动群众的生产热情，因此劳模表彰活动继续开展并形成了一套评选、表彰机制。到目前为止，中华人民共和国共进行了16次全国劳模表彰活动，有3万多人次荣获"全国劳动模范"或"先进工作者"称号。

　　劳模是劳动的模范和榜样，是在群众性学赶先进的劳动竞赛活动中涌现出来的杰出人物，是社会遴选出的最好的鼓励人们仿效的劳动者。在国家建设发展中，劳模是各行各业的杰出代表，他们身上体现着社会对某一类劳动方式和劳动精神的最高评价。劳模是适应国家和时代的发展而产生的，是劳动群众的杰出代表，是最美的劳动者，是民族的精英、国家的栋梁、社会的中坚、人民的楷模，是党和国家宝贵的财富，是永远的时代领跑者。

　　1945年1月10日，毛泽东在陕甘宁边区劳动英雄和模范工作者大会上提出，劳动模范有三种作用，即带头作用、骨干作用和桥梁作用。1950年9月25日，毛泽东代表中共中央在全国战斗英雄代表会议和全国工农兵劳动模范代表会议上，高度评价全国战斗英雄和工农兵劳动模范"是全中华民族的模范人物，是推动各方面人民事业胜利前进的骨干，是人民政府的可靠支柱和人民政府联系广大群众的桥梁"。

　　1978年10月11日，邓小平在中国工会第九次全国代表大会上充分肯定劳动模范"至今还是我们学习的榜样和团结的核心"，提出"要尊重劳动，鼓励先进""任何人对四个现代化贡献得越多，国家和社会给他的荣誉和奖励就越多，这是理所当然的"。

　　2000年4月29日，江泽民在全国劳动模范和先进工作者表彰大会上指出："全国劳动模范和先进工作者是亿万劳动群众的杰出代表。他们对祖国和人民无限忠诚，爱岗敬业，勇于创新，无私奉献，严于律己，弘扬正气，在平凡的岗位上做出了不平凡的业绩，是建设社会主义物质文明和精神文明的先锋。"

　　2010年4月27日，胡锦涛在全国劳动模范和先进工作者表彰大会上指出："我们一定要在全社会大力弘扬劳模精神，用劳模的先进事迹感召人民群众，用劳模的优秀品质引领社会风尚，充分发挥劳模的骨干和带头作用，在全社会进一步形成崇尚劳模、学习劳模、争当劳模、关爱劳模的良好氛围。"

2016年4月26日，习近平总书记在知识分子劳动模范青年代表座谈会上指出："劳动模范身上体现的'爱岗敬业争创一流，艰苦奋斗勇于创新，淡泊名利甘于奉献'的劳模精神，是伟大时代精神的生动体现。我们要在全社会大力宣传劳动模范的先进事迹，号召全社会向他们学习、向他们致敬。要为劳动模范更好施展才华展现精神品格提供全方位支持，使他们的劳动技能、创新方法、管理经验能广泛传播，充分发挥示范带动作用。劳动模范要珍惜荣誉、谦虚谨慎、再接再厉，不断在新的起点上为党和人民创造更大业绩。"

劳模身上都有一个共同点，那就是他们都是体现时代精神的平凡人，相信并为"美好的未来"而奋斗；他们让民族精神有所依托，让民族历史有了厚重感；他们以自己的聪明才智和无私奉献的优秀品质时代精神激励着人们不断拼搏奋进，在日积月累的平凡生活中向人们昭示着伟大之处。

案例链接

共和国的脊梁

他是我国核武器理论研究工作的奠基者。为了发展国防科研事业，他甘当无名英雄，默默无闻地奋斗了几十年，将个人事业与民族兴亡紧密相连，他就是被誉为"两弹元勋"的邓稼先。

邓稼先是中国核武器研制工作的开拓者和奠基者，为中国核武器、原子武器的研发做出了重要贡献，他先后研制出中国第一颗原子弹和中国第一颗氢弹。谈起邓稼先的一生，邓稼先夫人许鹿希回忆："那是1958年的8月，那天晚上他回来得比较晚，他说他要调动工作了，我问他调哪儿去，他说不能说；做什么工作，他说也不能说；你给我一个信箱地址我们通信，他说可能也不大行。"

从这天起，邓稼先的身影从众多好友的视野里隐去，邓稼先的名字从所有学术刊物上消失了。结婚五年的一对夫妇开始了他们聚少离多的人生。

邓稼先担任了中国原子弹研制工作的理论设计负责人，当时的科研条件和生活条件都极其艰苦。邓稼先选定中子物理、流体力学和高品高压下的物质性质三方面作为主攻方向，这是他对我国原子弹研究的最大贡献。

经过几年的艰苦科研，邓稼先的科研团队终于取得了突破性成功。1964年10月16日，中国第一颗原子弹试验成功。1967年6月17日，中国第一颗氢弹在罗布泊上空爆响。从爆炸第一颗原子弹到爆炸第一颗氢弹，美国用了7年，法国用了8年，苏联用了4年，中国仅仅用了两年零八个月。

从1964年到1986年，邓稼先带领他的科研团队一共进行了32次核试验。邓稼先的名字消失了28年后，1986年6月24日，随着一篇题为《"两弹元勋"邓稼先》的通讯稿的发布，邓稼先的名字重回人们的视野。

1996年7月29日晚，中国在成功地进行了最后一次地下核试验之后，向全世界宣告：中国将暂停核试验。这天正是邓稼先逝世10周年纪念日。和平是对这位"两弹元勋"最好的纪念。

资料来源：http：/www.xinhuanet.com/2017-06/14/c136365430.htm，有改动

二、劳模精神

劳模精神是劳动群体先进性的集中体现和高度浓缩，是植根于中国大地、反映中国劳动者意愿、适应中国和时代发展要求的精神品格。劳模精神是引领中华民族时代发展的先进的、科学的、文明的思想道德和价值取向。劳模精神是一种人文精神，代表的是一个时代的价值观、道德观，展示的是中华民族顽强拼搏、自强不息的崇高品格，体现的是中华民族与时俱进、开拓创新的精神风貌。

党的十八大以来，习近平总书记多次就劳模精神发表重要讲话，系统阐明新时代劳模精神的历史源流、嬗变轨迹和生成逻辑，构建了新时代劳模精神的理论基石、历史逻辑、时代内蕴和实践价值，继承并丰富了马克思主义的劳动观，深化并发展了劳模精神的中国属性、科学内涵、时代品格、实践价值和弘扬路径，为弘扬新时代劳模精神提供了有力思想武器，具有重要的理论价值和实践意义。

1. 劳模精神是工人阶级先进性的集中体现

在中国革命、建设、改革的各个历史时期，我国的工人阶级都具有走在前列、勇挑重担的光荣传统，我国的工人运动都同党的中心任务紧密联系在一起。劳动模范作为工人阶级的优秀代表，是时代的引领者，在工作与生活中发挥了先锋和排头兵作用，他们以辛勤劳动、诚实劳动和创造性劳动持续推动着社会进步、国家发展与民族复兴。劳模精神作为劳动模范的思想内核、行动指南和精神灯塔，成为推动时代前进的强大精神动力，充分体现了工人阶级先进性的主体地位，彰显了工人阶级的伟大品格，推动了工人阶级的成长进步。

2. 劳模精神是工人阶级主人翁意识的集中凸显

主人翁意识是劳模精神的内在本质，是正确认识和理解劳模精神的关键词。正是因为有自觉的、强烈的主人翁意识，劳模才以车间为家、以厂为家、以企为家、以国为家，才具有积极主动的岗位意识、职业意识、进取精神和创新精神。

3. 劳模精神是社会主义核心价值观和时代精神的生动诠释

劳模精神的重要元素和构成因子，如岗位意识、职业精神、进取精神、拼搏精神、创新精神、家国情怀和奉献精神等，是对社会主义核心价值观的生动诠释和现实呈现。同时，劳模精神也是引领时代新风尚的精神高地，生动体现了时代精神的精神实质、主要特征和重要内容。

4. 劳模精神是培育时代新人的重要途径

劳模精神作为社会主义核心价值观的生动体现，更便于人们理解、接受和模仿，对培

育时代新人起到重要推动作用,能够激发广大劳动者干事创业的积极性、主动性和创造性。劳模精神继承并发展了中华民族传统优秀的劳动观念,树立并彰显了一种辛勤劳动、诚实劳动、创造性劳动的新理念,营造并弘扬了一种劳动光荣、技能宝贵、创造伟大的时代风尚,生成并传播了一种劳动者至上、劳动者平等、劳动者可敬、劳动最光荣、劳动最崇高、劳动最伟大、劳动最美丽的劳动观。

5. 劳模精神是文化自信的重要支撑

劳模精神是中国特色社会主义文化的重要组成部分,贯穿于建设中国特色社会主义文化的全过程。劳模精神植根于中华民族劳动过程,特别是中国特色社会主义伟大实践中,充分继承并发展了中华优秀传统文化和社会主义先进文化。弘扬和践行劳模精神,有助于坚定文化自信、推动社会主义文化繁荣兴盛,有助于牢牢把握意识形态工作领导权,有助于培育和践行社会主义核心价值观,有助于加强思想道德建设,有助于促进中国特色社会主义文化繁荣发展。

6. 劳模精神是实现中华民族伟大复兴中国梦的重要力量

劳模精神是实现中华民族伟大复兴中国梦的宝贵精神财富和强大精神力量。实现中华民族伟大复兴中国梦,实现从制造大国向制造强国的华丽转身,建设知识型、技能型、创新型劳动者大军,要大力弘扬和践行劳模精神。

【劳动资料卡】

全国劳动模范和先进工作者表彰大会

全国劳动模范和先进工作者表彰大会是五年一度的表彰大会,目的是弘扬劳模精神,发扬劳动精神,弘扬中国工人阶级和广大劳动群众的伟大品格。全国劳模表彰大会每五年召开一次,1950年首次举办劳模表彰大会,到2020年先后召开了16次劳模表彰大会,超过3万人次受到表彰。

全国劳动模范评选标准:爱岗敬业、争创一流,艰苦奋斗、勇于创新,淡泊名利、甘于奉献,这是劳模精神,也是成为劳模的必备条件。

2020年11月24日上午,全国劳动模范和先进工作者表彰大会在北京人民大会堂隆重举行。2015年以来,各行各业涌现出一大批爱岗敬业、锐意创新、勇于担当、无私奉献的先进模范人物,党中央、国务院决定,授予1689人"全国劳动模范"称号,授予804人"全国先进工作者"称号。中共中央总书记、国家主席、中央军委主席习近平出席大会并发表重要讲话。

我国工人阶级和广大劳动群众在实现中国梦伟大进程中拼搏奋斗、争创一流、勇攀高峰,为决胜全面建成小康社会、决战脱贫攻坚发挥了主力军作用,用智慧和汗水营造了劳动光荣、知识崇高、人才宝贵、创造伟大的社会风尚,谱写了"中国梦劳动美"的新篇章。

2020年以来,面对突如其来的新冠肺炎疫情,我国工人阶级和广大劳动群众响应党中

❖ 劳动实践教育

央号召，风雨同舟、众志成城，积极投身疫情防控的人民战争、总体战、阻击战，为全国抗疫斗争取得重大战略成果、统筹疫情防控和经济社会发展工作取得积极成效做出了突出贡献，充分展现了中国人民和中华民族的伟大力量。在这场抗击疫情的雄壮斗争中，产生一大批劳动模范和先进工作者，他们同全国各族人民一道，铸就了生命至上、举国同心、舍生忘死、尊重科学、命运与共的伟大抗疫精神！

2020年受表彰人选符合党中央、国务院确定的推荐评选条件，具有以下三个突出特点：

一是具有很强的政治性和先进性。人选都经过各级党委和有关部门认定，基本上具有省部级表彰奖励的荣誉基础，并且近5年来特别是党的十九大以来创造了突出业绩。

二是具有广泛的代表性和群众性。受表彰人员中，中共党员2015名；民主党派和无党派人士158名；女性578人，占23.2%；少数民族226人，占9.1%。人选基本涵盖各个领域和行业，尤其是来自基层一线的比例较高。

三是选树了一批抗疫先进典型。按照筹委会统一部署和要求，推荐评审出300名奋战在抗击新冠肺炎一线的先进个人，他们逆行出征无私无畏，做出了突出贡献。

如今，我国经济已进入高质量发展阶段，需要更多知识型、技能型、创新型劳动者，只要有想法、肯干事、敢创新，任何人都有机会成为劳模。

实践行动

弘扬当代劳模精神

【实践目的】

培养学生劳动观念，弘扬劳模精神。

【实践内容】

1. 以班级或院系为单位，围绕新冠肺炎疫情中涌现出的各行各业的劳模或典范事迹举办一场"记新冠肺炎疫情之劳模故事会"，讲述他们的故事，感受并颂扬他们所传递的劳模精神。讲述的形式可以是单个故事或串讲故事，也可以是配乐诗、朗诵小品等。

2. 将大家讲述的劳模要点填写下表，并制订"学劳模，我的践行计划"。

劳模或典范姓名	事迹要点	做事风格及精神要点	我学习、践行的要点

注：空行不够可外加。

第二课　劳模精神的当代价值

> **课堂导入**

高科技应"顶天立地"

距北京大学西门不远的北大档案馆曾是748工程会战组所在地。1979年7月，我国著名科学家王选曾带领科研团队在这里日夜奋战，终于用自主研发的我国首个汉字激光照排系统排出了第一张完美的报纸样张。

"高科技应做到'顶天立地'。"这是王选一生奋斗的信条。"顶天"即不断追求技术上的新突破，"立地"即把技术商品化，并大量推广应用，而"顶天"是为了更好地"立地"。

20世纪70年代，中国出版业仍是铅字排版和印刷。为改变落后状况，1974年，我国设立汉字信息处理系统工程，简称"748工程"。正在北大任助教的王选看到了巨大可能，他通过分析比较，决定跨过当时国外流行的第二代、第三代照排机，直接研究世界尚无产品的第四代激光照排系统。历经艰难，1979年，我国首个汉字激光照排系统研制成功。

北大计算机科学技术研究所教授、王选夫人陈堃銶介绍，原理性样机做出后，有人劝王选不要做下去了。"但王选说，应用性研究如果不做成商品，对社会就没有价值。所以，他一直极力将成果转化为商品，和产业相结合。"

在艰苦研制条件下，王选团队不仅攻克汉字字形信息的计算机存储和复原输出的世界性难题，还在20多年间持续创新，与多个协作单位联合攻关，紧跟市场需求，先后研制出八代汉字激光照排产品，使中国传统出版印刷行业得到彻底改造，"告别铅与火，迎来光与电"。

至20世纪90年代初，国内99%的报社和90%以上的书刊出版社与印刷厂使用了王选团队研制的汉字激光照排系统。我国书刊出版周期从300多天缩短到100天左右。

在王选院士逝世的12年后，他生前带领的北大计算机科学技术研究所在跨媒体智能识别技术等多方面取得系列新成果，而且在汉字激光照排系统技术基础上发展起来的方正集团也成为中国信息产业龙头企业之一。

"王选精神在传承，"北大计算机科学技术研究所所长郭宗明说，"他提出的'顶天立地'产学研结合模式，是我们一直追求的发展之路。"

资料来源：https:/baiJiahao.baidu.com/s?id=1620553141289743166-wfr=spider-for=pc，有改动

讨论：

(1) 谈谈你对王选事迹的看法。

(2) 劳模精神的价值是什么？

❖ 劳动实践教育

> **课堂在线**

劳动模范是时代的先锋、民族的楷模，他们身上承载和彰显的劳模精神一直发挥着引领作用，丰富和拓展了中国精神内涵，充分展现了我国新时代工人阶级和劳动群众的高度自信，已成为社会主义核心价值体系的重要组成部分进入新时代，我们要深刻把握劳模精神的当代价值，大力弘扬劳模精神，推动全社会形成尊重劳动、劳动光荣的良好风尚。

一、有助于增强对人民群众劳动观的德育示范功效

随着经济全球化不断加深、市场经济观念不断冲击，一些不良价值倾向（如实用主义、功利主义、享乐主义、消费主义、极端个人主义等），正肆意挑衅人们的道德底线，使得一些人妄图不劳而获却不愿勤劳致富、只愿投机钻营却不愿脚踏实地、只求个人利益却不愿为民奉献；还有人声称市场经济"利"字当头，劳模精神这个计划经济的产物早已"过时"。

山西省平顺县西沟村党总支副书记，曾获"全国劳动模范""全国优秀共产党员""全国脱贫攻坚'奋进奖'""改革先锋""共和国勋章"，全国唯一连任13届（第一届至第十三届）的全国人大代表申纪兰，勤劳为民，以劳动的一生创造了劳动的价值，为我们留下了劳动精神的宝贵财富。她积极维护新中国妇女劳动权利，带领西沟村在全国率先实现了男女同工同酬，在新中国农村发展史上有着划时代的意义（1954年9月，男女同工同酬正式写入《中华人民共和国宪法》）。改革开放以来，她勇于改革，大胆创新，为发展农业和农村集体经济，推动老区经济建设和老区人民脱贫攻坚做出巨大贡献。她带领乡亲们办起了村办企业，发展旅游、农产品加工、服装加工产业，使西沟村走上了快速发展道路。申纪兰说："当人大代表，就要代表人民的利益，代表人民说话，代表人民办事。""勿忘人民，勿忘劳动。""听党话、跟党走，是我一辈子的承诺。"65年的全国人大代表生涯，她提出的建议和议案涵盖"三农"、教育、交通、水利建设等各领域，不断得到采纳。她所代表的劳模精神，鼓舞了一代又一代人不断奋斗。

毋庸讳言，劳模精神伴随着我国经济社会发展一路走来，在特殊的历史时期必然会铸有特殊的历史烙印。然而这些"时代标签"，究其根本也仅是当时社会生产力的外化特征，与劳模精神之实质对劳动的历史作用和价值意义的肯定并不相符。劳模精神体现着人们对于构建和谐劳动关系的需求、对于实现个体劳动社会化的需求、对于实现人之自由全面发展的根本需求，这说明它仍被当今时代所需要。弘扬劳模精神，有助于进一步阐释新时代劳模精神的科学内涵、历史定位、价值评判，以促进人民的理性认同；弘扬劳模精神，有助于让"劳动光荣"的价值理念深入人心，在全社会营造出劳模精神的"知行场"和"养成域"，让"民生在勤，勤则不匮"的中华古训深入人心，让勤于劳作、敢于担当、忠于奉献的业绩观与政绩观全面武装人们的价值防线；弘扬劳模精神，有助于精雕细琢、精益求精、追求卓越、淡泊名利的工匠精神深入人心，以崇尚技艺、崇尚传承、崇尚创新价值观念扭转当前社会中投机取巧、好大喜功、急于求成的浮躁之风，通过提高从业者的技艺水平与职业素养进一步提升产品质量、完善供需结构。

二、有助于切实培育和践行社会主义核心价值观

社会主义核心价值观重在广泛培育，旨在自觉践行。

通过培育使其内化于心，通过践行使其外化于行，这是核心价值观的题中之义。无论是培育还是践行，都应回归于社会物质生产、精神生产、社会关系生产与人自身生产的实践之中，即从根本上依靠劳动、依靠劳动者创造民族的未来。

将劳模精神作为培育和践行社会主义核心价值观的现实突破口，既符合中国具体国情，又遵循马克思主义唯物史观的逻辑思路，是以全新的视角探索培育和践行社会主义核心价值观的有效途径。这是因为劳动的实践活动推动经济社会发展，孕育政治民主，催生人类文明，促进自然界、人类社会、人类自身的三者和谐，体现着国家层面的劳动价值目标；劳动的环境优化涵养自由理想，制定平等标准，维护公平正义，实现法治管理，为社会层面的核心价值落地生根提供无形的劳动文化浸润氛围；劳动的精神理念升华了民族认同与爱国情怀，巩固了爱岗敬业的职业信念，推动了诚实守信认识的不断深化，催生了团结友善的和谐人际关系。当今时代的劳模精神，是广大劳动人民的价值追求与奋斗方向，始终感召、鼓舞、引领劳动群众从事着以情感认同为基础、以理性共识为选择、以道德标准为规约的劳动实践过程。

三、有助于应对中国特色社会主义进入新时代后的社会主要矛盾转化

习近平总书记在党的十九大报告中指出，我国已进入中国特色社会主义的新时代，社会主要矛盾已转化为人民日益增长的美好生活需要和不平衡不充分的发展之间的矛盾。我国"社会主要矛盾转化"的时代判断，是以人民为中心的价值理性与以社会全面发展为终极目标的集中体现。我们要保障的"人民"，是广大依靠辛勤劳动、踏实劳动而创造物质财富与精神财富的人民群众；我们要实现的"社会全面发展"，是能够满足广大劳动人民的物质需求实现由"量"向"质"转变，精神需求由"有"向"优"转变，自然环境需求由"多利用"向"可持续"转变，社会关系由"竞争"向"和谐"转变的新时代中国特色社会主义社会。

一方面，在告别物质短缺时代后，人们对精神世界的丰富、社会全面进步、人类自由全面发展提出了更高要求。人民的需要，由单纯的物质需要提升到物质文化需要，再到日益增长的美好生活需要，都是在人们的劳动实践中逐步发展的，也必将以更为先进而科学的劳模精神为指引，扩展到物质文明、精神文明、社会文明、制度文明和生态文明等更为广阔的领域之中，催促着人类社会向更高水平迈进。

另一方面，尽管"落后的社会生产"已不符合如今的中国，但与西方发达国家相比，我国在部分领域仍处于落后地位，不平衡不充分的发展问题仍是满足人民日益增长的美好生活需要的主要制约因素。伟大的事业需要伟大的精神，伟大的精神来自伟大的人民。中国特色社会主义进入新时代，伟大的劳模精神则被赋予更深厚的人民期许。要在劳模精神的持续引领下，紧紧依靠辛勤劳动、诚实劳动、创造性劳动，不断激发全社会的劳动创造

力与发展活力,努力推动社会生产向着形态更高级、结构更完善、分工更科学、产品更精致、供给更高效的方向发展;在劳动模范积极发挥物质生产领域模范带头作用的同时,更要注重对精神生产、社会关系生产、自然环境生产,以及人本身的生产方面的德育引导与激励功能,竭力将"劳动美"与"中国梦"统一于中国特色社会主义的伟大实践之中,推动中华民族伟大复兴的"中国梦"成为现实。

四、劳模精神昭示新时代劳动教育的价值取向

习近平总书记在全国教育大会上强调,"要在学生中弘扬劳动精神,教育引导学生崇尚劳动尊重劳动,懂得劳动最光荣、劳动最崇高、劳动最伟大、劳动最美丽的道理,长大后能够辛勤劳动诚实劳动创造性劳动"。这既是对广大学生涵养深厚劳动情怀的谆谆嘱托,更是对未来劳动者用奋斗成就梦想的殷切期待,昭示着新时代劳动教育的价值取向。劳动模范是每个时代劳动精神的典型化身,是引导广大学生培育践行社会主义核心价值观的宝贵财富和有效载体。应充分发挥劳动模范先进事迹和优秀品质的感召作用,让青少年有机会近距离接触劳动模范、聆听劳模故事、感受劳模精神,在实践中体悟劳模精神,在磨炼意志和增长才干中感受劳动的乐趣和收获,从而培育辛勤劳动、诚实劳动、创造性劳动的精神气质。

案例链接

中国天眼之父:南仁东

2017年11月,中宣部追授南仁东"时代楷模"荣誉称号。2018年12月18日,党中央、国务院授予南仁东"改革先锋"称号,并获评"中国天眼"的主要发起者和奠基人。2019年9月25日,南仁东被评选为"最美奋斗者"。

1. 自主建天眼,一个看似不可能完成的奇迹

1993年在日本东京举行的国际无线电科学联盟大会上,科学家们提出,在全球电波环境继续恶化之前,建造新一代更灵敏的射电望远镜,接收更多来自太空的讯息。而此时,我国在这一领域远远落后。这让不服输的南仁东心里很不好受,他想在祖国建造一个最大的单口射电望远镜。"别人都有自己的大设备,我们没有,我挺想试一试。"

当年,中国最大的射电望远镜口径为25米,要建一个500米口径的射电望远镜,高昂的造价,加上到哪里找一个合适的地方安放大射电望远镜,让他的想法很难实现。但南仁东,没有退缩。

去哪儿给这个"大家伙"找一个合适的"家"?南仁东把目光投向了西南地区的喀斯特山区。从1994年到2005年,12年间,南仁东坐着单程需要50小时的绿皮火车,从北京到贵州,带着上千张卫星图,一趟又一趟进入喀斯特山区,寻找最适合安放大射电望远镜的地方。

"很多地方没得路,只能攀着树枝一步一步挪,我们本地人都害怕。但从来没看他往

后退过。"12 年的不辞辛苦，大山里原本没有路的地方被走出了路，南仁东也在 391 个备选洼地中选出了条件最合适的平塘县克度镇的大窝凼。2007 年 7 月，国家发改委批复，500 米口径球面射电望远镜工程正式立项。

2. 千方百计解难题，"战术型老工人"带队攻坚

FAST 是一个庞大的工程，涉及天文学、力学、机械工程和岩土工程等各个领域，每一个领域几乎都是开创性的工作。建造这样一个全世界独一无二的大工程，没有任何经验可以借鉴，很多关键技术只能一边摸索，一边自主创新。

"中国天眼"的自主创新，几乎样样离不开南仁东。"我不是一个战略大师，我是一个战术型老工人。"国家天文台研究员朱文白对南仁东这句话记忆犹新。

为了当好"战术型的老工人"，22 年时间里，南仁东孜孜不倦，努力学习力学、测控、水文、地质等知识，吃透了工程建设的每个环节。

南仁东的学生甘恒谦还记得，工程伊始，要建一个水窖，施工方送来设计图纸，南仁东迅速标出几处错误打了回去。施工方惊讶极了：这个搞天文的科学家怎么还懂土建？

FAST 工程副经理张蜀新仍记得南仁东对自己说过的一句话："你以为我是天生什么都懂吗？其实我每天都在学。"

每天都在学，源于南仁东肩上的责任。他曾说过："这个望远镜是我们国家自己投资建设的，在大家甚至几代人的拼搏和努力下，主体结构建成。克服困难，不负艰辛，如果有一点瑕疵，我们就对不起国家、整个贵川省人民。"就是这样一位有责任感的"战术型老工人"带着团队攻坚克难，不断创新，解决了一个又一个难题。

2010 年 8 月，工程开工前夕，南仁东得知前期做的所有索网实验都失败了。他万分焦虑，绞尽脑汁，告诉大家："我们没有退路，必须再做！"南仁东组织攻关，亲自上阵奋战 700 多天，经过近百次的失败实验后，终于研制出强度为 500 兆帕、抗 200 万次拉伸的钢索，把材料工艺提高到国标的 2.5 口，成功解决索网问题。

22 年里，作为 FAST 项目首席科学家和总工程师，南仁东主持攻克了主动反射面、索网疲劳、动光缆、高效握拔力锚固技术、跨度索网安装和精度控制等一系列技术难题，为 FAST 工程的顺利完成做出了卓越贡献。

资料来源：http:/cpc.people.com.cn/n1/2019/1125/c64104-31473144.html，节选，有改动

实践行动

劳模精神宣传活动

【实践目的】

通过宣传活动，宣扬劳模精神，加深对劳模精神的认识。

【实践内容】

1. 准备与劳模精神相关的资料，并制作成各种类型的宣传材料，以及做好宣传渠道和

❖ 劳动实践教育

人员的安排。

通过校园刊物、广播、视频或演讲等多种形式的活动来宣扬劳模精神。举办活动的过程中要注意以下两点：

（1）与受众的互动；

（2）参与活动的人员的安全。

2. 将宣传的劳模按行业分类，或补充没有列入宣传的一些行业典型劳模或国家功勋（如袁隆平、申纪兰等），将其事迹及代表的行业精神要点填入下表：

行业或领域	劳模姓名	事迹要点	所体现的行业精神	传承及践行要点

注：空行不够可外加。

第三课　弘扬和践行劳模精神

课堂导入

现场"带货"的劳模

新冠肺炎疫情发生以来，山东省劳模、山东惠民齐发果蔬基地负责人吴元元充分发挥劳模精神和劳模担当，不仅积极捐款捐物，而且带头发出倡议，以实际行动为当地疫情防控做出了贡献。

吴元元是一名85后省劳模。在惠民县委、县政府的支持下，吴元元流转了200亩（1亩≈666.7m^2）土地，建立起一个"企业+基地+农户"的食用菌规模化生产基地，建有60个食用菌大棚、1500m^{2}的菌种厂，吸引了当地农户参与。现在已经有3000多农户、近200名下岗职工在惠民齐发果蔬公司找到自己人生的舞台，吴元元也被当地百姓亲切地称为"香菇大王"。

面对疫情，吴元元主动请缨，用实际行动诠释了一名新时代青年劳模的担当和作为。

疫情期间，蔬菜等民生物资的供应成为社会的热点需求。吴元元尽自己所能满足顾客的需求。在保证产品质量的同时，她坚持平价甚至降价销售，让老百姓吃上放心蔬菜。她积极探索电话下单、微信点单、专车配送等销售模式，坚持"线上+线下"服务模式，为全力保障民生物资奉献自己的力量。

另外，一些农户的产品却面临滞销的困境。为了让农户的产品尽快卖出去，2月24日，吴元元与惠民县委书记殷梅英一起，走进淘宝直播间，开展"同战疫情·振兴惠民"全民直播活动，开启现场直播"带货"，当晚就卖出2000份脆片、1000kg香菇。为了尽快发货，吴元元早上7点就来到合作社，与同事们一起将现场采摘的蘑菇打包，一忙就是9小时。"我要把直播间搬进大棚里，顾客下单后，可以跟随我的镜头，想要哪个蘑菇，我们就现场采摘哪个！"吴元元说。

资料来源：https：/baiJiahao.baidu.com/s?id=1665181958578327861-wfr=spider-for=pc

讨论：请谈谈你对以上案例的看法。

课堂在线

在我国革命、建设和改革各个历史时期涌现出来的劳动模范虽然行业不同、岗位各异，但都有着共同的特质，那就是以高度的主人翁责任感、卓越的劳动创造、忘我的拼搏奉献始终走在工人阶级和劳动群众的前列，享有崇高声誉备受人民尊敬。他们身上所体现的爱岗敬业、争创一流艰苦奋斗、勇于创新淡泊名利、甘于奉献的劳模精神是中国工人阶级伟大品格的生动体现,是民族精神和时代精神的重要内容,是我国极为宝贵的精神财富。

一、践行劳模精神,要向劳模学习

"必须大力弘扬劳模精神,发挥劳模作用",习近平总书记的重要讲话肯定了劳动模范的卓越贡献和劳模精神的时代价值,寓意深刻、催人奋进。

劳动模范和先进人物具有的先进思想与优秀品质,是这个社会和时代的产物。只有大力弘扬劳模精神,才能引导广大职工牢记工人阶级的历史使命,树立高度的主人翁责任,以国家和民族的伟大复兴为己任,以极大的热情投入各项建设事业中。要大力宣传劳模事迹,让劳模精神深入人心;要积极选树先进典型,让劳模精神代代相传;要激励职工创先争优,让劳模精神更具时代价值。用劳模精神中蕴含的价值理念激发更多人的认同与参与,使其增强信心、振奋精神、凝聚力量,展现新时代风貌,发挥聪明才智,付出辛勤努力,书写美好的明天。

1. 学习劳模爱岗敬业的道德品质

践行劳模精神,就要学习劳模爱岗敬业的道德品质。爱岗敬业是爱岗与敬业的总称。爱岗和敬业互为前提,相互支持,相辅相成。

要做到热爱本职岗位,就要努力做到干一行爱一行。在平凡的岗位上严格要求自己,时时事事不忘创先争优;保持热情的工作态度和严谨的工作作风;认真树立职业理想,强化自己的职业责任;认真学习与职业有关的理论知识,提高职业技能,不断完善自我提高自我,时刻保持努力学习的劲头,在工作中学习,在实践中学习,将学习作为一种良好的生活习惯。只有干一行爱一行的人,才能专心致志地搞好工作。

2. 学习劳模争创一流的奋斗决心

争创一流是一种积极奋发的精神风貌,是一种凝心聚力的目标追求,可以内化为每个人的工作动力源泉。要学习劳模,践行劳模精神,就要像劳模一样树立争创一流的精神风貌,把争创一流内化为奋斗目标,始终创造一流的工艺、一流的质量、一流的管理、一流的服务,推动我国社会生产力水平实现整体飞跃。

案例链接

军工"绣娘"

2019年国庆70周年阅兵,新一代预警机惊艳亮相。预警机是空中指挥所,是整个飞行队伍的神经中枢。这神经中枢里最精密的一部分器件是由手工焊接的,而完成这项工作的就是中国电子科技集团的女技师潘玉华。

潘玉华在军工精细焊接的岗位上一干就是20年,从没做过别的工作,每天琢磨的就是如何让手更稳定,心更静。同事们经常能看到她很晚了还在独自加班研究技术。工间休息的时候,潘玉华会带着徒弟们做投硬币的练习。在已经盛满水的水杯中投入一元硬币,保证水不会溢出，为的是锻炼观察力和手的平衡感。潘玉华的最高纪录是45枚硬币。

军工精细焊接中有一种称为植柱的工艺，即在一块一元硬币大的电子板上，在没有任何机器辅助的情况下，全凭手感精准焊接1144根细小的铅柱。潘玉华完成一块1000多根的植柱只需要两个多小时。她的这一手绝活儿为卫星的成功研发提供了有力保障。

在厂里，潘玉华是技术水平最高的师傅，也是最严苛的师傅。"真正看到我做的东西，谁在使用它，谁在进行操控，进行掌握的时候，这个心情真的是非常自豪。我对自己对徒弟要求严格，是因为使用我们产品的人的生命是由我们来保障的。"潘玉华说。

资料来源：http：/www.casic.com.cn/n12377419/n12378203/c12761688/content.htm1，有改动

3. 学习劳模艰苦奋斗的意识思想

艰苦奋斗是指为实现伟大的或既定的目标而勇于克服艰难困苦、顽强奋斗、百折不挠、自强不息、居安思危、戒奢以俭的精神和行动。我们要践行劳模精神，就要在思想意识上树立正确的价值取向和立场观点，增强不怕困难的意识，坚定克服困难的信心，培育在艰苦环境中敢于奋起、有所作为的品格；就要在精神意志上始终保持昂扬的朝气、奋进的锐气和浩然的正气，"任尔东南西北风""咬定青山不放松"，矢志不渝、志存高远、百折不挠；就要在学习工作中始终勤奋刻苦、努力创新、厉行节约，吃苦在前，享受在后。只有勤劳肯干、勤学苦练，才能提高自己的工作技能，不断实现自我突破；就要在生活态度上保持心态平和，耐得住清贫、扛得住寂寞、抵得住诱惑、把得住大节，自重、自省、自警、自励，自觉摆脱低级趣味，抵制腐化堕落的生活方式。

4. 学习劳模勇于创新的高尚精神

创新是一个民族进步的灵魂，是事业发展的不竭动力。一个全民创新的国家会更有力量，一个全员创新的企业会更有生机，一个自我创新的岗位也会更有作为。发展蕴含机遇，创新成就伟业。劳模勇于创新的精神是各行各业创新精神的总结，也是对青年学生的要求，更是值得永远传承的精神财富。

5. 学习劳模淡泊名利的崇高美德

劳模的业绩与淡泊名利的崇高精神密不可分。践行劳模精神，就要学习劳模淡泊名利的美德。

淡泊名利是做人的崇高境界，是以超脱世俗、豁达客观的态度看待一切。许多劳模几年、十几年甚至几十年如一日，像螺丝钉一样把自己"拧"在平凡的工作岗位上，默默耕耘，奋斗不息，并且能做到清心寡欲、淡泊名利、脚踏实地地实现自己的人生理想和生命价值，成为全社会尊敬的先进人物。学习淡泊名利的精神，就要努力做到清白做事，干净做人；办事公正，清正廉洁；一心为公，尽职尽责。树立正确的名利观，以平和之心对"名"，以知足之心对"利"，自觉坚持洁心、洁身、洁行，以廉为荣，以俭立身，耐得住艰苦、守得住清贫、抵得住诱惑，始终具有拒腐防变的能力。

❖ 劳动实践教育

> **案例链接**

淡泊名利、甘于清贫

钱福珠精湛的技艺和任劳任怨的工作态度获得了厂内外的广泛赞誉。钱福珠1984年被评为苏州市劳动模范，1985年又被评为江苏省劳动模范。1985年，钱福珠还被中华全国总工会授予"全国技术能手"称号，获得了全国五一劳动奖章。同年10月，钱福珠作为中国工会代表团成员访问朝鲜，被授予中朝友谊奖章。

1986年，当时的吴江县创办了技工学校，专门培养纺织工人，钱福珠担任了兼职教师。说是教师，其实还是在厂里上班，在织机前现场示范给学生看，教学生如何操作机器，如何快速单向打结。钱福珠教得特别认真，有个女孩子学得很快，她欢喜得不得了，觉得能把自己的技艺传授给年轻人，等于为社会培养了人才。

1987年10月，党的十三大在北京召开，钱福珠光荣地当选为党代表。她是党的十三大代表中最年轻的，也是江苏省选出来的全国党代表中唯一一位一线工人。党的十三大后，作为全国党代表的钱福珠依然当一线工人，兼职在车间当老师。多年来，她教过的学生多达200多名，她毫无保留地把自己的一身技术教给了学生。1988年，她再次被评为江苏省劳动模范。

尽管获得了这么多荣誉，但钱福珠一直没有脱离生产一线，直到1989年年底她才不再上三班倒的班，而只上白班，依然是一线车工。

2000年，原新华丝织厂改制，企业淘汰了很多梭织机，被无梭织机代替，钱福珠成为下岗工人。她没有因为自己获得过很多荣誉而向组织提要求，她想用自己的双手重新就业。后来她辗转到过几家企业打工，直到2005年退休，默默地居住在这个老旧小区里，与昔日的工友时常走动。

"现在，纺织设备越来越先进，有喷气的，有喷水的，我当年学的那些技术都用不上了。"说到这里，钱福珠脸上掠过一丝惆怅，不过很快恢复过来。她说，这是好事，科技进步了，纺织工人不用像过去那样辛苦了，生产效率也大大提高了。

前去看望她的吴江区总工会有关负责人说，钱福珠代表着那个年代的劳模刻苦钻研技术的精神，是那个时代吴江的工匠代表。同时，她淡泊名利、甘于清贫的精神值得现在很多人学习。

资料来源：http：/xianyu.chinaxiaokang.com/xianyuzhanshi/JiangsusuzhoushiwuJian-gqu/renwu/2019/0724/759307-3.html，有改动

6. 学习劳模甘于奉献的优良品格

奉献精神是指为了维护社会集体利益或他人利益，个人能够自觉地让渡舍弃自身利益的一种高尚品格。无论时代发生怎样变化，奉献精神永远是鼓舞和激励人们奋发向上的巨大力量。奉献的内涵很丰富，包括不怕困难勇挑重担的精神、见义勇为助人为乐的无偿服务精神、不计报酬不为私利的精神、勤勤恳恳忘我工作的精神。奉献是一种美德，是推动

社会发展的基石。正是有人无私奉献，社会的物质财富和精神财富才会不断增加。

二、践行劳模精神，要做"四有"职工

1. 做有理想的逐梦青年

理想是人生的奋斗目标，是民族前进的精神动力。没有理想就没有希望，没有希望就没有实现理想的力量。坚定的理想信念，是人生的精神动力，是做好工作、克服困难、开拓创新的力量之源。中华人民共和国成立70多年来，不同时期不同岗位涌现出的劳模身上总是有一种坚韧不拔、不畏艰险、顽强拼搏的可贵精神，他们善于把自己的事业追求和人生理想转化为现实。

中华人民共和国成立初期，物质匮乏环境艰苦，正是一批又一批劳模前赴后继，执着于民族昌盛国家富强的远大理想，影响和带动于于万万劳动者投身于社会主义建设事业，才为祖国今天实现科学发展跻身强国之林打下了坚实的基础。现代社会充满竞争，也充满诱惑和浮躁，人们的价值观念多元而又多变。践行劳模精神，就是要学习劳模淡泊以明志、宁静以致远的优秀品格，把为理想而奋斗当作人生快乐的源泉，用高尚的理想和情操充实自己的精神世界，努力实现人生理想，实现人生价值。

劳模努力自学成才，坚持岗位成才，无论身处顺境逆境，都要牢牢把握自己，以服务他人攻坚克难为乐，把自己的生存发展与人类个体群体整体，与自然万物的和谐发展融合在一起。因为有理想有信念，并且讲认真讲奉献，他们的人生境界才在推动文明发展社会进步的征途上豁然开朗。劳模是人们学习的榜样，是一面镜子，更是一个值得追求和超越的目标。践行劳模精神，就是要学习劳模自信自强自立，始终保持为理想而奋斗的激情，做一个有益于社会和人民的人。

理想与现实有着辩证的内在联系。理想来源于现实，是对现实的某种反映；理想是未来的现实，现实是理想的基础。不能成为现实的理想，或者背离现实的理想，都是毫无意义的理想。要正确处理理想与现实的关系，不能以理想来否定现实，也不能以现实来否定理想。对于广大职工而言，只有立足本职，干一行专一行，才有可能实现自己的理想。

要自觉坚持用中国特色社会主义理论体系武装头脑，提高贯彻党的路线方针政策的自觉性，推进改革开放，促进经济发展，维护社会稳定；了解中国国情，增强民族自豪感和历史责任感，将爱国家、爱企业、爱本职工作紧密结合起来，为各项事业的发展多做贡献；树立正确的世界观、人生观、价值观，胸怀全局目标远大，严于律己弘扬正气。

2. 做有道德的社会成员

中共中央印发的《新时代公民道德建设实施纲要》中指出，要"在全社会大力弘扬社会主义核心价值观，积极倡导富强、民主、文明、和谐、自由、平等、公正、法治、爱国、敬业、诚信、友善，全面推进社会公德、职业道德、家庭美德、个人品德建设，持续强化教育，引导实践养成制度保障，不断提升公民道德素质，促进人的全面发展，培养和造就担当民族复兴大任的时代新人"，"要把社会公德、职业道德、家庭美德、个人品德建设作为着力点。推动践行以文明礼貌、助人为乐、爱护公物、保护环境、遵纪守法为主要

内容的社会公德，鼓励人们在社会上做一个好公民；推动践行以爱岗敬业、诚实守信、办事公道、热情服务、奉献社会为主要内容的职业道德，鼓励人们在工作中做一个好建设者；推动践行以尊老爱幼、男女平等、夫妻和睦、勤俭持家、邻里互助为主要内容的家庭美德，鼓励人们在家庭里做一个好成员；推动践行以爱国奉献、明礼遵规、勤劳善良、宽厚正直、自强自律为主要内容的个人品德，鼓励人们在日常生活中养成好品行"。

践行劳模精神，就是要大力弘扬爱国主义、集体主义、社会主义和艰苦创业精神，正确处理个人利益集体利益和国家利益的关系，识大体顾大局，自觉做到个人利益服从集体利益，眼前利益服从长远利益，局部利益服从整体利益，把为人民服务作为人生最有价值的追求，自觉抵制拜金主义、享乐主义、个人主义等思想的侵蚀，不断加强思想道德修养，在社会做个好公民，在企业做个好职工，在家庭做个好成员。

践行劳模精神，尤其要重视职业道德。职业道德是一个人的职业态度、奋斗目标、工作目的、事业责任心和劳动积极性的综合体现。职业道德包括爱岗敬业、诚实守信、办事公道、服务群众、奉献社会。要养成高尚的职业道德，就要在本职岗位上始终自觉地用高尚的职业道德规范自己的言行，激励自己创造一流业绩。同时，要坚决与各种违反社会主义职业道德的人和事做斗争，带头反对和抵制各种置企业声誉与财产于不顾，投机取巧、极端自私、贪污腐败和严重损害党的形象的行为，使高尚的职业道德在企业的建设改革与创新的实践中蔚然成风。

3. 做有文化的技能人才

单纯苦干实干不怕牺牲，只能代表劳模含义的一部分。在科学技术日益发展的今天，劳模精神还体现在创新、智力、技术等方面。当代劳模是执着的知识渴求者，在知识社会和新经济条件下，他们深刻理解知本与资本增值的关系，非常注重自身的人力资源投资和实践知识的积累，并最大限度地转化为工作中的人力资本优势，从而在知识更新中把自己锻造为复合型的劳动能手。同时，劳模用先进的科学知识和劳动技能引导与鞭策着其他人锐意进取勤于学习刻苦钻研，创造更多的自我价值和社会价值。

"金牌工人"许振超曾在清华大学语重心长地说："一个人可以没文凭，但不可以没知识；可以不进大学殿堂，但不可以不学习。只有知识才能改变命运，只有发奋学习才能成就未来。"这正是劳模学习精神的真实写照。劳模的学习精神既反映了工人阶级自强不息、艰苦奋斗、爱岗敬业、奋发向上的传统美德，也反映了中国劳动者勤奋学习、能思善想、开拓创新、勇攀高峰的精神风貌。因此，劳模的学习精神是新形势下劳模精神的精髓。践行劳模精神，首要的就是要像劳模那样不断学习、求思进取、与时俱进。

"工欲善其事，必先利其器。"学习是文明传承之途、人生成长之梯、国家兴盛之要，是丰富职工群众精神家园的重要途径。当代劳动分工越来越细，技术含量日益增加，竞争越来越激烈，对每个职工的文化知识业务水平和技术素质的要求也越来越高，职工必须勤于学习善于思考，学习科学知识，树立科学精神，掌握科学方法，立足本职学文化、学科技、学管理，不断提高科学文化、技术水平、岗位技能和业务素质，争做岗位技术能手，才能适应竞争、追赶先进和开拓创新。

建设创新型国家是我国发展战略的核心和事关社会主义现代化建设全局的重大战略任务，不仅需要世界一流的科学家，还需要掌握精湛技艺和高超技能的高技能人才。高技能人才是把科研成果转化为现实生产力的重要桥梁，是把设计蓝图变成宏伟现实的主要实施者。践行劳模精神，就是要引导广大职工用现代科学技术武装自己，刻苦学习新知识、新技术、新本领，牢固树立终身学习的理念，不断增强学习能力、竞争能力、创新能力和创业能力，全面提升自身综合素质，争做学习型、知识型、技能型、专家型劳动者，为实现由"中国制造"向"中国创造"的转变做出贡献。

4. 做有纪律的合格员工

纪律和规则是保障人们工作不犯错误的前提。如果没有坚定的纪律观念和规则意识，就会出现责任心不强、作风涣散、不作为或乱作为等现象，甚至会违法乱纪腐败堕落。没有规矩不成方圆，铁的纪律是做好工作的保障。只有具备坚定的纪律观念，坚持原则，时刻注意自己的言行，服从组织，听从指挥，围绕中心，服务大局，对党和人民群众负责，对自己负责，才能真正做到爱岗敬业，才能将工作做对做好。

践行劳模精神，就是要模范遵守国家法律，严格依法办事，严守组织纪律。脑中常绷法纪这根弦，不越雷池，不踩红线，不闯红灯，不碰高压，有令则行，有禁则止。严格遵守法律法规和所在岗位的各项制度，自觉地按规定办事，善于运用法律规范自身行为，维护自己的合法权益，坚决同危害民族团结、国家安全和社会稳定的各种违法犯罪行为做斗争。

践行劳模精神，就是要"干干净净"，"政治上跟党走，经济上不伸手，生活上不丢丑。"政治上保持清醒头脑，不留污点；经济上清正廉洁，不为金钱所诱惑，无贪财之心；生活上严格律己，洁身自好，不为情色所动。坚持原则不能动摇，执行标准不能走样，遵守纪律不能松弛。

作为职工，践行劳模精神还需要自觉遵守职业纪律。职业纪律是在特定的职业活动范围内从事某种职业的人们必须共同遵守的行为准则，包括劳动纪律、组织纪律、财经纪律、群众纪律、保密纪律等基本纪律要求，以及各行各业的特殊纪律要求。遵守职业纪律可以维护正常的工作流程和安全生产，保证企业单位劳动生产顺利有序进行，促进企业单位健康发展；促使职工安全规范地行使自己的劳动权利，提高劳动效率，进而提高企业单位的生产绩效水平、科学管理水平和企业文化水平。

实践行动

寻找老劳模，再现光辉事迹

【实践目的】
在寻找劳模过程中理解劳模精神，感悟劳模精神，传播劳模精神，践行劳模精神。
【实践内容】
1. 寻找已被人淡忘的老劳模，与其进行面对面交谈。采用视频或图文形式记录其光辉

❖劳动实践教育

事迹,并对劳模如今的生活状况进行调查,与同学分享你的感悟。并填写下表:

劳模名称	事迹要点	最深刻动人的一件事	劳模现状	我的感悟

注:空行不够可外加。

2. 从上表中选择你认为能够践行的一件事或几件事(可以是一个劳模的,也可以是不同劳模的),践行、体验、感悟(填写下表),并撰写"我也做劳模"心得体会(不少于800字)。

活动名称	践行过程	感悟要点(包括知识、能力、素养)

第三单元

工匠精神

【知识目标】
1. 了解工匠的定义、工匠精神的定义与内涵;
2. 熟悉工匠精神的价值;
3. 掌握弘扬工匠精神的意义;
4. 掌握践行工匠精神的四个维度。

【能力目标】
学习工匠精神事迹,并在学习生活中践行工匠精神。

【素养目标】
1. 工匠精神中严谨、敬业、求精态度养成;
2. 工匠精神中坚持要素的行为养成。

爱岗敬业是态度,精益求精是品质;
协作共进是团队,追求卓越是创新;
怀匠心持创新心,创新发展是根本;
铸匠魂人之品德,厚德载物能行远;
守匠情系价值观,家国情怀同心圆;
践匠行执着坚持,精技崇德伴求新。

◆ 劳动实践教育

第一课　工匠精神概述

课堂导入

《大国工匠》

2015年中央电视台推出了《大国工匠》的系列节目，让我们了解到这些在平凡的岗位上为国家和人民做出不平凡贡献的劳动者。他们爱岗敬业，在工作中勇于创新、追求精益求精，是新时期的大国工匠。大国工匠胡双钱和他的钳工班组的工作场所位于厂房里一个不起眼的角落，他们通过手工打磨、钻孔、抛光，对那些用于大飞机上的零件做细微调整。为保证加工的准确和质量，减少事故，他发明了"对比反复法"和"反向验证法"，把钳工的工作做得精确到位。在他看来，飞机零件关乎生命。

在2018年"大国工匠年度人物"中，有一位老先生叫李云鹤，80多岁仍坚守在文物修复保护第一线，他曾修复壁画近4000m^2，修复塑像500余身，取得多项研究成果，是国内石窟整体异地搬迁复原成功的第一人。还有电网系统特高压检修工王进，曾成功完成世界首次±660kV·A直流输电线路带电作业，带电检修300余次实现"零失误"，为国家节省电量1000万kW·h。

讨论：从《大国工匠》中我们能得到哪些启示？请谈谈其中印象深刻的人物。

课堂在线

《辞海》《辞源》中对于"工匠"一词的解释十分相似，手艺工人、从事手艺的人。

在人类起源初期，为了生存人类首先要采集生活资料，包括采集野果、捕获森林中的野兽、水中的鱼，然后进一步培植和采集农作物果实。农、林、牧、渔被归为人类生存的基础，在这个基础上才有农产品和林木的加工。

一般来说，人类在农业领域从事工作是需要技能的。但是，往往这种技能不被认为是一种手艺，这一点在中国传统文化中表现得十分明显。因此在中国人的概念里，工匠参与的活动领域一般情况下是不包括传统农业生产内容。按照现代产业的分类，工匠参与的活动领域属于第二产业和第三产业。

工匠精神是指工匠对自己的产品精雕细琢、精益求精、追求完美的精神理念。工匠们喜欢不断雕琢自己的产品，不断改善自己的工艺，享受着产品在双手中升华的过程。工匠精神代表着一个时代的气质，坚定、踏实、精益求精，内涵十分丰富。

李克强总理在2016年《政府工作报告》中首次提出"工匠精神"，鼓励企业开展个性化定制、柔性化生产，培育精益求精的工匠精神，增品种、提品质、创品牌。"工匠精神"一词迅速流行开来，成为制造行业的热词。随后，不仅制造行业，各行各业都提倡

"工匠精神"。于是工匠精神使用范围扩展,任何行业、任何人只要具有"精益求精,力求完美"的精神,都可称"工匠精神"。

习总书记指出:"一切劳动者只要肯学、肯干、肯钻研,练就一身真本领,掌握一手好技术,就能立足岗位成长成才,就能在劳动中发现广阔天地,在劳动中体现价值、展现风采、感受快乐。"实干托起未来,"工匠精神"铸就"中国梦"。从制造大国向制造强国转变,离不开每一位技术工人的开拓与创新。"工匠精神"在我国古代早已有之。欧阳修在《归田录》中用开宝寺塔的事例对工匠精神做了深刻经典的诠释:"开宝寺塔在京师诸塔中最高,而制度堪精,都料匠预浩所造也。塔初成,望之不正而势倾西北。人怪而问之,浩曰:'京师地平无山,而多西北风,吹之不百年,当正也。'其用心之精盖如此。"故宫、颐和园、天坛等我国古代建筑的精妙以及历经数百年风雨而今依然挺立,在根本上缘于其背后积淀的匠心文化,得益于建造时由匠心文化所衍生的工匠精神。

十九大报告中提出"建设知识型、技能型、创新型劳动者大军,弘扬劳模精神和工匠精神,营造劳动光荣的社会风尚和精益求精的敬业风气"。报告中所提的"工匠精神",在笔者看来是具有新时代内涵的。

新时代的"工匠精神"的基本内涵主要包括爱岗敬业的职业精神、精益求精的品质精神、协作共进的团队精神、追求卓越的创新精神这四方面的内容。其中,爱岗敬业的职业精神是根本,精益求精的品质精神是核心,协作共进的团队精神是要义,追求卓越的创新精神是灵魂。

一、爱岗敬业的职业精神

爱岗敬业,是爱岗和敬业的合称,二者互为表里,相辅相成。爱岗是敬业的基础,而敬业是爱岗的升华。具体来说,所谓"爱岗",就是要干一行,爱一行,热爱本职工作,不能见异思迁,站在这山望那山高。所谓"敬业",就是要钻一行,精一行,对待自己的工作,要勤勤恳恳,兢兢业业,一丝不苟,认真负责。笔者在调研中发现,凡是获得"工匠"和"劳模"荣誉称号的工人,都是爱岗敬业的典范,很多人在本职岗位上工作了二三十年之久,干出了一番事业。所以"工匠精神"最根本的内涵,就是"爱岗敬业的职业精神"。

案例链接

15年坚守一线接处警,3万起案件无一投诉

他做了15年一线接处警,他处理了3万余起案件无投诉,他却说荣誉属于他的组织、他的同事、他的家人,他只做了分内的工作。他就是绍兴市公安局上虞区分局百官派出所的社区民警姚阳湖。

老姚是部队转业干部,1999年转业到公安局。2006年他主动提出要去派出所锻炼,来到上虞最大的派出所——百官派出所,当了110巡警。百官派出所是当地110警情最多、最复杂的辖区,平均一天接警数超过60起。

◆ 劳动实践教育

在专业接处警岗位上，老姚一干就是 15 个年头：参与抢救遇险群众 90 余起、扑灭火灾 100 多起、护送 400 多名迷途老人、小孩及智障人员回家……

今年 5 月已经 57 岁的他，勇救落水女子，又为别人拼了一次命。老姚是目前浙江省 110 专业接处警岗位上年龄最大的民警。这些年来，他共处理各类警情 3 万余起，没发生过一起群众信访投诉。老姚说他没什么"秘诀"，"你在心里把老百姓的事看得很重，老百姓就会在心里服你"。老姚还总结了"姚阳湖 110 接处警 365 工作法"，积极"传帮带"年轻民警，希望他们少走一点弯路。

资料来源：https：/baiJiahao.baidu.com/s?id=16873177709613169307-wfr=spider-for=pc

二、精益求精的品质精神

顾名思义，精益求精，是指一件产品或一种工作，本来做得很好了，很不错了，但还不满足，还要做得更好，达到极致。"精益求精的品质精神"是"工匠精神"的核心，一个人之所以能够成为"工匠"，就在于他对自己产品品质的追求，只有进行时，没有完成时，永远在路上。他不惜花费大量的时间和精力，反复改进产品，努力把产品的品质从 99% 提升到 99.9%，再提升到 99.99%。对于"工匠"来说，产品的品质只有更好，没有最好。笔者在调研中，最深感受之一就是追求极致、精益求精，是获得各类"工匠"荣誉称号的工人的共同特点，这也是他们能身怀绝技，在国际、全国或省的各种技能大赛中夺金戴银的重要原因。

三、协作共进的团队精神

如果说"爱岗敬业的职业精神""精益求精的品质精神"是传统的"工匠精神"中具有的内涵，那么，"协作共进的团队精神"则主要体现于新时代的"工匠精神"之中。因为和传统工匠不同，新时代工匠尤其是产业工人的生产方式已不再是手工作坊，而是大机器生产，他所承担的工作，只是众多工序中的一小部分。比如"复兴号"列车，一列车厢就有 37000 多道工序，一个人是不可能完成的，必须由车间或班组亦即团队协作来完成。团队需要的是"协作共进"，而不是各自为战。因此，"协作共进的团队精神"是现代"工匠精神"的要义。所谓"协作"，就是团队成员的分工合作。所谓"共进"，就是团队成员的共同努力、共同进步。

案例链接

有一种精神叫"中国女排"

提起中国女排，人们总是赞不绝口，甚至让人热泪盈眶，中国女排曾四次获"感动中国"人物奖项。这个团队早已内化为国人心中的一种精神，其中不得不提团队精神，可以说中国女排就是对团队和团队精神的完美诠释。

排球是一个团队协作项目,主攻副攻接应二传各司其职,分工明确,每个成员各有特点不可或缺,在场上都充分发挥着自己的特长,没有完美的个人,却搭建出完美的团队。

女排比赛的每一次得分都需要多名队员的团结协作,没有人可以以一己之力带领团队获得胜利,每个人都在尽自己的努力去拼搏。即便是其中一环出现了问题,大家也都会为她加油鼓劲,并分担她的一部分工作,一起渡过难关,去完成比赛取得最后的胜利。

我们可以看到每场比赛开始结束每个人之间都会相互一次转圈击掌;每次上场比赛、下场都要围成一圈击掌加油鼓劲;看到每一次得分、每一次协作回球后都会击掌拥抱、互相鼓励。

就在2019年的女排世界杯上,中国女排继续书写了"女排精神",用11连胜的战绩向祖国70岁生日献礼。实现世界大赛5连冠,排球世界大赛10冠王,一举打破了古巴统治的排球神话。

四、追求卓越的创新精神

和"协作共进的团队精神"一样,"追求卓越的创新精神"也是新时代"工匠精神"的内涵之一,甚至是新时代"工匠精神"的灵魂。传统的"工匠精神"强调的是继承,祖传父、父传子、子传孙是传统工匠传承的一种主要方式,而新时代的"工匠精神"强调的则是在继承基础上的创新。因为只有在继承基础上的创新才能跟上时代前进的步伐推动产品的升级换代以满足社会发展和人们日益增长的对美好生活的需要。有无"追求卓越的创新精神"是判断一个工人能否称为新时代"工匠"的一个重要标准。

当前,我国正处在从工业大国向工业强国迈进的关键时期,培育和弘扬严谨认真、精益求精、追求完美的工匠精神,对于建设制造强国具有重要意义,而只有对新时代"工匠精神"的基本内涵形成共识才能树匠心、育匠人,为推进中国制造的"品质革命"提供源源不断的动力。

案例链接

特殊时期的"工匠们"

2020年年初,一场突如其来的新型冠状病毒肺炎疫情威胁着全国每一个人的生命安全。面对疫情,口罩成了阻挡病毒的"第一道防线",全国各地对口罩的需求量急剧上升。

甘肃矿区民政集体管理公司被服厂工作人员,积极响应甘肃矿区号召,放弃春节阖家团圆的机会,在矿区民政局的安排下,第一时间返回工作岗位,加班加点赶制、生产口罩。被服厂在岗工人仅有11名,由于缺少专门的口罩生产设备,只能完全依赖纯手工制作,每天产能仅有600余个。从正月初四至元宵节,共计生产了6000多个口罩,及时供给了矿区疫情防控一线的检疫人员,确保检疫人员的健康。

"这些口罩都是我们手工做的,虽然慢,但多做一个,就能多贡献一份力量",被服厂

❖ 劳动实践教育

加工车间的解秋云和其余制作工人一边赶制口罩，一边和记者交谈。虽然已年近古稀，解秋云手里的针线依然行云流水般在布料上穿梭。她告诉记者，口罩生产看似简单，但加工一个却需要30多道工序，而大部分工序都是由工人手工完成的，为保证质量，他们每一针、每一线都格外认真。虽然手工生产效率低，但生产任务迫切，解秋云带着工人们每一道工序都严格把关，在加工过程中没有任何偷工减料的行为，也不为了提高产量而缩短工序或变相粗制滥造，因为合格的口罩关系到每一个使用口罩的一线工作人员的生命安全，也是防止疫情扩散的第一道壁垒。

为了保质保量地完成任务，所有的工人连续加班加点，从没有一个人迟到早退，有时候连水都顾不上喝，每次上班之前大家都自觉做好洗手消毒工作，保证作业环境的卫生与安全。每一个口罩都是一份安全保障。口罩虽然不多，但都是被服厂加工工人一针一线、争分夺秒串起的。这些高质量的口罩体现了对生命的敬畏，战胜疫情的决心，也是这些工人对早日打赢疫情防控阻击战的美好祝愿。

实践行动

《大国工匠》，谈感想观

【实践目的】

培养学生一丝不苟、精益求精的劳动态度以及主动承担责任的意识。

【实践内容】

1. 观看中央电视台《大国工匠》纪录片第二集"大术无极"。领略工匠们一丝不苟、精雕细琢、精益求精的劳动态度，填写下表。针对观看内容，分小组思考并讨论工匠们在劳动中是如何根据自己的能力承担工作角色，履行自己的职责，追求极致的，以及出现问题之后是如何承担责任的等问题。

工匠姓名	事迹要点	执着坚持追求	责任担当	特别值得我践行的

注：空行不够可外加。

2. 写一篇不少于700字的观后感，谈谈自己对大国工匠成才之路的认识与理解，谈谈工匠精神对自己今后的影响。

第二课　工匠精神的价值

> 课堂导入

港珠澳大桥

2009年，胸怀壮志的中国工程师们，在波澜壮阔的伶仃洋上开启了一段梦幻之旅。仅仅9年时间，他们在海天之间托举了一个人类奇迹——世界上最长的跨海大桥港珠澳大桥。雄伟壮丽的港珠澳大桥横跨辽阔的海洋，将香港、澳门和珠海三地连为一体。

港珠澳大桥主体由桥、岛、隧三部分组成。其中6.7km的海底隧道由33节沉管对接而成，施工难度史无前例。2013年5月2日，海底隧道开始下放第一节沉管，中国工程师们经过1400多个日夜的苦战，终于将33节沉管在海平面以下13.48m不等的深度实现海底无人对接，误差在2cm以内。在挑战中摸索，在摸索中前进，劳动者们攻克了一系列世界级难题，打破多项世界纪录，形成的发明专利达400多项。在港珠澳大桥的建造过程中，类似沉管技术这样的革新还有很多。完成这样一项规模浩大的世纪工程，无疑就是攀登了一次世界桥梁建造史上的"珠穆朗玛峰"！

七百多年前，民族英雄文天祥留下了"惶恐滩头说惶恐，零丁洋里叹零丁"的著名诗句。如今，新时代中国人以辛勤的汗水、伟大的创造力和气吞山河的气概成功实现了港珠澳三地的"珠联璧合"。

讨论：港珠澳大桥可以作为工匠精神的代表吗？工匠精神的内涵是什么？

> 课堂在线

当前，我国正处在从工业大国向工业强国迈进的关键时期，培育和弘扬严谨认真、精益求精、追求完美的工匠精神，对于建设制造强国具有重要意义。工匠精神的内涵已经不只包含工匠这个职业本身所具备的价值取向，更是作为在社会工作中的任何人的行为追求。在"中国制造"向"中国创造"转变的背景下，当今工匠有新的历史使命和重要责任，工匠精神也被赋予了更多的意义。

一、工匠精神是衡量社会文明进步的重要尺度

实现中华民族伟大复兴的中国梦，物质财富要极大丰富，精神财富也要极大丰富，只有物质文明建设和精神文明建设都搞好，国家物质力量和精神力量都增强，全国各族人民的物质生活和精神生活都改善，中国特色社会主义事业才能顺利向前推进。也就是说，物质文明与精神文明是推动社会文明进步的"两个轮子"，是实现中华民族伟大复兴中国梦的"一双翅膀"，两者缺一不可。事实上，工匠精神的发育程度与社会的物质文明、精神

文明的进步程度都直接相关。从精神文明的角度来看，工匠精神作为一种职业精神，在本质上是同社会主义核心价值观，特别是同其中的敬业、诚信要求高度契合的。从物质文明的角度来看，工匠精神在物质文明的创造过程中可以发挥强大的精神动力及智力支持作用。

二、工匠精神是中国制造业前行的精神源泉

制造业是国民经济的主体，是立国之本、兴国之器、强国之基。中华人民共和国成立尤其是改革开放以来，我国的制造业持续快速发展，建成了门类齐全、独立完整的产业体系，有力推动了工业化和现代化进程，显著增强了综合国力，支撑世界大国地位。然而，与世界先进水平相比，中国制造业仍然大而不强，在自主创新能力、资源利用效率、产业结构水平、信息化程度、质量效益等方面差距明显，转型升级和跨越发展的任务紧迫而艰巨。

为实现中国从全球制造大国到制造强国的跨越，2015年5月8日，国务院正式印发《中国制造2025》，提出了中国政府实施制造强国战略第一个十年的行动纲领。中国要迎头赶上世界制造强国，成功实现《中国制造2025》战略目标，就必须在全社会大力弘扬以工匠精神为核心的职业精神。只有当敬业、精益、专注、创新的工匠精神融入生产设计经营的每个环节，实现由"重量"到"重质"的突围，中国制造才能赢得美好未来。

在中国从制造大国迈向制造强国的进程中，工匠精神被赋予了新的时代内涵。它不是工匠大师的殊荣，每个坚守工作岗位兢兢业业的劳动者都是工匠精神的生动诠释。

案例链接

让中国智能机床冲击世界一流

盖立亚，沈阳机床集团优尼斯智能装备有限公司教授级高级工程师，在机床行业工作20多年，先后主持和参与4项国家重大专项项目，取得主导实用新型专利22项、发明专利3项，成为"代表中国一流，冲击世界一流"的业界重要领军者。

1999年，盖立亚大学毕业后入职沈阳机床集团公司机床研究所。这一年，公司正好从生产制造普通机床向数控机床转型。盖立亚跟着一位资深工程师研发CKS6132数控机床设计。2000年，这位工程师生病住院，重新安排人可能赶不上交货时间。时任沈阳机床研究所所长王瑛问盖立亚："你敢干不？"盖立亚没有细想就答应了。

时隔多年，她再次谈起这件事，自己都禁不住笑起来："大学毕业才一年，就敢接公司第一次搞的科研项目，你说我是不是有点儿'虎'？"

当时，研究所能够用于产品设计的计算机只有五六台，像她这样刚来的年轻人白天几乎没机会使用，她就等别人下班了使用，忙通宵是经常的事。设计出来了，机床也组装起来了，可一试车毛病一大堆，主轴振动、刀架不锁紧、防护漏水。装配工人毫不客气地叫来盖立亚："你赶紧过来看看！"

从机床漏出的水淌了满地,盖立亚二话不说就钻到车床下找漏水点。漏水点找到了,她重新设计了防护装置,把问题解决了。紧接着又解决主轴振动、刀架不锁紧等问题。2000年8月,公司按时交货。这是机床公司第一台高端数控车床,开创了国产数控机床商品化之路。

"大学书本中的经典车床再也不是市场的主流,所以必须创新。"盖立亚力主创新,瞄准新观念、新方法,创造新成果。久而久之,同事都称她是全机能产品的"小鼻祖"。随着技术和经验的不断积累,她逐渐有了与专家"掰手腕"的信心与实力。

在沈阳机床集团,只要客户有需求,盖立亚随时随地都会组织讨论帮助客户解决问题。有一次,一家世界五百强企业因为对机床指标要求太苛刻,所以没有供货商愿意供货,而盖立亚毫不犹豫地接下了这个订单。

这一年,33岁的盖立亚怀孕了,妊娠反应特别强烈。她考虑到这份合同不仅能给公司带来可观的经济效益,而且是设计技术的一大突破,深知必须坚持下去,保质保量地完成任务。她组织技术人员自制毛坯件在机床上进行模拟模型试验,并对切削结果进行比较。对机床结构、参数设定、加工工艺、切削效果、性能、精度等环节反复修改技术方案11次。

盖立亚带着团队一直工作到临产前4天,产假没休完,就回到工作岗位上参加设备调试,将机床的精度提高到进给单脉冲0.5vm,相当于人头发丝直径的1/120。这家世界五百强企业的专家操着生硬的中国话对盖立亚说:"盖,你都不知道你们的机床有多好。"后来,仅这一家企业就陆续从九阳机床公司订购近百台机床。

"这个精度到目前为止还是领先于世界的,证明了我们中国人可以做出高精度的机床。这是行业龙头企业职责所在,应该为国家担起这样的职责和责任。"盖立亚心里更多的不是自豪,而是使命感。

2014年,在研发岗位上工作了十几年的盖立亚主动要求到市场一线,她用一年的时间走访了100多个客户,收集了7大类158项机床改进意见。"无论是企业发展、国家需要,还是社会层面,都需要提升基础工业水平。我希望通过我们的努力,来提升我们的装备制造水平。"这是盖立亚的心声,也是她从过去到现在,甚至在未来一直坚持做的。

资料来源:http:/news.cctv.com/2019/05/14/ARTI1DyVp7yLZ9QXvyNfsVB2190514.shtml,有改动

三、工匠精神是企业竞争发展的品牌资本

随着市场经济特别是知识经济的到来,现代经济越来越呈现为一种品牌经济。在现代市场经济视域下,作为知识资本形态的品牌形象也是一种可经营的企业资本,是一种潜在的、无形的、动态的、能够带来价值增值的价值,是传统的会计体系反映不了的无形资本。塑造良好的品牌形象,有效开发、经营品牌资本,是企业参与市场竞争、占领市场制高点的重要手段。事实上,工匠精神在企业品牌形象塑造和品牌资本创造过程中具有十分

重要的作用。工匠精神是企业品牌内涵的重要体现，也是企业品牌知名度、美誉度及顾客忠诚度培育的有效途径，更是企业品牌资本价值增值的重要来源。例如，中华老字号"全聚德"烤鸭能够驰名中外，也是得益于其"食不厌精，脍不厌细"的工匠精神。

四、工匠精神是员工个人成长的道德指引

尊重员工的价值，启迪员工的智慧，实现员工的发展，不仅是员工个人成长的强烈需求，还是现代企业的责任和使命。而工匠精神作为一种职业精神，是企业员工提升个人精神追求完善个人职业素养、实现个人成长进步的重要道德指引。

美国旅馆业巨头康拉德·希尔顿年轻时有过在酒店打工的经历。最初，上司安排他打扫卫生，刷马桶是必要的环节。希尔顿对这份工作不满意，对待工作很懈怠。有一天，一位年龄稍长的女同事见他刷的马桶很不干净，就亲自为他做示范，并告诉他，自己刷完的马桶是有信心从里面舀水喝的。这件事对年轻的希尔顿触动很大，从此他一改对工作的懈怠应付，逐渐树立起踏实认真、一丝不苟的职业精神。后来，希尔顿拥有了自己的酒店，并在行业内独树一帜。回顾他的成功之路不难发现，他年轻时所遭遇的"喝马桶水"的职业精神教育一课是他成长、成才、成功的重要精神财富。

事实上，企业员工所具有的高尚职业操守和强烈的工匠精神与拥有较高专业知识技能一样，是其自身立足职场的重要条件和在未来职业生涯中脱颖而出的法宝。

案例链接

自主创新让环卫工作"少些味道、多些尊严"

河北沧州人李德自1982年进入环卫系统，30多年来，从以身作则、不眠不休工作的"拼命三郎"，到寻求技术突破、提高机械化作业率解放双手的专家，用自主创新真正改善了这份曾被戏言"顶风臭八里地"的工作。

小型粪便机械化作业车、自动压缩式固液分离吸污车、多功能高压冲洗车……从2004年开始，李德的发明填补了我国特种设备及特种车4项空白。他靠着自主研发，让沧州运河区公厕管理的粪便清淘机械化作业率从18%提升到了98%。

"9项专利代表着环卫工作中需要攻克的9个难题。"李德说，作为环卫工人，他要让这份工作少些味道、多些尊严。

"我所理解的'大国工匠'，不仅需要专业知识和技能的支撑，更需要吃得了苦、经得起磨难、耐得住寂寞。"李德说。

资料来源：http:/gJJs.hebei.com.cn/system/2018/09/28/019144803.shtml，有改动

五、工匠精神是劳动者实现自我价值的重要途径

当今社会，机器化生产提高了产品生产率，很多工作由机器来完成，因此很多劳动者

在工作中觉得单调、机械和乏味，甚至有的劳动者觉得在智能时代自我价值已经消失了，人的劳动正在被机器取代。

实则不然，对于一个具有工匠精神的劳动者而言，产品是向往自由美好愿望的充分表达。劳动者在创造工作过程中具有完全的主动权，根据自己的构思意志来完成产品，使自我想法在作品中体现，创作出来的产品是自我对世界的理解认识客观化的体现。以工匠精神来做创造，工作就变成了一种忘我的投入生命的外在表达。自我的价值存在于自己双手所能控制的作品中，不受其他因素的影响，使自己在工作过程中获得真正的满足与成就感。

实践行动

我为"工匠精神"代言

【实践目的】

提升学生职业素养，培养学生工匠精神。

【实践内容】

6~10个人为一组，围绕大国工匠或你喜欢的匠心故事演练一场情景剧，讲述匠人奋斗的故事，感受匠心力量，传承工匠精神。

1. 填写下表：

匠心故事名称	故事梗概	再现要点	角色分工

2. "匠心故事"再现、评价：

匠心故事名称	故事呈现程度	工匠精神呈现状况	行为素养

◆劳动实践教育

第三课　弘扬和践行工匠精神

> **课堂导入**
>
> "金手天焊"高凤林精益求精的工匠精神
>
> 　　被誉为"大国工匠第一人",为火箭焊心脏的高凤林就是一个执着追求高质量劳动成果的典型代表。他毕业于第七机械工业部第一研究院211厂技工学校,他是航空特种融焊接工,被称为"金手天焊"。他所从事的航天火箭的焊接工作难度大,精度高。火箭高达20层楼,体重数百吨,但仅仅一个密封圈、螺丝甚至几克的杂物就能让它在飞行中轰然解体。焊枪的每一次点焊,力道、时间把握不准,都是巨大隐患。火箭发动机上一个焊点的宽度仅0.16mm,焊接时间误差仅限0.1s,并且火箭上每种材料的焊接方式均不相同。这些都对焊接工的技术要求特别高。高凤林靠着对知识、技术、操作的综合把握以及对质量和效益的执着追求,才铸就了今天他精益求精、追求极致的工匠精神。他说:"我做事干到一般般都觉得丢脸,要干就干到最好。做事要让人竖起大拇指。"
>
> 　　讨论:如何践行工匠精神?弘扬工匠精神的意义是什么?

> **课堂在线**

一、弘扬工匠精神的意义

　　工匠精神是一种严谨认真、精益求精、追求完美、勇于创新的精神。党的十八大以来,习近平总书记多次强调要弘扬工匠精神。党的十九大报告提出"弘扬劳模精神和工匠精神"。党的十九届四中全会决定提出"弘扬科学精神和工匠精神"。在新时代大力弘扬工匠精神,对于推动经济高质量发展、实现"两个一百年"奋斗目标具有重要意义。

　　我国自古就有尊崇和弘扬工匠精神的优良传统,一些工艺水平在世界上长期处于领先地位。瓷器、丝绸、家具等精美制品和许多庞大壮观的工程建造,都离不开劳动者精益求精的工匠精神。《诗经》中的"如切如磋,如琢如磨",反映的就是古代工匠在切割、打磨、雕刻玉器等时精益求精、反复琢磨的工作态度。《庄子》中讲庖丁解牛游刃有余,"道也,进乎技矣"。可以说,我国古代非常注重工匠精神,形成了"尚巧工"的社会氛围。中华人民共和国成立以来,我们党在带领人民进行社会主义现代化建设的进程中,始终坚持弘扬工匠精神。无论是"两弹一星"、载人航天工程取得的辉煌成就,还是高铁、大飞机等的设计与制造,都离不开工匠精神,都展现出我们对工匠精神的继承与发扬。

　　弘扬工匠精神有助于提高创新能力、加快建设制造强国。我国是世界制造业第一大国,在世界500多种主要工业产品中,我国有220多种工业产品的产量位居世界第一。但总体而言，我国制造业大而不强，实现制造业转型升级迫在眉睫。加快建设制造强国，加快发展先进制造业，关键在于提高创新能力，而工匠精神是助推创新的重要动力。工匠精神不是因循守旧、拘泥一格的"匠气"，而是在坚守中追求突破、实现创新。把工匠精神融入生产制造的每一个环节，敬畏职业、追求完美，才有可能实现突破创新。我们要通过弘扬工匠精神，培育劳动者追求完美、勇于创新的精神，为实施创新驱动发展战略、推动产业转型升级奠定坚实基础，加快建设制造强国，推动经济高质量发展。

弘扬工匠精神有助于提升中国品牌国际形象。品牌是企业走向世界的通行证，也是国家竞争力的重要体现、国家形象的亮丽名片。近年来，我国品牌建设取得长足进步，但在国际上真正叫得响的品牌还不多，这与我国作为世界第二大经济体、第一制造业大国的地位很不相称。提升品牌形象，要求把工匠精神融入设计、生产、经营的每一个环节，做到精雕细琢、追求完美，实现产品从"重量"到"重质"的提升。通过弘扬工匠精神，让每个劳动者恪尽职业操守，崇尚精益求精，进而培育众多大国工匠，不断提高产品质量，打造更多享誉世界的中国品牌，建设品牌强国。

弘扬工匠精神，需要培养尊崇工匠精神的社会风尚、构建相应体制机制。一个国家、一个民族的发展，离不开各行各业劳动者的共同推动。社会对各种人才的评价会直接影响劳动者努力进取的方向。我国虽然有"尚巧工"的传统，但技能人才在传统社会一直得不到应有的重视。当前，社会上依然存在轻视职业教育、不重视技能人才的现象。2019年9月，习近平总书记对我国选手在世界技能大赛取得佳绩作出重要指示强调"劳动者素质对一个国家、一个民族发展至关重要。技术工人队伍是支撑中国制造、中国创造的重要基础，对推动经济高质量发展具有重要作用。""要在全社会弘扬精益求精的工匠精神，激励广大青年走技能成才、技能报国之路。"这就要求我们倡导尊崇工匠精神的社会风尚，为弘扬工匠精神营造良好社会氛围。弘扬工匠精神，还要形成相应体制机制。健全技能人才培养、使用、评价、激励制度，注意提高劳模和技能人才的政治待遇、经济待遇、社会待遇，为劳模和技能人才发挥作用搭建宽广舞台，使他们在经济上有保障、发展上有空间、社会上有地位。(《人民日报》，2020年04月20日09版)

【劳动资料卡】

中国工匠精神代表人物

1. 木匠　鲁班

鲁班，曾发明钻、锯、刨子、铲子、曲尺、墨斗、云梯等工具，被誉为中国建筑鼻祖木匠鼻祖，也称百工鼻祖，成为古代劳动人民智慧的象征。现在我国设有"鲁班奖"，用以嘉奖杰出工匠。

鲁班生活在春秋末期到战国初期，出身于工匠世家，从小就跟随家人参加土木建筑工程劳动，逐渐掌握了生产劳动技能，积累了丰富的实践经验。他发明的每一件工具，都是他在日复一日的生产实践中得到启发，经过反复研究试验得出来的。

2. 石匠 李春

李春，缔造了中国第一座石拱桥赵州桥，开创了中国桥梁建造的崭新局面。

经由李春设计建造的赵州桥在漫长的岁月中，虽然经过无数次洪水冲击、风吹雨打、冰雪风霜的侵蚀，以及8次地震的考验，却依然能安然无恙、巍然挺立在清水河上，不可谓不是一大奇迹。

3. 纸匠 蔡伦

蔡伦，被称为"纸神"，改进了造纸术，被誉为中国古代"四大发明"之一，对人类文化的传播和世界文明的进步做出了杰出贡献。

东汉以前人们都是把字写在或刻在竹片上，再编成册，那种用来写字的丝绸叫作纸。丝绸很贵而竹简又太笨重，不便于使用。蔡伦在总结经验方法的基础上，用树皮麻头以及破布渔网造成纸，即先捣制成浆，取膜而去水，后晾干，而制成纸。由他改造的纸，也被称为"蔡侯纸"。

4. 画匠 顾恺之

顾恺之，是东晋著名画家，素有"画绝""中国画祖"之称，著有中国传世名画《洛神赋图》（长达5米多的"连环画"），此外还有《女史箴图》《列女仁智图》等。

顾恺之不但有高超的绘画技法，还有先进的绘画理论，开启了隋唐绘画的高潮，阎立本、吴道子等画家都临摹他的画作，研习他的技法，极大地影响了中国古代绘画的发展。

二、践行工匠精神的四个维度

工匠精神是工匠们在长期职业实践过程中养成的良好职业素养彰显的特有职业品质。这种素养品质是职业精神的萃取，是优秀文化的凝练，是成就工匠的深层次的逻辑因由，是一种引领人们追梦出彩的精神资源。正是在这个意义上，工匠精神成为职业教育育人的价值标杆，成为职业教育人才"质检"的衡量标尺。它是引领职业教育人才培养方向的新共识新规范新目标。

培养学生的工匠精神，核心在践行，关键在要明了和锁定工匠精神所蕴含的目标维度。只有首先确立要达到的培养目标，培养过程才会有方向、有定位、有远方，才能瞄准标杆，凝心聚力，逐梦前行。这样的目标就是怀匠心、铸匠魂、守匠情、践匠行。

（一）怀匠心

匠心，即能工巧匠之心，它是指精巧精妙的心思，本质上就是创新之心。成语中的匠心独运或独具匠心，指的就是这样的灵明独到之心。匠心是工匠精神的第一位要素，是工匠精神的核心价值和灵魂。因为心是精神之宅、智慧之府、载体之本。古人强调"运用之妙，存乎一心"。可见，心是神明，心是主宰。反之，失却匠心，工匠就沦为席匠，精神也就随之贬值，沦为低阶的不足为道的存在。换言之，工匠精神如果抽掉了匠心的内涵，只剩下形而下的操作，恐怕离匠气也就不远了。所以培育学生怀匠心，生成匠意、匠思、匠智，亦即培养学生的创新精神和创新品格，是工匠精神培养的首要任务。

(二) 铸匠魂

工匠之魂是德，是人的品德品行。品德是工匠精神的支柱。古人说"才者，德之资也；德者，才之帅也"。可见，工匠之才是由工匠之德统领的。有学者强调"人因德而立，德因魂而高"。德，就是工匠精神的统领与根本，是工匠精神的内涵和灵魂。因而培养工匠精神必须铸匠魂、立匠德。人有了德之魂，才能立世生存行之久远。这就是康德所说的"德行就是力量"。反之，人若失却德之魂，就只能算是躯壳和皮囊。所以，职业教育必须践行立德树人的"育人铸魂"工程，与劳模精神和工匠精神相结合，培养学生的职业道德职业精神职业素养。要收集和整理具有育人效应的大国工匠、大师、劳模们的成长案例，融入德育课程中，让学生在职业学习过程中，眼中有标杆、心中有榜样、教学有依托，真正成为追寻大师德技双修的人。

(三) 守匠情

匠情之情是情怀之意，是人们对事物怀持的或投射在事物之上的积极崇高、富有正能量的情感与态度的总和。守匠情，即怀持和坚守工匠情怀，这种情怀包含了人的价值取向和职业态度，是工匠精神的重要组成部分。工匠情怀包括热爱情怀、敬畏情怀、家国情怀、担当情怀、卓越情怀等。这些情怀在大国工匠非遗大师身上都有突出体现。培养学生的工匠精神，就是要培养他们崇高的家国情怀、职业的敬畏情怀、负责的担当情怀、精益的卓越情怀，学习大国工匠身上的这些优秀品质，树立正确的价值观和职业态度，这样才能真正得大师真传、汲精神滋养，将自己锻造成大写的人。

(四) 践匠行

匠行是指工匠们做事的行为和行动。培养工匠精神不是因为它是热点和时尚，为了踏热点、追时尚、贴标签才随之起舞。它是需要真抓实做、大力践行的。践匠行需要明了匠行基于深厚的历史和文化内涵生成的独到的行为特征：执着精技、崇德求新等。如高凤林的火箭发动机焊接精确控制到头发丝的五十分之一；大飞机首席钳工胡双钱生活艰辛，蜗居$30m^2$斗室30年，却创造了加工数十万个飞机零件无次品的奇迹。这就是匠行的真髓、真谛、真义。培养学生的工匠精神就是要按照这样的准则和标杆，去培养学生脚踏实地专注做事的精神，培养学生精益求精追求卓越的境界，培养学生遵道守德无私敬业的品格，这样培养出来的学生，才是德润身技立世品高的深受欢迎的人才。(中国教育报)

案例链接

从技工学校走出来的大国工匠

1. **高空舞者**

王进，毕业于临沂电力技工学校。带电作业本来就属于高危工种，成功突破世界首次±660千伏直流带电作业，带电检修300余次"零失误"，又会是怎样的体验呢？刚届不惑之年的王进，就是这样一个敢为人先、勇攀带电作业世界巅峰的人。

作为国网山东省电力公司检修公司输电检修中心带电作业班副班长，世界首次±660

千伏银东直流线路带电作业,让王进走向了职业生涯的"高峰"。这是世界首条±660千伏电压等级输电线路工程,占山东省总负荷的近十分之一,被称为"不能停电的线路"。

为成功挑战这项世界难题,自线路建设之日起,王进就和带电班的成员连续两个月吃住在训练场,白天上塔演练操作,晚上研究作业方案。功夫不负有心人,2011年10月17日,王进成功完成世界首次±660千伏直流输电线路带电作业,被誉为±660千伏带电作业"世界第一人"。

2015年1月,王进走进人民大会堂,他和同事们自主研发的"±660千伏直流架空输电线路带电作业技术和工器具创新及应用",被授予国家科技进步二等奖。在全部获奖项目中,王进是最年轻的第一完成人。此外,学历最低、一线工人也是王进的"标签"。"虽然我只是一名中专生,但我始终认为,创新与学历无关,再高大上的创新,不实用也一样没有价值;再小的发明,只要能解决问题,也是有意义的。"王进说。

2. 人生不拼不精彩

陈行行,毕业于山东技师学院。全国五一劳动奖章获得者、全国优秀共青团员、全国技术能手……很难想象,这样的"头衔"之下,竟是一个不满30岁的年轻人。陈行行,中国工程物理研究院机械制造工艺研究所加工中心特聘高级技师,从事核武器非核零部件加工,"人生不拼不精彩,少年不拼枉少年"是他的人生格言,他说是拼搏成就了自己。

陈行行的老家在微山湖畔的一个小乡村,初中毕业后,为了减轻家庭负担,陈行行放弃了读高中的机会,到山东机电学校学汽车维修。中专毕业后,陈行行来到山东技师学院学习现代模具制造与维修技术。正是这段技工院校的学习经历,让他"找到了值得努力一生的方向"。

一次偶然的机会,陈行行意识到一技傍身的重要性,他立志多学一门手艺,做复合型的高技能人才。中级焊工、中级钳工、中级制图员、高级制图员、数控铣高级工、数控车技师、加工中心技师和模具设计师……他成了同学眼中名副其实的"考证达人"。

"技多不压身,通过考证,让自己多掌握一门技术,为工作打好坚实的基础。"陈行行说,"一专多能"让他在解决生产难题时,比别人多了些思路和方法。在他看来,技术的提升就是一层窗户纸,需要不断学习钻研去"点破",也就是所谓的"难者不会,会者不难"。

现在,除了练技术,泡图书馆成了他另一大爱好。"整个社会都在飞速前进,自己更要不断学习,终身学习,在数控加工领域永葆创造力和竞争力。"陈行行说。

3. 核电站"心脏手术师"

乔素凯,毕业于山西临汾电力技校。在深圳大亚湾核电站的"心脏"——核燃料反应堆堆芯部位,中国广核集团有限公司核燃料高级主任工程师乔素凯带领团队,检查100多组核燃料组件,给"受伤"器件做"外科手术"。每隔18个月,核电站就要进行换料大修,置换三分之一的核燃料,修复有缺陷的核燃料组件。这时,乔素凯与团队大显身手。乔素凯是我国第一代核燃料师。27年来,他用工匠精神拼搏创新,打破国外技术垄断,带领国内唯一能对受损核燃料组件进行水下修复的团队,保驾护航国家核安全。

"在电力技校学习的专业理论和技能,为我练就良好职业素质奠定了基础。"1989年成了乔素凯生命中的转折点。那一年中考后,他没选择上高中,而选择了山西临汾电力技校。1992年,乔素凯在考核中脱颖而出,来到大亚湾核电站。

"我是大亚湾核电站的孩子。"乔素凯成长为大国工匠的历程,伴随着中国核电的发展蜕变。在大亚湾核电站建设运行初期,核电站换料设备维修一直依赖外方专家。乔素凯所在团队仅用3年时间,就能完全自主维修换料设备,节省了每年数千万元的外方人员技术支持费用。2018年,乔素凯带队成功研发核燃料组件水下整体修复设备,成本只有外方报价的四分之一,填补了国内相关领域的空白。如今,他主持并参与的项目获得21项国家专利。

刚到大亚湾核电站,乔素凯的师傅就告诉他:燃料无小事。这也成了他的言行准则。零失误奇迹的背后,是他对毫厘之差的零容忍态度。他苦练技能,力求把操作精确到极致。现在他能用4m长杆,完成燃料组件水下0.1mm级的精确修复操作。面对核燃料棒包壳管0.53mm的壁厚,他能凭手感和经验保证核燃料抽出过程完好无损。

"一群人才能走得更远。"近10年来,乔素凯先后培养了5名换料顾问、30多名换料主管及50多名换料机操作员。目前,他所在团队已培养了5支大修换料队伍,基本满足中广核22台在运机组的独立换料操作及设备维修工作。

4. 在尽头处超越

王树军,毕业于潍柴技工学校。"他是维修工,也是设计师,更像是永不屈服的斗士!临危请命,只为国之重器不受制于人。王树军,中国工匠的风骨。在尽头处超越,在平凡中非凡。"这是王树军荣获2018年"大国工匠年度人物"时的颁奖词。

王树军,是潍柴动力股份有限公司首席技师。1993年毕业于潍柴技工学校中德合作"双元制"教学模式第二届模具钳工班后,王树军入厂从事设备维修工作。王树军进厂时,先要做一年学徒工,"带我的师傅是王志贤,那时因为是事后维修体制,拖班加班是家常便饭,每次师傅都带着我们,始终冲在最前面,无怨无悔。"王树军说。2001年,王树军又利用业余时间回到潍柴技工学校参加工长技师班学习,通过学习,一些在实践中遇到的疑难问题迎刃而解。

2012年,一台定位精度为千分之一度的进口加工中心NC转台锁紧出现严重漏油现象,面对这个整合了机械、液压、电器、气动各个环节的铁疙瘩,售后服务人员也无从下手,建议返厂维修。王树军利用独创的"垂直投影逆向复原法",在不使用专用工装的情况下,凭借"机械传动微调感触法",成功排除设备故障,打破了外国专家垄断维修数控转台的神话。

2016年,潍柴推出了一款引发行业震动的产品——WP9H/10H。这是一款潍柴自主研发的国内领先、世界先进,国Ⅵ排放的大功率发动机,是中国内燃机的高端战略产品,也是名副其实的"中国芯",投放市场以来订单持续火爆,供不应求。王树军带队改制工装、优化刀具刀夹,不仅节约设备采购费用3000多万元,更将日产能从100台提高到280台,缩短市场投放周期12个月,每年创造直接经济效益1.44亿元。

❖ 劳动实践教育

　　潍柴的柔性加工中心可以进行多品种换型作业，但工序间转换效率比较低。王树军尝试"跨工序智能机器人协同系统"，以闲置机器人为运载核心、增设地轨实现六轴运载向七轴运载的突破，同时辅以光感识别系统，实现物料状态的自动识别调整。该系统使用后，加工效率一举提升 37.5%。

　　2013 年，潍柴专门为王树军命名成立了创新工作室，依托这一平台，王树军带领团队改造、制造柔性设备生产线 5 条、自动化设备 109 台套，实施重大创新项目 230 多项，累计创造经济效益 2.62 亿元。

　　5. 油田里的"土发明家"

　　谭文波，毕业于四川石油管理局东观技校。说起一个个来自生产一线的发明，被人称为油田里的"土发明家"的谭文波，总是谦虚地用重庆话回答道："没啥子了不起。"可在同行眼里，中国石油集团西部钻探工程有限公司这位试油工真的了不起。这位坚守大漠戈壁 20 多年的 70 后，领衔发明的具有自主知识产权的新型桥塞坐封工具，世界首创，已投入使用上千井次。他获得了国家发明专利 4 项，实用新型专利 8 项，还培养出一大批青年技术骨干，为企业创收近亿元。

　　能取得这些成果，1992 年从四川石油管理局东观技校毕业时，谭文波可从来没敢想过。作为一名职业学校毕业的学生，刚工作时，谭文波并不那么自信。可是，他在学校养成了一个好习惯：勤学善思，喜欢动手动脑，这使他能发现生产过程中的一些"小毛病"。

　　油田作业中环境保护可谓是重中之重。在常规的油井抽汲生产施工中，由于防喷盒密闭不严，抽出的油水飞洒井场。如何在施工过程中不让油污落地，谭文波用自己的"小发明"给出了答案。

　　2017 年 3 月的一天，谭文波在完成日常施工任务之余又围绕着"抽汲防喷盒"的加工改造忙碌。凌晨 1 点，夜深人静，谭文波脑子里突然灵光一闪，一个新想法蹦了出来。经过反复多次试压和动态模拟试验，他成功了。

　　一些小改革，达不到科研项目的高度，没有经费，没有资源，谭文波只有依赖旧料利用变废为宝。空闲的时候，谭文波就喜欢捣鼓这些"宝贝"，吃住在单位是常事。正是这些看似不值钱、不起眼的"破烂零件"，为他提供了许多创新灵感，解决了许多生产难题。

　　关于谭文波的发明故事，还有很多。他把所有的业余时间都用来发明创造，被同事们亲切地称为"石油诸葛"。他因此先后荣获全国五一劳动奖章、全国最美职工等荣誉称号。面对荣誉，谭文波告诉记者："我能有今天的成绩，得益于在职业院校的实践动手能力培养，以及对职业和岗位的热爱。只要不怕苦不怕累，再平凡的岗位都能干出一番事业。"

实践行动

"工匠精神之我见" 主题演讲

【实践目的】

(1) 加深对工匠精神的认识。

(2) 通过主题演讲,宣扬工匠精神,践行工匠精神。

【实践内容】

1. 准备与工匠精神相关的资料,书写讲稿并做好演讲场所、设备及服装的安排。演讲时应注意以下几点:

(1) 演讲时仪表应整洁、大方。

(2) 演讲时表情、动作应与内容相吻合。

(3) 演讲时声音应洪亮,保证在场的每个人都能听到。

(4) 演讲时眼睛要时常与听众交流。

(5) 我的演讲提纲:

内容提纲主题	精神要点或典型事迹	我的感悟(认识,体会)	我的践行要点

2. 制订"我的工匠精神践行计划"。从做人、做事、学习、劳动、生活等各个方面,从践行工匠精神四个维度,制订切实可行的践行计划,自觉践行并检查落实情况。

第四单元

创新精神

【知识目标】
1. 了解创新及创新精神的内涵和创新精神的时代特征;
2. 掌握创新精神的意义和创新精神培养;
3. 熟悉创新思维内涵、特征、类型和培养方法;
4. 理解创新能力内涵、特征、要素及形成。

【能力目标】
1. 理解创新精神的时代特征及价值;
2. 积极培养创新思维和创新能力。

【素养目标】
1. 养成用研究的态度对待问题或事物,用创新思维方式解决问题;
2. 养成研究、创新的行为习惯。

解放思想不守旧,摈弃思维惰篱笆;
创新思维是根本,不断学习才有源;
激发求知好奇心,培养观察和想象;
勇于实践和探索,挫折失败是力量;
坚持意志和毅力,时代需要是方向;
研究态度要持正,创新精神大发扬。

第一课　创新精神概述

课堂导入

创新赋能中国，造福世界

嫦娥五号带回月球样本、"奋斗者"号万米深潜、世界最快量子计算机"九章"问世、北斗完成全球组网……2020年，中国的重大科技创新成果不断涌现。这使得科技创新，成为中国交出的这份"人民满意、世界瞩目、可以载入史册"的答卷中一个亮丽篇章。

在百年变局叠加世纪疫情的极不平凡之年，中国创造多项令世界惊叹的创新成果来之不易。原因在于，科技创新是中国经济高质量发展的内在需求，也是中国社会攻坚克难的主要动力。

2020年3月，国家主席习近平在北京考察新冠肺炎防控科研攻关工作时，明确指出，"人类同疾病较量最有力的武器就是科学技术，人类战胜大灾大疫离不开科学发展和技术创新"。从厘米级精度飞行的无人机紧急送药，到短时间收发海量数据的5G网络提升远程医疗成效，再到大数据算法帮助发现潜在感染者，中国抗疫中使用的种种"黑科技"，帮助中国率先控制住疫情、率先复工复产，凸显了中国科技创新的进步与实力。

过去五年，中国全社会研发经费支出从1.42万亿元增长到2.21万亿元，研发投入强度从2.06%增长到2.23%，科技进步贡献率从55.3%提升到59.5%，全球创新指数排名升至第14位……一系列数据显示，中国科技创新量质齐升，确立了全球创新领先者的地位。

这一历史性成就，首先得益于中国坚持把创新作为引领发展的第一动力。2020年10月底发布的"十四五"规划建议，更是提出要坚持创新在中国现代化建设全局中的核心地位，把科技自立自强作为国家发展的战略支撑。

当然，中国重视和强调自主创新，绝不意味着把自己封闭于世界之外，而是在开放环境下的创新。事实上，在经济全球化背景下，创新要素更具有开放性、流动性。正如习近平所说，没有一个国家可以成为独立的创新中心，或独享创新成果；创新成果应惠及全球，而不应成为埋在山洞里的宝藏。

开放带来进步，创新引领未来。当前，以物联网、5G、人工智能为代表的新技术浪潮势不可当，即将进入新发展阶段的中国，将进一步依靠科技创新，为高质量发展赋能，为全球提供更多共享的"宝藏"，推动世界早日走出阴霾、重现生机。

资料来源：http:/news.21cn.com/domestic/yaowen/a/2020/1228/18/49340021.shtml，有改动

讨论：谈谈你对创新的理解。

> **课堂在线**

创新是一个民族进步的灵魂，是一个国家兴旺发达的不竭动力。一个没有创新能力的民族，难以自立于世界民族之林。21世纪是创新的时代，社会急需具有创新精神和创新能力的创造型人才。

2014年9月夏季，达沃斯论坛上李克强总理提出"大众创业，万众创新"理念，希望以此激发民族的创业精神和创新基因。

2017年4月27日，联合国大会通过决议，将每年的4月21日定为世界创意和创新日，并呼吁各国支持万众创新。

2020年10月底发布的"十四五"规划建议，更是提出要坚持创新在中国现代化建设全局中的核心地位，把科技自立自强作为国家发展的战略支撑。

一个民族要想走在时代前列，成为世界的引领者，就要时刻保持创新思维，发挥创新精神，在各领域进行创新。

一、创新内涵

"创新"一词由西方著名经济学家约瑟夫·阿洛伊斯·熊彼特（JosephAloisSchumpeter，1883—1950）于1912年在他的《经济发展理论》一书中最先提出。曾轰动当时的西方经济学界，并一直享有盛名。

按照熊彼特的观点，所谓"创新"，就是"建立一种新的生产函数"，也就是说，把一种从来没有过的关于生产要素和生产条件的"新组合"引入生产体系。熊彼特所说的"创新""新组合""经济发展"包括五种情况：引进新产品；引用新技术，即新的生产方法；开辟新市场；控制原材料的新供应来源；实现企业的新组织。

熊彼特所描绘的五种创新大致可归纳为三大类：一是技术创新，包括新产品的开发、老产品的改造、新生产方式的采用、新供给来源的获得以及新原材料的利用；二是市场创新，包括扩大原有市场的份额及开拓新的市场；三是组织创新，包括变革原有组织形式及建立新的经营组织。

我们可以把创新概括为，以现有的思维模式提出有别于常规或常人思路的见解为导向，利用现有的知识和物质，在特定的环境中，本着理想化需要或为满足社会需求，而改进或创造新的事物、方法、元素、路径、环境，并能获得一定有益效果的行为。

二、创新精神内涵

创新精神是指要具有能够综合运用已有的知识信息技能和方法，提出新方法新观点的思维能力和进行发明、创造、改革、革新的意志、信心、勇气和智慧。创新精神属于科学精神和科学思想范畴，是进行创新活动必须具备的一些心理特征，包括创新意识、创新兴趣、创新胆量、创新决心，以及相关的思维活动。

创新精神是一个国家和民族发展的不竭动力，也是一个现代人应该具备的素质。

创新精神是一种勇于抛弃旧思想、旧事物、创立新思想、新事物的精神。例如，不满足已有认识（掌握的事实建立的理论总结的方法），不断追求新知；不满足现有的生活生产方式方法工具材料物品，根据实际需要或新的情况不断进行改革和革新；不墨守成规（规则、方法、理论、说法、习惯），敢于打破原有框框，探索新的规律，新的方法；不迷信书本权威，敢于根据事实和自己的思考，质疑同事和权威；不盲目效仿别人的想法、说法、做法，不人云亦云，唯书唯上，坚持独立思考，说自己的话，走自己的路；不喜欢一般化，追求新颖、独特、与众不同；不僵化呆板，灵活地应用已有知识和能力解决问题等，都是创新精神的具体表现。

创新精神是科学精神的一方面，与其他方面的科学精神不是矛盾的，而是统一的。例如，创新精神以敢于摒弃旧事物、旧思想、创立新事物、新思想为特征，同时创新精神又要以遵循客观规律为前提，只有当创新精神符合客观需要和客观规律时，才能顺利地转化为创新成果，成为促进自然和社会发展的动力；创新精神提倡新颖独特，同时又要受到一定的道德观、价值观、审美观的制约。

创新精神提倡独立思考不人云亦云，并不是不倾听别人意见，孤芳自赏、固执己见、狂妄自大，而是要团结合作相互交流，是当代创新活动必不可少的方式；创新精提倡大胆不怕犯错误，并不是鼓励犯错误，只是强调错误认识是科学探究过程中不可避免的；创新精神提倡不迷信书本权威，并不反对学习前人经验，任何创新都是在前人成就的基础上进行的；创新精神提倡大胆质疑，而质疑要有事实和思考的根据，并不是虚无主义地怀疑一切。总之，要用全面辩证的观点看待创新精神。

只有具有创新精神，我们才能在未来的发展中不断开辟新的天地。

三、创新精神的时代特征

创新是当代中国发展进步最鲜明的时代特征之一，创新精神是时代发展不可或缺的因素。

1. 解放思想

这是创新精神的基本前提。思想是行动的先导，解放思想是做好工作的前提和基础。创新最大的障碍就是思维定式及主观偏见，只有先解放思想，打破思想的枷锁，更新观念，转变思维方式，才能真正迎来创新。

2. 开放包容

这是创新精神的必要条件。封闭带来落后，只有兼容并蓄，多听、多看、多接触，才能为创新提供灵感温床。因此无论是于国还是于人，都要以开放的心态面对，主动参与，互融互鉴互通，避免闭门造车。

3. 人民立场

这是创新精神的价值取向。人民立场是党和国家的根本立场，贯彻群众路线，全心全意为人民服务是不变的宗旨。十九大报告指出，当前中国特色社会主义进入新时代，社会矛盾已经转化为人民日益增长的美好生活需要和不平衡不充分发展之间的矛盾。创新精神体现在各个层面，各行各业都需要创新精神，创新与人民需要息息相关，因此创新始终离

❖ 劳动实践教育

不开人民立场。

案例链接

生命不息、创新不止

"超越王选，走向世界。"这是我国现代印刷技术自主创新的先驱王选的临终遗言。

20世纪70年代，知识爆炸的震荡隆隆而至，信息化浪潮席卷全球，古老的汉字面临一场时空的断裂。在发达国家出版业带着光与电融入信息化大潮的同时，1000多年前发明的活字印刷术还在中华大地上继续沿用。科学的春天到来了，又放缓了步伐，成百上千的科技著作压在出版社等待排版、付印，出版业成了阻碍中国科技进步的瓶颈。有不少人断言，中国的方块字没有拼音字母简单，将成为信息时代的包袱。

中国的出版业必须信息化，这是传承铭刻着汉字基因的中华文明的需要，这是科学的春天的殷切呼唤。采用拼音文字的外国人，占了只有26个字母的便宜，早早地甩掉了铅字，谁来解决信息时代汉字印刷的难题？

祖国的开放大门刚刚打开。中国庞大的市场吸引了一批洋厂商，日本人带来了第二代的机械式照排机，欧洲人和美国人带来了第三代阴极射线管照排机。然而，因为解决不了汉字印刷问题，先进的洋设备碰到汉字后就开始水土不服。

北京大学的年轻助教王选看在眼里，急在心头。他以久病之躯投入工作，提出直接采用第四代的激光照排技术。

他不唯上，不唯权威。他迸发出勇于创新的雄心壮志，毅然决定用数字存储方式，跳过当时日本流行的第二代机械式照排机和欧美流行的第三代阴极射线管照排机，直接研制国外尚未开发成商品的第四代激光照排系统。

当时的王选虽然还是印刷界的新兵，但一直在跟踪国外照排技术的新进展，对技术潮流自有一番见解。为了研究第四代汉字激光照排技术，他查阅了100多篇国外科技文献，有许多杂志他常常是第一个借阅者。那时候，北京大学图书馆的资料不全，王选就挤公共汽车到中国科技情报所查外文资料。"那里的资料较全、较新。我每周去三四次，一次半天。由于没有经费来源，车费不能报销，我只好尽量节约。从北大到情报所车费是二角五分，但少坐一站就可以省五分钱，我就提前一站下车，步行走到情报所。复印资料也很谨慎，字数不多的就手抄，好节省复印费。"王选这样回忆。

汉字字形采用轮廓加参数的描述方法，是王选的一大发明，也是第四代激光汉字照排技术的核心。这种方法需要大容量、高性能的计算机，王选没有条件，只能在压缩汉字字形信息上下功夫。没想到，这么一逼，倒让他的数学功底发挥出意想不到的功效。相比之下，美国、日本等发达国家直到10年以后，因为激光打印机普及的需要才开始出现对类似技术的需求。王选从中总结出一条经验：最前沿的需求刺激是创新的源泉。

王选发明的高分辨率字形的信息压缩、高速还原和输出方法等世界领先技术，成为汉字激光照排系统的技术核心并在全国迅速推广。到1994年，所有的省级以上报纸都卖掉了铅字,"告别铅与火,迎来光与电"。这一成就,成为自主创新和用高新技术改造传统行业的杰出典范。北大方正集团董事长魏新在回忆时感慨地说:"纵横千年,当代王选与古代毕昇,将同样被世界公认与铭记。"

一个成功发明了激光汉字照排系统,赋予了汉字新的生命的科学家,在社会上有了很高的名望,完全可以从此享受生活。但王选不是这样。他每天的工作时间依然保持在14小时以上,不但继续做科研探索,还亲自指导他的团队攻克新的科技高峰。

王选说:"我一直有一种负债心理,觉得还未形成产业,国家投资尚未收回,这种负债心理促使我们不断进取。"他的一生都在创新。创新,是他矢志不渝的人生航向。在他的率领下,中国报业在短时间内出现了三次技术革新高潮,即将报纸传真机送进了历史博物馆,淘汰电子分色机,帮助广大记者、编辑"告别纸与笔,迎接光与电"。

四、创新精神的意义

1. 创新是时代的要求

信息技术的发展大大加快了全球经济一体化的进程。网络技术的应用使人们获取信息的广度和速度得到了前所未有的提高;人们的眼界变得开阔,获取信息的时空限度大大缩小;人们的生活质量大大提高,对商品的需求呈现高级化、个性化的趋势;市场竞争空前激烈,对品种质量供货速度和价格等各方面提出了更高的要求。

经济全球化网络化趋势日益明显,使得竞争环境更加动荡,复杂性和不确定性进一步提高。随着大多数产品趋于生产饱和与过剩,买方市场的趋势日益明显。多样化、个性化的需求对企业的生存与发展提出了更高要求,人们关注的焦点已从产品的效率、质量、灵活性等转向新颖性、独特性以及能否满足个性化需求。

2. 创新是提高经济和科技竞争力的需要

当今世界,全球的竞争越来越体现为经济和科技实力的竞争,而技术创新则日益成为促进经济增长和提高科技竞争力的关键。世界著名会计师事务所普华永道通过对多个国家399家企业的一项财务指标进行分析发现,业绩高增长的企业往往具有较强的创新性,而低增长的企业则相反。

3. 创新是转变经济增长方式、实现可持续发展的迫切需要

人类创造了前所未有的物质财富,极大地推动了文明的进步。但是,伴随着科学技术的发展和生产力水平的巨大提高,人口剧增、资源浪费、环境污染、生态破坏等一系列社会问题,又严重地威胁着全人类的生存和发展。在这种形势下,人类不得不重新审视自己所走过的历程,不得不努力寻求一条人口经济环境和资源相互协调的,"在满足当代人需要的同时,不损害后代人满足自己需要"的可持续发展的道路。要努力开创生产发展生活富裕和生态良好的文明发展道路。实现可持续发展的根本是由粗放型经济增长方式转变为集约型经济增长方式,实现经济增长方式的转变需要靠创新。

劳动与创新完美结合的典范——袁隆平。中国杂交水稻育种专家,"共和国勋章"获

得者，中国工程院院士，中国研究与发展杂交水稻的开创者，"世界杂交水稻之父"，农民科学家袁隆平，用劳动和智慧为民建粮仓，追求实践他的"禾下乘凉梦"。他选择农业报国，把汗水播撒在了实验室和稻田中，为国家筑牢粮仓，让老百姓吃得更好。"确保中国人的饭碗要牢牢端在自己手中"，袁隆平认为这是自己应该为国家担负的责任。他研究种植的杂交水稻亩产量达到了1100、1200公斤，盐碱地水稻亩产量达到300公斤以上，开辟了我国新粮仓。"向亩产1300公斤冲刺，饭碗要牢牢掌握在自己手上。"袁隆平热爱祖国、一心为民、造福人类的崇高品德，是当代中国人学习的楷模，更是新世纪呼唤的时代精神。

五、创新精神的培养

1. 对所学习或研究的事物要有好奇心

牛顿少年时期就有很强的好奇心，他常常在夜晚仰望天上的星星和月亮。星星和月亮为什么挂在天上？星星和月亮都在天空运转着，它们为什么不相撞呢？这些疑问激发着他的探索欲望。后来，经过专心研究，终于发现了万有引力定律。能提出问题，说明在思考问题。在学习过程中，自己如果提不出问题，那才是最大的问题。好奇心包含着强烈的求知欲和追根究底的探索精神，谁想在茫茫学海获取成功，就必须有强烈的好奇心。正像爱因斯坦说的那样："我没有特别的天赋，只有强烈的好奇心。"

2. 对所学习或研究的事物要有怀疑态度

不要认为被人验证过的都是真理。许多科学家对旧知识的扬弃，对谬误的否定，无不自怀疑开始。例如伽利略则始于对亚里士多德"物体依本身的轻重而下落有快有慢"的结论的怀疑，发现了自由落体规律。怀疑是发自内在的创造潜能，它激发人们去钻研，去探索。对课本我们不要总认为是专家教授们写的，不可能有误，专家教授们专业知识渊搏精深，我们应该认真地学习。但是，事物在不断地变化，有些知识这时候适用，将来不一定适用。再说，现有的知识不一定没有缺陷和疏漏。老师不是万能的，任何老师所传授的专业知识不能说全部都是绝对准确的。对待我们所学习或研究的事物我们应做到：不要迷信任何权威，应大胆地怀疑。这是我们创新的出发点。

3. 对学习或研究的事物要有追求创新的欲望

如果没有强烈的追求创新欲望，那么无论怎样谦虚和好学，最终都是模仿或抄袭，只能在前人画定的圈子里周旋。要创新，我们就要坚持不懈地努力，勇敢面对困难，要有克服困难的决心，不要怕失败，相信一点，失败乃成功之母。例如著名学者周海中教授在探究梅森素数分布时就遇到不少困难，有过多次失败，但他并不气馁。由于追求创新的欲望和坚持不懈的努力，他终于找到了这一难题的突破口。1992年他给出了梅森素数分布的精确表达式。这项重要成果被国际上命名为"周氏猜测"。

4. 对学习研究的事物要有求异的观念

不要人云亦云。创新不是简单的模仿。要有创新精神和创新成果，必须有求异的观念。求异实质上就是换个角度思考，从多个角度思考，并将结果进行比较。求异者往往要比常人看问题更深刻，更全面。

5. 对所学习或研究的事物要有冒险精神

创造实质上是一种冒险，因为否定人们习惯了的旧思想可能会遭到公众的反对。冒险不是那些危及生命和肢体安全的冒险，而是一种合理性冒险。大多数人都不会成为伟人，但我们至少要最大限度地挖掘自己的创造潜能。

6. 对学习或研究的事物要做到永不自满

一个有很多创造性思想的人如果就此停止，害怕去想另一种可能比这种思想更好的思想，或已习惯了一种成功的思想而不能产生新思想，这个人就会变得自满，停止了创造。

案例链接

人民日报创新谈：以坚实的精神支撑激发创新的力量

前不久，随着"长征三号"丙运载火箭拔地而起，第四十五颗北斗卫星成功飞向大空，为我国"北斗二号"卫星系统的建设画上了圆满的句号。

北斗是中国人的骄傲，是国家的名片。随着核心部件国产化率逐步提高至100%，以及一系列技术瓶颈被相继克服，我国北斗发展之路越走越自信，实现了航天技术的新跨越，昂首屹立于世界卫星导航强手之林。

北斗的成功秘诀是什么？"北斗三号"卫星首席总设计师谢军说过一番话："怀揣北斗报国情，一代又一代北斗人接续拼搏二十载，练就了一支技术精湛、作风过硬、开拓奋进的人才队伍，传承经验和文化，铸就了自主创新、团结协作、攻坚克难、追求卓越的北斗精神，携手塑造了中国北斗这个响当当的品牌。"创新者的亲身经历证明，自主创新事业的突破离不开创新的思路、高效的组织、精细的管理，更少不了一种精神。

"任务虽有期，但北斗精神永存。北斗人将来无论在何处，都会以北斗人的高标准、严要求，将北斗精神传承下去。""北斗二号"任务团队的肺腑之言表明，创新者最看重精神财富，最希望精神财富能够长久传承。

中国载人航天工程总设计师周建平院士曾说，没有特别的精神，就没有特别的业绩。的确，如果没有"两弹一星"精神，怎么会有大漠深处的惊天动地？没有载人航天精神，中国人的身影如何能映照浩蔚太空？没有探月精神，月球车也很难星际飞越30万千米之遥，在古老的月球背面自如行走。

精神无形，却能让人负重前行。回眸创新征程，钱学森、朱光亚等一代科学大师以身报国，在新中国一穷二白的基础上打下大国科技坚实的基础；王选院士立足创新前沿，"逆潮流而上""九死一生"攻克汉字激光照排技术；中国大飞机人矢志攻关，用近十年时间将一款国产大客机送上蓝天。

可以说，咬定原始创新不放松、着力突破关键核心技术，在这些大大小小、热气腾腾的创新场景中，少不了最朴素的情怀、最厚重的精神。

当前，我国的创新事业正逢大有可为的历史机遇，也处于爬坡过坎的关键时期，尤其

❖ 劳动实践教育

需要凝聚广泛的思想共识，熔铸坚实的精神支撑，激发创新的力量。通过弘扬创新精神，并不断赋予和丰富新的时代内涵，创新之舟定会更加自信从容地驶向未来。

实践行动

新时代创新精神演讲比赛

【实践目的】

通过搜集、讲解当代创新人物及其事迹，透过人物事迹感知理解新时代创新精神内涵。

【实践内容】

1. 对所选择的创新人物及其事迹进行演讲：

（1）进行分组，并做好分工。

（2）资料搜集，资料梳理做好PPT。

（3）分组上台演讲，之后进行讨论。

（4）投票选出最优团队。

2. 选择创新人物所做一两件的事情，如果你来做，你打算怎么做，填写下表：

事情或任务名称	创新人物的做法	我计划的做法	差异比较（分析）

第二课 创新思维

> **课堂导入**

"大学生农民"助力蔬菜上云端

"嘀嘀嘀嘀……"一张张订单不断通过出票机打印出来,一直拖到了地上。这几日,山东省聊城市茌平区耿店村村民曹有忠因为这些订单忙得脚不沾地。他高兴地说:"最近,我大棚内的西红柿成熟了,梨树也挂了果,产量喜人。拼多多果蔬店来自全国的线上订单源源不断!"

2018年,曹有忠借助村里大力发展扶贫蔬菜大棚的机会,回村承包大棚,种起了蔬菜和水果,成了村里第一个"大学生农民"。运用互联网,结合当前流行的智能技术,他和返乡创业的"棚二代"一起发展水肥一体化、智能放风、智能温控、智能滴灌等现代化农业技术,还开了村里第一家网店,将优质果蔬搬上"云端"。

近年来,茌平区加快推进乡村振兴战略,在各乡镇挖掘发展当地特色产业,为返乡创业大学生提供平台、资金、政策等支持。目前,该区有近千名大学生返乡创业,带动了大棚蔬菜、林果等多个产业快速发展。

资料来源:https:/baiJiahao. baidu. com/s?id=1686920699391271205-wfr=spider-for=pc

讨论: 创新思维的内涵是什么?

一、创新思维内涵

创新思维是指以新颖独创的方法解决问题的思维过程,通过这种思维能突破常规思维的界限,以超常规甚至反常规的方法、视角去思考问题,提出与众不同的解决方案,从而产生新颖的、独到的、有社会意义的思维成果。创新思维的本质在于用新的角度、新的思考方法来解决现有的问题。

关于创新思维内涵,主要有以下几类观点。

(1)创新思维的核心是发散思维。发散思维是指从已知信息中产生独特的新信息的一种沿不同方向、在不同范围、不因循传统的思维方式。

1967年,美国心理学家吉尔福特提出了"智力三维结构"模型。吉尔福特认为,人类的智力应由三个维度的多种因素组成:第一维度是指智力的内容,包括图形、符号、语义和行为等四种;第二维度是指智力的操作,包括认知、记忆、发散思维、聚合思维和评价等五种;第三维度是指智力的产物,包括单元、类别、关系、系统、转化和蕴含等六种。它们共同组成了120种独立的智力因素。他认为创造性思维的核心是其中的第二维度:发散思维(卢家楣,1987)。吉尔福特把发散思维看作是创造性思维最重要的构成成分,其特点是流畅性、变通性、独创性、精致性(吉尔福特,1950)。

(2) 创新思维是发散思维与聚合思维的统一。发散思维是指个体不依常规方式,从给定的信息中产生新信息的思维形式(刘春雷,王敏,张庆林,2009),聚合思维则是个体利用已有知识经验或传统方法来分析给定信息,并从中获得一个最佳答案的思维形式(Lee,Therriault,2013)。

比如库恩认为创新思维是发散思维与聚合思维的有机统一,并且两者之间要保持"必要的张力"(库恩,1987),吉尔福特后来也认为收敛思维与发散思维的结合是创新思维的基本运动形式(吉尔福特,1991)。持有相似观点的人包括沃建中等人(沃建中,王福兴,林崇德,刘彩梅,2007),他们在对中学生创造性思维的研究中提出创造性思维是发散思维和聚合思维的统一,创新不仅思维要发散,同时也需要概括性和逻辑性等聚合思维的参与。

相似地,日比野省三提出了创新思维是"展开与整合的思维方式",指在决策过程中的每一个步骤都应该首先选择展开,然后再将它们整合,以便做出最好的决定(日比野省三,1998),即首先应该将解决问题要达到的目的展开,不断自问目的之目的是什么,一直展开到远远超过一个人实际能够达到的任何目的;然后,开始收敛和整合,找到特定的解决方案,并从更大的范围来理解今后的发展方向(付俊英,2000)。

(3) 创新思维是左右脑的共同产物,包括非逻辑思维和逻辑思维。

非逻辑思维的主要表现形式是直观思维、灵感思维等(陈湘纯,傅晓华,2003);逻辑思维则是创新思维的基础,否则难以产生创新理论与符合逻辑的概念。张丽华和白学军(2006)认为创造性思维是一个过程、状态和结果,是大脑皮层区域不断地恢复联系和形成联系的过程,以感知、记忆、思考、联想、理解等能力为基础,以综合性、探索性和求新性为特点的心智活动(周明星,1999)。直觉、灵感及创造想象等是人们心理特征的产物和状态(赵卿梅,2002)。孔庆新和孔宪毅(2008)认为创新思维是潜意识和显意识的结合。

(4) 我国教育界的知名学者林崇德(2000)老师认为创造性思维是根据一定的目的,运用一切已知信息,产生出某种新颖、独特、有社会意义或个人价值的产品的智力品质。

张晓芒在总结了各类观点后提出:创新思维是思维的一种智力品质,它是在客观需要和伦理规范的要求下,在问题意识的驱动下,在已有经验和感性认识、理性认识以及新获取的信息的基础上,统摄各种智力因素与非智力因素,利用大脑有意识的悟性思维能力,在解决问题的过程中,通过思维的敏捷转换和灵活选择,突破和重新建构已有的知识、经验和新获取的信息,以具有超前性和预测能力的新认知模式把握事物发展的内在本质及规律,并进一步提出具有主动性和独特见解的复杂思维过程。

案例链接

普朗克和爱因斯坦

1900年，著名教授普朗克和儿子在自己的花园里散步。他神情沮丧，很遗憾地对儿子说："孩子，十分遗憾，今天有个发现。它和牛顿的发现同样重要。"他提出了量子力学假设及普朗克公式。他为这一发现破坏了他一直崇拜并虔诚地信奉为权威的牛顿的完美理论而沮丧。他终于宣布取消自己的假设。人类本应因权威而受益，却不料竟因权威而受害，由此物理学理论停滞了几十年。

25岁的爱因斯坦敢于冲破权威圣圈，大胆突进，赞赏普朗克假设并向纵深引申，提出了光量子理论，奠定了量子力学的基础。随后又创新性地破坏了牛顿的绝对时间和空间的理论，创立了震惊世界的相对论，成了一个更伟大的新权威。

二、创新思维特征

面对日趋激烈的国际竞争形势，创新已渗透于各个领域各个层面，而创新的关键就在于要学会创新思维。党的十八大以来，习近平总书记多次强调各级领导干部要努力掌握科学的思维方法，提高科学思维能力，其中包括提高创新思维能力。

1. 科学性

重视创新思维是马克思主义的优良传统，马克思、恩格斯特别重视创新，他们指出，"全部问题都在于使现存世界革命化，实际地反对并改变现存的事物"，即马克思主义者要依据实践的变化，分析问题，解决问题，进而推动人们的思维"按照人如何学会改变自然界而发展"，最终实现思维创新。中国共产党在领导中国革命建设和改革的实践中，非常注重把马克思主义与中国实际相结合，对中国革命建设和改革做出创新性谋划，从而开辟了新的道路，创新了新的理论，形成了新的制度，发展了新的文化。由毛泽东思想、邓小平理论、"三个代表"重要思想、科学发展观、习近平新时代中国特色社会主义思想，构成内在统一、一脉相承的创新成果体系，使马克思主义理论永葆青春活力。

2. 实践性

我们坚持创新思维，根本目的是要回答中国和世界"向何处去"的重大理论和实践问题。党的十八大以来，党和国家事业发生了历史性变革，取得了历史性成就，中国特色社会主义进入了新时代。进入新时代，虽然中国比历史上任何时期都更接近中华民族伟大复兴的宏伟目标，但这并不意味着我们的压力和重担变小了，相反，越是接近目标，任务越艰巨，困难和风险越多。当今世界，"黑天鹅"频飞、"灰犀牛"乱撞、逆全球化思潮暗流涌动、民粹主义和单边主义有所抬头，尤其是近年来由美国挑起的经贸摩擦，进一步加剧了世界局势的不稳定性和不确定性。世界怎么了？我们怎么办？面对这样的"百年未有之大变局"，习近平总书记指出，"改革创新成为各国化解挑战谋求发展的方向"。解决发展中遇到的矛盾，破解发展难题，离不开创新思维指导下的创新实践。实现梦想应对挑战创造未来,动力只能从发展中来、从改革中来、从创新中来。只有改革创新,才能从根本上回答中国和世界"向何处去"的未来之问。

创新思维的实践性体现为它所具有的重要价值意蕴。坚持创新思维,有利于推进马克思主义中国化。马克思主义只有和中国实际相结合,实现马克思主义中国化,才能发挥其改造实践的伟力,才能"创造些新的东西",这就要求马克思主义必须随着实践的变化而不断创新。习近平总书记指出"坚持马克思主义,最重要的就是坚持马克思主义的科学原理和科学精神、创新精神,善于根据客观情况的变化,不断从人民群众实践中吸取营养,不断丰富和发展理论"。坚持创新思维,有利于提升中国的综合实力和国际竞争力。一个民族和国家的精神面貌取决于是否善于谋划创新和勇于实践创新。

3. 独创性

这是创造性思维的基本特点。创造性思维活动是新颖的独特的思维过程,它打破传统和习惯,不按部就班,解放思想,向陈规戒律提出挑战,对常规事物进行怀疑,突破原有的框框,锐意改革,勇于创新。在创造性思维过程中,人的思维积极活跃,能从与众不同的新角度提出问题,探索开拓别人没认识或者没完全认识的新领域,以独到的见解分析问题,用新的途径、方法解决问题,善于提出新的假说,善于想象出新的形象,思维过程中能独辟蹊径,标新立异,革新首创。

4. 综合性

创造性思维能把大量的观察材料、事实和概念综合到一起,进行概括、整理,形成科学的概念和体系。创造性思维能对占有的材料加以深入分析,把握其个性特点,再从中归纳出事物规律。

5. 联动性

创造性思维具有由此及彼的联动性,是创造性思维所具有的重要的思维能力。联动性有三个方向:一是看到一种现象,就向纵深思考,探究其产生原因。二是逆向,发现一种现象,则想到它的反面。三是横向,能联想到与其相似或相关的事物。总之,创造性思维的联动性表现为由浅入深,由小及大,触类旁通,举一反三,从而获得新的思维、新的发现。

6. 跨越性

创造性思维的进程具有很大的跨越性,省略了思维步骤,思维跨度较大,具有明显的跳跃性和直觉性。

案例链接

鲁班发明锯的启示

相传有一年,鲁班接受了一项建筑一座巨大宫殿的任务。这座宫殿需要很多木材,他和徒弟们只好上山用斧头砍木材,当时还没有锯,效率非常低。一次上山的时候,由于他不小心,无意中抓了一把山上长的一种野草,却一下子将手划破了。鲁班很奇怪,一根小草为什么这样锋利？于是他摘下了一片叶子来细心观察，发现叶子两边长着许多小细齿，用手轻轻一摸，感到这些小细齿非常锋利。他明白了，他的手就是被这些小细齿划破的。后来，鲁班又看到一只大蝗虫在一株草上啃吃叶子，两颗大板牙非常锋利，一开一合，很快就吃下一大片。这同样引起了鲁班的好奇心，他抓住一只蝗虫，仔细观察蝗虫牙齿的结构，发现蝗虫的两颗大板牙上同样排列着许多小细齿，蝗虫正是靠这些小细齿来咬断草叶的。

这两件事给了鲁班很大启发。于是他就用大毛竹做成一条带有许多小锯齿的竹片，然后到小树上去做实验，结果果然不错，几下子就把树干划出一道深沟，鲁班非常高兴。但是由于竹片比较软，强度比较低，不能长久使用，拉了一会儿，小锯齿就有的断了，有的变钝了。鲁班想到了铁片，便请铁匠帮助制作带有小锯齿的铁片。鲁班和徒弟各拉一端，在一棵树上拉了起来，只见他俩一来一往，不一会儿就把树锯断了，又快又省力，锯就这样发明了。

在鲁班之前，肯定会有不少人碰到手被野草划破的类似情况，为什么单单只有鲁班从中受到启发，并发明了锯呢？这无疑值得我们思考。

大多数人认为这只是一件生活小事，不值得大惊小怪。而鲁班却有比较强烈的好奇心和思考心，很注意对生活当中一些微小事件的观察、思考和钻研，进而从中找到解决问题的方法和思路，甚至获得某些发明创造。这告诉我们一个道理，留意生活中许多不起眼的小事，勤于思考、钻研，启发智慧，是创新不可或缺的。

三、创新思维类型

1. 综合思维

综合思维作为一种思维方式，是把某一事物的某些要素分离出来，组接到另一事物或事物的某些要素上的创造性、创新性思维的过程。

我们所说的综合思维中的"综合"，不是与分析相对的，不是分析基础上认识第二阶段的综合，而是掌握系统、整体及其结构层次上的综合，有着更高层次的认识基点。在综合基础上的分析，即从综合到综合分析，才是认识的制高点。因此，综合思维把相关事物的整体作为认识的前提和起点，对事物的整体进行分析以达到对事物整体的把握。综合思维中的分析是综合分析，以综合为认识的起点，并以综合作为认识的归属，是"综合—综合分析—新的综合"的思维逻辑。

2. 发散思维

发散思维又称"辐射思维""多向思维""求异思维"，是指从一个目标出发，沿着各种不同的途径思考，探求多种答案的思维，与聚合思维相对。心理学家认为，发散思维是创造性思维的最主要特点，是测定创造力的主要标志之一。

发散思维是大脑在思维时呈现的一种扩散状态的思维模式，比较常见，它表现为思维视野广阔，思维呈现出多维发散状。可以通过从不同方面思考同一问题，如"一题多解"

"一事多写""一物多用"等方式，培养发散思维能力。

3. 侧向思维

他山之石，可以攻玉。当我们在一定的条件下解决不了问题或虽能解决但只是用习以为常的方案时，可以用侧向思维来产生创新性的突破。具体运用方式有以下三种：

（1）侧向移入。这是指跳出本专业、本行业的范围，摆脱习惯性思维，侧视其他方向，将注意力引向更广阔的领域或者将其他领域已成熟的、较好的技术方法、原理等直接移植过来加以利用；或者从其他领域事物的特征、属性、机理中得到启发，导致对原来思考问题的创新设想。鲁班由茅草的细齿划破手指而发明了锯；威尔逊移入大雾中抛石子的现象，设计了探测基本粒子运动的云雾器等。大量的事例说明，从其他领域借鉴或受启发是创新发明的一条捷径。

（2）侧向转换。这是指不按最初设想或常规直接解决问题，而是将问题转换为它的侧面的其他问题，或将解决问题的手段转为侧面的其他手段等。这种思维方式在创新发明中常常被使用。

（3）侧向移出。与侧向移入相反，侧向移出是指将现有的设想、已取得的发明、已有的感兴趣的技术和产品，从现有的使用领域、使用对象中摆脱出来，将其外推到其他意想不到的领域或对象上。这也是一种立足于跳出本领域，克服线性思维的思考方式。如将工程中的定位理论用在营销中。

总之，不论是利用侧向移入、侧向转换还是侧向移出，关键的窍门是要善于观察，特别是留心那些表面上似乎与思考问题无关的事物与现象。这就需要在注意研究对象的同时，要间接注意其他一些偶然看到的或事先预料不到的现象。也许这种现象并非偶然，可能是侧向移入、移出或转换的重要对象或线索。

4. 逆向思维

哲学研究表明，任何事物都包括着对立的两方面，这两方面又相互依存于一个统一体中。人们在认识事物的过程中，实际上是同时与其正反两方面打交道，只不过由于日常生活中人们往往养成一种习惯性思维方式，即只看其中的一方面，而忽视另一方面。如果逆转一下正常的思路，从反面想问题，便能得出一些创新性的设想。

5. 类比思维

类比思维是根据两个具有相同或相似特征的事物间的对比，从某一事物的某些已知特征去推测另一事物的相应特征存在的思维活动。哲学家康德就曾说过："每当理智缺乏可靠论证的思路时，类比这个方法往往能指引我们前进。"在恩格斯看来，类比就是用一个研究领域的研究成果来解释说明另一个研究领域的事物或事件的思维形式。

类比思维是在两个特殊事物之间进行分析比较，它不需要建立在对大量特殊事物分析研究并发现它们的一般规律的基础上。因此，它可以在归纳与演绎无能为力的一些领域中发挥独特的作用，尤其是在那些被研究的事物个案太少或缺乏足够的研究科学资料的积累水平较低不具备归纳和演绎条件的领域。类比思维具有联系启发解释模拟等作用。

案例链接

影响创新的"三大敌人"

第一大"敌人"也是最危险的敌人即畏惧。有畏惧思想的人怕困难、怕艰苦、怕失败。其实失败并不可怕。害怕失败的人自己的想象力和首创精神就会受到束缚长此以往就会丧失创造力。

第二大"敌人"是隐藏着的敌人即过分自谦。如果一个人认为自己这也不行那也不行甚至无端地指责自己就会导致"创造麻痹症"。一个人一旦有了这种思想就会变成一个庸人。

第三大"敌人"是最易出现的敌人即懒惰。懒惰和愚笨有着不解之缘。巧妙创造来源于勤奋的知识积累。懒惰、投机、心存侥幸不仅不会有创造力,有时还会陷入歧途或伪造科学数据或贪他人之功违反科学道德。

四、创新思维培养

要培养创新思维首先需要排除思维的三大障碍,并乐于发掘兴趣,尽可能扩大自己的思维边界。

1. 打破思维定式

思维定式,是指心理上的"定向趋势",是由一定的心理活动所形成的准备状态,按照积累的思维活动经验教训和已有的思维规律,在反复使用中所形成的比较稳定的定型的思维路线方式、程序模式,也称刻板印象。在环境不变的条件下,定式使人能够应用已掌握的方法迅速解决问题。而在情境发生变化时,思维定式会使解题者墨守成规,难以涌出新思维,妨碍人采用新方法、新决策,成为束缚创造性思维的枷锁。

2. 避免思维封闭

思维不是一成不变的,要用开放的发展的眼光看待思维。一方面,要采用开放包容的心态去面对周遭,多接触不同的新事物,打开思维的空间;另一方面,要用谦虚谨慎的态度向他人学习,不断提升自身素养,站得高才能看得远。

3. 发掘兴趣

兴趣是一个人力求接近思考探索某种事物和从事某种活动的态度和倾向,一个人对某事物感兴趣时,便对它产生特别的注意,对事物观察敏锐、记忆牢固、思维活跃、情感深厚。因此创新思维的培养离不开兴趣的推动作用。

【劳动资料卡】

创新思维的训练方法

1. 三三两两讨论法

此法可归纳为每两人或三人自由成组,在三分钟限时内,就讨论的主题,互相交流意见及分享。三分钟后,再回到团体中做汇报。

2. 六六讨论法

六六讨论法是以脑力激荡法做基础的团体式讨论法。方法是将大团体分为六人一组,只进行六分钟的小组讨论,每人一分钟。然后再回到大团体中分享及做最终的评估。

3. 脑力激荡法

脑力激荡法是最为人所熟悉的创意思维策略,该方法是由 Osborn 早于1937年所倡导,此法强调集体思考的方法,着重互相激发思考,鼓励参加者在指定时间内构想出大量的意念,并从中引发新颖的构思。脑力激荡法虽然主要以团体方式进行,但也可于个人思考问题和探索解决方法时,运用此法激发思考。该法的基本原理是只专心提出构想而不加以评价;不局限思考的空间,鼓励想出越多主意越好。此后的改良式脑力激荡法是指运用脑力激荡法的精神或原则,在团体中激发参加者的创意。

4. 心智图法

心智图法是一种刺激思维及帮助整合思想与信息的思考方法,也可说是一种观念图像化的思考策略。此法主要采用图志式的概念,以线条图形字母颜色文字数字等各样方式,将意念和信息快速地以上述各种方式摘要下来,成为一幅心智图(MindMap)。结构上,心智图法具备开放性及系统性的特点,让使用者能自由地激发扩散性思维,发挥联想力,又能有层次地将各类想法组织起来,以刺激大脑做出各方面的反应,从而得以发挥全脑思考的多元化功能。

5. 曼陀罗法

曼陀罗法是一种有助于扩散性思维的思考策略,利用一幅九宫格图,将主题写在中央,然后把由主题所引发的各种想法或联想写在其余的八个圈内。

6. 逆向思考法

逆向思考法是可获得创造性构想的一种思考方法,此技法可分为七类,如能充分逆向思考法运用,创造性就可加倍提高了。

7. 分合法

Gordon 于1961年在《分合法:创造能力的发展(Synectics:thedeve1-opmentofcreativity)》一书中指出的一套团体问题解决的方法。此法主要是将原不相同亦无关联的元素加以整合,产生新的意念面貌。分合法利用模拟与隐喻,协助思考者分析问题以产生各种不同的观点。

8. 七何检讨法

七何检讨法是六何检讨法的延伸,又称5W2H分析法,此法的优点即提示讨论者从不同的层面去思考和解法问题。所谓 5W，是指：为何（Why）、何事（What）、何人（Who）、何时（When）、何地（Where）；H 指：如何（How）、何价（How Much）。

实践行动

了解古今中外发明家

【实践目的】
了解古今中外发明家事迹，归纳总结其发明创造的特点，加深对创新思维的理解。
【实践内容】
1. 你了解的那些发明家，都做了哪些事情。
（1）网络搜集各发明家资料，熟悉其发明创造。
（2）对比、归纳总结这些发明家所具备的性格特点。
（3）找出你最敬佩的一位发明家，并说明原因。
2. 从上述发明家做的事情中，找出一两件你感兴趣的事情，填写下表：

你感兴趣的事情	发明家的做法	如果是你，你想怎么做	差异之处及分析

第三课 创新能力

> **课堂导入**

山东港门集团青岛港"连钢创新团队"当选"时代楷模"

2020年12月30日,中央宣传部向全社会公开发布山东港口集团青岛港"连钢创新团队"的先进事迹,授予他们"时代楷模"荣誉称号。截至目前,山东共有6人(集体)当选"时代楷模"。

山东港口集团青岛港"连钢创新团队",是以张连钢同志为带头人的全自动化码头建设创新团队。自2013年组建以来,团队认真学习贯彻习近平总书记努力打造世界一流的智慧港口、绿色港口的重要指示精神,秉承科技报国志向,坚持自主创新理念,锐意进取、敢为人先、团结协作、集智攻关,破解一系列技术难题,构建一整套技术标准,建成了一座拥有自主知识产权的全自动化码头,成为工业互联网在港口场景中应用的成功案例,提供了智慧港口建设运营的"中国经验""中国方案"。

资料来源:http:/www.sasac.gov.cn/n2588025/n2588129/c16366465/content.htm1,节选

讨论:你理解的创新能力的内涵是什么?

> **课堂在线**

如果这个世界没有创新能力,便不会有今日人类的文明。如果一个人不具备创新能力,可以说是庸才;如果一个民族没有了创新人才,那么它便是一个落后的民族。创新能力是民族进步的灵魂、经济竞争的核心;当今社会的竞争,与其说是人才的竞争,不如说是人的创造力的竞争。在科学技术飞速发展的今天,创新能力越来越成为一个国家国际竞争力和国际地位的最重要的决定因素。

一、创新能力内涵

创新能力,是在技术和各种实践活动中不断提供具有经济价值、社会价值、生态价值的新思想、新理论、新方法和新发明的能力。

创新能力按主体分为国家创新能力、区域创新能力、企业创新能力及个体创新能力等,并且存在多个衡量创新能力的标准。就个体创新能力而言,其大小是由自身创新素养决定的,主要由四部分构成。

1. 创新个性品质

创新个性品质包括创新意识、意志、毅力、勤奋、自信力、活力、诚信、积极、乐

观、胆识、团队精神以及创造型人才的思维特质，如知觉、潜意识和灵感等。研究表明，在智力水平相近的情况下，情商高的人创新能力更强。

2. 创新思维品质

这是指创新者能灵活掌握和运用各种创新思维方法，及时了解所需的信息、发现存在的问题和处理问题的思维能力品质。

3. 创新技法应用

这是指创新者能合理地选择和创造性地应用创造技法解决创造、创新活动中出现的问题的能力品质。创造、创新的技法非常多，并随着创造、创新活动的开展不断涌现。善于创新者在创新活动中能及时学习和灵活应用新的技法。

4. 创新技能运用

这是指创新人才正确处理个人与社会的关系以促进创新价值实现的能力品质。这里的创新技能除了一定的操作能力、完成能力外，更重要的是掌握应用新知识、新技术的学习能力、发现问题的能力、能够借助他人优势的能力，以及抓机遇的能力、延伸大脑的能力、凭借信息的能力等。

二、创新能力特征

创新能力具有以下几个特征。

1. 综合独特性

观察创新人物的能力构成时，会发现没有一个是单一的，都是几种能力的综合，这种综合是独特的，具有鲜明的个性色彩。创新就是在创新活动中各种能力的综合体现的结果。

2. 结构优化性

创新人物能力在构成上，呈现出明显的结构优化特征，而这种结构是一种深层或深度的有机结合，能发挥出意想不到的创新功能。

3. 可塑性特征

创新不是与生俱来的，也不是一成不变的。一个人的创新能力大小、强弱受到教育环境、实践因素的影响，可以通过教育、训练、实践等方式不断被激发。人人都可以具备创新力，且具有较强的可塑性。

案例链接

创新人物孙正义

作为典型的创新人物，孙正义读大学时就有250多项发明，没有较强的创新意识和创新力是不可能取得如此成绩的。他通过改造日本的旧游戏机，放到大家的休息室、饭厅，此一项就赚了100亿美元，反映了他出色的商业能力。后来他又把36亿元投给一家一点利润都没有的互联网公司，几年后，他的总资产已达1.17万亿日元。他说他将从互联网经济上拿到最大份额，这说明他有极强的预测能力。

统观孙正义各种创业轨迹，正是他身上的感悟预测能力、深刻的分析能力、准确的判断能力、果敢的执行能力、综合的协调能力、全面驾驭能力的深度有机结合以及最大效能的充分发挥，使他走上了辉煌的创新人生之路。

三、创新能力要素

创新能力要素是指主体在创新活动中表现出来的创新思维能力、创新智力化能力和创新人格化能力的内在整合体，其中，创新思维能力是核心和关键，创新智力化能力是基础和手段，创新人格化能力是动力和方向。

1. 创新思维能力

创新思维能力是主体所具有创新特质因素的思维和多种创新思维形式内在有机整合体。创新思维能力是主体创新和创新能力发展的核心和关键。从形式上看创新思维能力本身就是一个由抽象思维与形象思维、发散思维与聚合思维、横向思维与纵向思维、逆向思维与正向思维、潜意识思维与显意识思维等多种思维形式的有机整合体。从内涵上看，创新思维就是指主体具有创新特质的因素内在整合所形成的思维。它包括五种特质：一是流畅性，二是敏锐性，三是变通性，四是独创性，五是精密性。这五种创新思维特质在人的创新活动和创新能力发展过程中发挥各自独特的功能及其整合功能。

2. 创新智力化能力

创新智力化是主体创新和创新能力发展的基础和手段。创新智力化能力是主体创新所需要的知识和创新所需要的一般技能内在整合外化的结果，包括创新所需要的信息加工能力、一般的工作能力、动手操作能力、熟练掌握和运用创新技法的能力、创新成果的表达能力和表现能力以及物化能力等技能。创新知识是主体从事创新和创新能力发展的前提和基础。创新技能是主体从事创新和创新能力发展的手段和中介。

3. 创新人格化能力

创新人格化能力是主体创新个性特质和创新精神因素作用于创新活动而形成的能力，包括创新意识、创新品德、创新个性特质（如情感、意志、性格和兴趣等因素）以及创新理想和信念。创新人格化能力是创新能力发展的方向和动力，在创新活动和创新能力的形成和发展中起主导作用。

（资料来源：https：//wenku.baidu.com/view/713ebcfaaef8941ea76e053e.html）

案例链接

丁肇中独辟蹊径攀高峰——勇于创新，不怕阻力

在微观物理学中，高能条件下只能产生一些寿命极短的粒子，依照惯例，探索这些微粒，使用普通的低分辨率的仪器足以应付。19世纪70年代初，对重光子的研究裹足不前，

陷入困境，当科学家们纠缠于实验过程本身时，物理学家丁肇中却机敏地把目光转移到测试仪器上，并花了两年多时间，耗费巨资研制了一架高分辨率的探测器。

这一举动立刻遭到了许多物理学权威的嘲笑和否定。因为这样做太奢侈了，且毫无价值。创造性的思维在获得成功之前，往往显得微不足道，甚至遭人唾弃。然而，正是借助这架仪器，在1974年，丁肇中发现了J粒子，这一发现轰动世界物理界。

四、创新能力形成

1. 遗传素质

遗传素质是形成人类创新能力的生理基础和必要的物质前提，它潜在地决定着个体创新能力未来发展的类型、速度和水平。遗传素质，又称天赋禀赋或天资，是指个体与生俱来的生理特点，包括脑和神经系统的结构机能特性感觉器官和运动器官的机能，身体的结构和机能等。大脑是人的创新能力形成的物质基础，是人的创新能力发展的物质载体。离开了这个物质基础，人的创新能力的形成和发展就成了无源之水，无本之木。

人类创新能力的形成首先要遵循遗传规律，遗传素质是人类创新能力的物质基础。我们承认它，但不把它当作唯一，即"承认天赋，不唯天赋"。

2. 环境

环境是人的创新能力形成和提高的重要条件。环境优劣影响着个体创新能力发展的速度和水平。人是社会的人，人的创新实践并不是在真空中进行的，必然受到环境的影响。环境包括自然环境和社会环境。社会环境包括家庭、学校和社会。社会上的各种教育培训机构等都是影响人的创新能力形成的重要因素。

3. 实践

实践是人的创新能力形成的唯一途径，也是检验创新能力水平和创新活动成果的尺度标准。创新能力只有在创新实践中才能得到施展发挥，实践是创新能力变成现实的唯一平台。

人改造社会的活动也就是创新活动。只有通过社会实践，才能把人的创新意识变成现实，而创新能力也必须通过实践才能形成，实践是创新能力形成的唯一途径。实践还是检验人的创新成果的唯一标准。

4. 创新思维

创新思维是人的创新能力形成的核心与关键。创新思维的一般规律是先发散而后集中，最后解决问题。创新能力与创新思维休戚相关。没有创新思维，就没有创新活动。创新思维是人的创新活动的灵魂和核心，创新思维能力是人的创新能力的灵魂和核心。

【劳动资料卡】

测一测你的创新力

1. 测试说明

下面有 10 个题目，如果符合你的情况，则回答"是"；不符合，则回答"否"；拿不准，则回答"不确定"。

2. 测试题目

（1）你善于分析问题，但不擅长对分析结果进行综合、提炼。（　）

（2）对那些经常做没把握事情的人，你不看好。（　）

（3）你的兴趣在于不断提出新的建议，而不在于说服别人去接受这些建议。（　）

（4）你的审美能力较强。（　）

（5）你常常凭直觉来判断问题的正误。（　）

（6）你不喜欢提那些显得无知的问题。（　）

（7）无论什么问题，要让你产生兴趣，总比让别人产生兴趣要困难得多。（　）

（8）你喜欢那些一门心思埋头苦干的人。（　）

（9）你认为那些使用古怪和生僻词语的作家，纯粹是为了炫耀。（　）

（10）你做事总是有的放矢，不盲目行事。（　）

3. 测试结果分析

评分标准见表 4-1。

表 4-1 评分标准

题号	对应分值	是	不确定	否
1		-1	0	2
2		0	1	4
3		0	1	2
4		4	0	-2
5		-1	0	2
6		3	0	-1
7		2	1	0
8		0	1	2
9		0	1	3
10		0	1	2

得分评价：

（1）如果你的得分在 22 分以上，则说明你有较高的创造性思维能力，适合从事环境较为自由、没有太多约束、对创新性有较高要求的职位，如美编、装潢设计、工程设计、软件编程人员等。

（2）如果你的得分在 11~21 分之间，则说明你善于在创造性与习惯做法之间找出均衡，具有一定的创新意识，适合从事管理工作，也适合从事其他许多与人打交道的工作，如市场营销。

（3）如果你的得分在 10 分以下，则说明你缺乏创新思维能力，属于循规蹈矩的人，做人总是有板有眼、一丝不苟，适合从事对纪律性要求较高的职位，如会计、质量监督员等。

实践行动

了解我国创新力情况

【实践目的】
查阅资料了解我国整体创新力情况，对比发达国家情况，深入理解创新力价值意义。

【实践内容】

1. 查阅相关资料，了解我国及发达国家创新力情况，填写下表：

国家名称	年度创新创造项目数量	专利数量	转化率（投入应用）
中国			
美国			
俄罗斯			
德国			
法国			
日本			
意大利			
韩国			

2. 根据上表中各个国家创新调查情况，分析我国创新力：

（1）我国创新优势有哪些？
（2）我国创新不足有哪些？
（3）我国与先进国家相比，卡脖子项目有哪些？
（4）如何提高我国创新短板？
（5）如何培养创新人才？
（6）我应该如何提高创新思维和创新能力？

第五单元

家务劳动

【知识目标】

1. 掌握衣服的洗涤、晾晒、折叠、收纳以及保养的方法；
2. 了解我国的饮食特色和健康饮食；
3. 掌握烹饪技巧和安全；
4. 掌握养成良好作息习惯的做法；
5. 掌握打扫清洁和整理收纳的方法；
6. 掌握家庭日常清洁消毒、常备的药品和日常维修。

【能力目标】

提高生活自理能力，并能处理各种日常家务。

【素养目标】

1. 养成日常劳动意识和习惯；
2. 养成日常劳动安全意识和安全行为习惯；
3. 养成日常劳动规范操作规范；
4. 孝道从家务劳动开始，养成帮父母做事的习惯。

家务劳动生活伴，健康生活是关键；
日常起居有规律，卫生习惯要健全；
家庭清洁要做好，健康用品要备全；
生活技能要培养，家务劳动是学堂；
烹饪技法一两件，常为父母做顿饭；
父母衣物常帮洗，家居保洁要做好；
孝敬父母劳动做，养成习惯报国家。

第五单元　家务劳动

第一课　衣物的洗护与收纳

课堂导入

神童被退学：不会做家务，自理能力差成为孩子最大的短板

湖南天才少年魏永康被誉为"东方神童"，他13岁的时候以602分考入湖南湘潭大学，17岁考入中科院的硕士研究生，硕博连读。如此优秀的学霸，却因为忘记考试及交毕业论文而被学校劝退。

在进入大学之前，这位天才少年一直由母亲悉心照顾，只需要专心学习就好，甚至到了高中，为了不耽误他的学习时间，吃饭都是由母亲喂。

在北京读研，没有母亲的陪读，他的生活一片混乱。生活不能自理，不能自主安排好学校的学习和考试。

被学校劝退之后他的人生也挫折不断，没有独立的生活能力，什么事都做不好，一个天才就此陨落。

现在物质条件好，大多数家庭都只有一两个孩子，父母一切以孩子为中心，孩子衣来伸手饭来张口。家务完全不用孩子操心，认为孩子只要学习好就行。

其实从魏永康的身上，我们可以看到如果一个孩子没有生活自理能力，根本谈不上独立生活，更无法在社会上生存和发展。

讨论：谈谈大学生应如何发展自我的自理能力？

课堂在线

人们常说"衣食住行"，其中把"衣"排在第一位，这充分体现了衣物在日常生活中的重要性。与衣物有关的劳动包括衣服的洗涤、晾晒、折叠、收纳和保养等。

一、衣物的洗涤

"把积攒一周的所有衣服趁着周末一起用洗衣机洗"，相信是大部分人的常态。不过笔者在这里需要提醒大家的是，洗衣机已经成为危害白领身体健康的重要污染源之一。为了避免交叉感染导致皮肤疾病，除了日常对洗衣机进行必要的保养之外，对衣服进行分类洗涤也是有效的方法之一。

（一）分类洗涤

按颜色分类：首先将深色或鲜艳衣服挑出，不可与浅色混洗（因深色类的衣服有掉色的可能性）；

按厚薄分类：丝织物、轻薄网状织物、内衣、袜子、针织品或易变形服装最好不用机洗，应手洗，避免损伤；

按纤维原料分类：含毛或特殊布料衣物应挑出来干洗，否则会引起缩绒变形。

（二）掌握洗涤温度和洗涤剂性质

含非离子型表面活性剂的洗涤剂，最佳洗涤温度为60℃以下，超过此温度将会影响去污效果；含阳离子型表面活性剂的洗涤剂，最佳洗涤温度为60℃以上，低于此温度将会影响去污效果。

（三）洗涤衣物时需要注意的问题

（1）先浸后洗。洗涤前，先将衣物在流体皂或洗衣粉溶液中浸泡10~14分钟。

（2）先薄后厚。一般质地薄软的化纤、丝绸织物，四五分钟就可洗干净，而质地较厚的棉、毛织品要十来分钟才能洗净。

（3）额定容量。若洗涤量过少，电能白白消耗；反之，一次洗得太多，不仅会增加洗涤时间，而且会造成电机超负荷运转，既增加了电耗，又容易使电机损坏。

（4）用水量适中，不宜过多或过少。水量太多，会增加波盘的水压，加重电机的负担，增加电耗；水量太少，又会影响洗涤时衣服的上下翻动，增加洗涤时间，使电耗增加。

（5）正确掌握洗涤时间，避免无效动作。衣物的清洁程度如何，主要是与衣服的污垢的程度、洗涤剂的品种和浓度有关，而同洗涤时间并不成正比。超过规定的洗涤时间，清洁程度也不会有大的提高，同时还白白耗费了电能。

【劳动资料卡】

衣服上的洗涤标志

每件衣服内部都会有一张洗涤标志标签，上面有很多图案，其中最常用的是手洗标志，如图5-1所示。

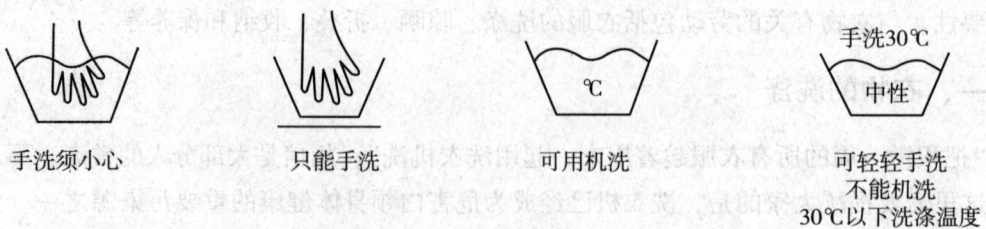

图 5-1　手洗标志

水温注意标志，上面标示了温度上限，超过该上限可能损坏衣物，如图5-2所示。

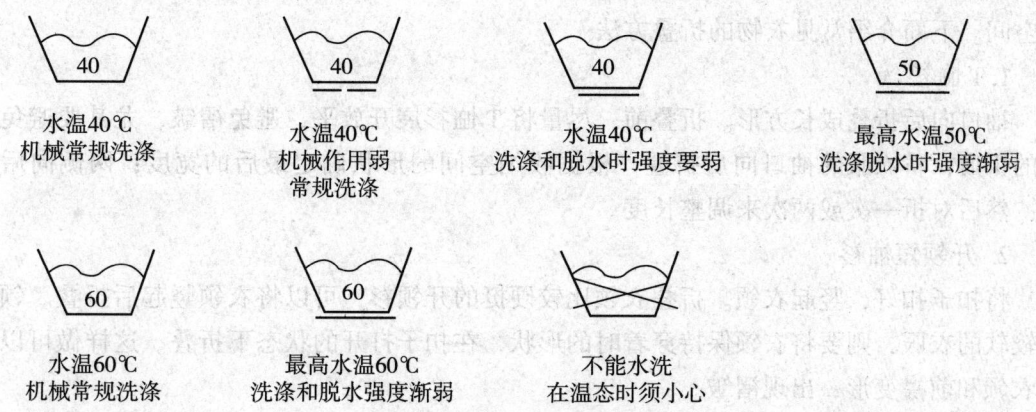

图 5-2 水温标志

二、衣物的晾晒

衣物在洗衣机里脱完水后,最好马上取出晒干,因为衣服在脱水机中放置时间过长,容易褪色和起皱。晾晒衣服其实是有一些技巧的。晾晒不一样的衣服,需要运用不一样的晾晒方法。下面就介绍四种衣物的晾晒技巧。

1. 丝绸材质衣物的晾晒

丝绸类的衣物洗完之后,放置在阴凉处,利用自然风和微弱的阳光慢慢晾干。因为丝绸的质地耐光照的程度比较差,所以我们得避免丝绸的布料在太阳下暴晒。

2. 羊毛材质衣物的晾晒

羊毛材质的衣服,也是要避免暴晒的。因为羊毛衣服有羊毛纤维外部的油胺薄膜,如果把羊毛衫放在阳光下暴晒的话,这层油胺薄膜就会脱落,让衣服失去光泽,并逐渐变黄,所以,洗完的羊毛衫要放在通风处晾晒,自然晾干。

3. 棉麻布料衣物的晾晒

我们身上穿的衣服,比较多的是棉麻材质的,此类衣物一般洗完后直接在阳光下暴晒晾干,因为阳光的高温不会损害衣服表面的纤维。但需要注意的是,为了防止长时间暴晒使得衣物褪色,最好是把衣服反过来晾晒。

4. 贴身衣物的晾晒

贴身衣服的晾晒,最好是直接拿到阳光下暴晒。如果把贴身衣服反过来晒的话,会很容易在贴身衣服表面沾上一些灰尘、粉尘、微生物,所以没必要反过来晒,也不要长时间晒。

另外,外衣最好反着晾晒;颜色鲜艳和深色的衣服,更要反着晒。

三、衣物的折叠

衣物有折叠和悬挂两种收纳方法。其中折叠比悬挂更能节省空间,能更好地利用有限的空间。下面介绍常见衣物的折叠方法。

1. T恤衫

袖口向后折叠成长方形。折叠前，尽量将T恤衫展开放平，避免褶皱，尤其要避免领口的折痕；将衣服的袖口向后折叠，根据收纳空间的形状确定最后的宽度；两侧向后折叠，然后对折一次或两次来调整长度。

2. 开领短袖衫

将扣子扣好，竖起衣领。折叠衣领比较硬挺的开领衫，可以将衣领竖起后折叠。领口比较软的衣服，则要将衣领保持穿着时的形状，在扣子打开的状态下折叠。这样做可以避免衣领和前襟变形，出现褶皱。

3. 无袖开衫衣物

将衣物左右垂直方向对折，避免前襟褶皱或出现横向折痕。将无袖开衫衣物在垂直方向对折，就不会在前襟出现横向的折痕，里面翻向外折叠，可以保持衣服表面的整洁。

4. 毛衣

毛衣一定要彻底展开，根据收纳空间的大小调整折叠宽度，并注意控制厚度，避免出现褶皱。

基础折叠方法：背面向上平铺，将两个袖子向内侧折叠，且相互叠压保持水平；将两侧整体向内侧折叠，使宽度保持为毛衣整体宽度的一半；将毛衣下摆向上折叠，至毛衣腋下部位；进行最后的对折，使衣服保持与收纳空间匹配的宽度。

5. 夏装

A字形裙子要折叠成正方形，将肩部和下摆向中间折回，折叠成长方形，并根据收纳空间大小调整长度和宽度。

6. 长裤

将两条长裤一条按照裤线折叠，另一条按照中线折叠，并将两条为一组，相互缓冲，可防止褶皱的产生。

四、衣物的收纳

如果打开衣柜，看到的是衣物乱糟糟的景象，相信没有人心情会是好的。下面就介绍几种衣物的收纳技巧，让衣柜保持整洁干净。

1. 按季节分类收纳

不要把一年四季所有的衣物都放在一起，那样就算收纳得再整齐，用不了两天又会乱糟糟的。把四季的衣物全部分开，这样不容易乱。

2. 上下装分开收纳

把上下装分开收纳，这样在找衣服的时候不会出现无从下手的情况，那么就不会出现到处找不到衣服从而把衣柜翻得乱七八糟的情况。

3. 每个人的衣服分开

把家里每个人的衣服分开收纳，大人的、孩子的全部分开，既能够防止大人衣服上的细菌沾染到孩子的衣服，还会给人一目了然的感觉。

4. 善于利用收纳箱

那些内衣、内裤和袜子之类，不要直接放在衣柜里，这些小物件会让整个衣柜变得特别乱，最好直接放进收纳盒里，分层放置。

五、衣物的保养

几种特殊面料的养护技巧。

1. 棉麻服装的保养

棉麻是由纤维素大分子构成的，吸湿性很好，在储存时主要防止其霉烂，也就是防止霉菌微生物的繁殖。主要方法是保持织品的洁净和干燥，特别在夏季多雨的季节要注意检查和晾晒。

2. 毛织物服装的保养

在熨烫时需注意：

（1）熨斗的温度可适当高些，呢服上较脏的部位可多熨几遍，但不要直接接触呢料，以免起亮光。

（2）毛巾应不断在水中漂洗干净，水盆中的温水也要不断更换。

（3）呢服干洗后，可用衣架挂起来，待水分充分晾干再穿。

毛料呢服易潮湿生霉。因羊毛中含有油脂和蛋白质，还易被虫蛀、鼠咬。在保管中应注意以下几点：

（1）最好不要折叠，应挂在衣架上存放在箱、柜里，以免穿着时出现褶皱。

（2）存放服装的箱柜要保持清洁、干燥，温度最好保持在25℃以下，相对湿度在60%以下为宜。同时要放入樟脑球，以免受潮生霉或生虫。存放的服装要遮光，避免阳光直射，以防褪色。

（3）应经常拿出晾晒（不要暴晒），拍打尘灰，去除潮湿。晾晒过后要等完全晾干再放入箱、柜。

（4）穿过的服装因换季需储存时，要洗干净，以免因汗渍、灰尘导致发霉或生虫。

3. 丝绸服装的保养

保养好丝绸类服装的基础是精心穿用。丝绸的强力较高，加上蚕丝外面丝胶有保护作用，所以耐磨性较好。但因丝绸的纤维过细，应忌硬伤，凡与粗糙带毛刺的物质接触，往往会使丝绸"跳丝"而造成损伤。另外，也不要穿着丝绸服装在席子、藤椅、木板等粗糙物上睡觉，以免造成破损或抽丝。

碱对丝绸的破坏力较大，穿丝绸夏装一定要避免与含碱的物质接触。同时，丝绸受盐的影响也比较大。人体汗水中的盐分可使浅色丝绸的夏装泛黄赤色的斑点，所以穿丝绸夏装应注意经常洗涤，保持其表面的清洁。

洗涤丝绸夏装最好选用中性皂片或高档洗涤剂。可用热水先溶化皂液，放凉后将丝绸浸透。用手大把搓揉（注意不能用搓板搓，更要避免拧绞）。洗后将皂液涤净，不然易发花。洗涤深色丝绸只能在净水中反复漂洗，不能使用皂片及其他洗涤剂，以免出现皂渍泛白现象。

洗涤颜色鲜艳的丝绸夏装时，为避免掉色，可放少许盐。因丝绸在阳光的紫外线作用下易脆化，加之丝绸的色泽牢度较差，故洗完不能置于阳光下暴晒，应挂在通风处阴干。丝绸夏装在晾到八成干时，以白布覆盖衣面，用熨斗熨烫，温度不可高于130℃，否则丝绸会受损伤，熨烫时不必喷水，以免出现水渍。

蚕丝是一种蛋白质纤维，具有较强的吸湿性，当环境比较潮湿时，一些霉菌和细菌容易在织物上生长繁殖。收藏时，首先应把衣服洗净，最好熨烫一遍，可以起到杀菌灭虫的作用。衣柜衣箱要保持清洁干燥。

丝绸衣服质地较薄、柔软、怕压，可放到衣服堆的上面，浅色的丝绸衣服最好用细白布包起来存放，以防风渍黄渍。丝绸类服装中不宜放卫生球，否则白色会泛黄。柞蚕丝不宜与桑蚕丝放在一起，因前者会使后者变色。

4. 化纤服装的保养

黏胶纤维服装耐磨性差，易起毛变形，因此穿着或洗涤时都要少搓少拧。不要长时间悬挂，以免伸长变形。收藏时要洗净晾干，避免放在高湿高温环境中。

含纤服装除腈纶和维纶外，一般不宜在日光下久晒，否则易老化，变硬变脆，强度下降。收藏时要洗净晾干，不要放卫生球或樟脑片。如混纺中有毛料成分则放少量樟脑片并用纸包好，不要让樟脑片与服装直接接触。对于常用的腈纶和维纶衣物，应掌握如下方法：

（1）腈纶衣物。洗涤时用皂液或洗衣粉溶在温水中，将衣物浸透，轻轻揉搓。厚织品可用软刷子轻刷后用清水漂洗，轻轻拧去水分，晾在通风处阴干，切勿在日光中暴晒。熨烫时应在衣服上衬一块潮布，温度掌握在150℃以下为宜（温度过高易泛色）。由于这类织品不怕虫蛀，收藏时不必放置樟脑丸，但应保持干净和干燥，以免黏胶纤维出现部分霉斑。

（2）维纶衣物。洗涤方法同棉织品一样，但不要用碱性太重的肥皂和太热的水洗，也不要过分用力，以免纤维收缩变硬和起毛球。

熨烫必须在织品干燥时进行，也不要喷水（潮湿时熨烫容易使其收缩），并垫上一块平布，温度不宜超过110℃。

维纶织品不宜高温烘焙，否则容易使织品发硬焦黄，甚至脆化。

这类纺织品不怕虫蛀亦不易受霉菌侵蚀，收藏前将织品洗干净保持清洁干燥即可。

实践行动

衣物的洗涤

【实践目的】

（1）学会洗涤衣物的基本常识，掌握科学洗涤衣物的方法。

（2）养成着装整洁的良好习惯，形成节约用水的意识，体验劳动带来的快乐。

【实践内容】

1. 手洗衣物：根据洗涤衣物材质选择适合的洗涤用品；根据洗涤衣物多少或大小，确定适合的洗涤容器和用水量；浸泡；洗涤过程；晾晒；折叠。填写下表：

洗涤过程	操作要点	体会与技巧（经验）
洗涤用品选择		
用水量		
浸泡		
揉		
搓		
漂		
涮		
拧		
晾晒		
折叠		

2. 机洗衣物：洗涤方式选择；洗衣粉用量选择；洗涤漂洗甩干程序选择；安全操作，用电安全。填写下表：

洗涤过程	操作要点	体会与技巧（经验）
接通电源，进水管连接		
洗涤用品选择		
用水量		
洗涤		
漂洗		
甩干		

机洗注意事项：（1）注意安全用电，不要用湿手去接插电源；（2）洗衣机启动后不要伸手于洗衣桶内；（3）洗衣程序结束后，待洗衣机运行停止后再关闭电源，或打开机盖取出衣物。

3. 分别总结手洗和机洗衣物过程（操作流程），分享劳动经验。

4. 孝敬父母从劳动开始——坚持每周末给父母洗一件衣物。

❖ 劳动实践教育

第二课　民以食为天

课堂导入

河南一小学鼓励学生在家学做菜，疫情过后将举办美食大赛

因疫情延迟开学时间，河南焦作市富康路小学在线上授课之余，开设了各种家庭实践课程，其中"每周一菜"课程，让不少家长第一次品尝到孩子亲手做出的饭菜，有的孩子炒菜咸淡不匀，有的孩子在一周内学会了四菜一汤。

"目前很多学校的德育更多是停留在书面和口头之上，实践相对较少，这次学生在家时间较长，刚好是对学生进行生命教育的一次好机会。"富康路小学校长张和平如是说。开展学做菜的实践课程是希望孩子知道父母的辛苦，同时感受生活的美好和乐趣。

张和平说，看到那么多学生在家里积极地学做菜，他也很欣慰，学校筹划在疫情结束后，开展一次美食大赛，学生们做厨师，家长们做评委，激发学生们的做饭兴趣。在张和平看来，这次实践活动，也是在践行学校的教学理念，"我们学校的办学理念就是创建一个快乐的校园，不仅能让学生感受到学习的快乐，也应该感受到生活的快乐"。

资料来源：https：/baiJiahao. baidu. com/s7id＝1660412470365271345－wfr＝spider－for＝pc，节选

讨论：案例中小学实行"每周一菜"课程是否有必要？

课堂在线

食物是指能够满足机体正常生理和生化能量需求，并能延续正常寿命的物质。对人体而言，能够满足人的正常生活活动需求并利于寿命延长的物质称为食物。现在人们常说"民以食为天"，其中"食"多数指直接能吃的饭菜等各类饮食，而这句话的原意是人民把粮食看作生命的根本。

一、我国的饮食特色

中国有一句古话"民以食为天"，可见饮食在中国民间的重要地位，中国作为饮食之邦，长期以来形成了丰富多彩的饮食文化，以其独特的文化内涵享誉世界，这是在长期的历史发展中形成的，饮食文化离不开历史的发展，在不同的朝代有着不同的饮食文化，逐渐形成了中国饮食文化的丰富内涵，由于地域不同又形成了各具特色的风味流派。

1. 饮食习惯存在差异

中国历史悠久，民族众多，各民族形成了不同的饮食习惯。对汉族而言，各地物产和生活习俗不同，饮食习惯也有明显的差异。一般中国人一日三餐以米面为主食，种植水稻

的东南地区以米食为主,种植小麦的东北、西北和华北地区以面食为主。无论是米食还是面食,主食的制作方法种类繁多,主食的品种也丰富多样。中国菜肴更体现了中国饮食文化的博大精深。

2. 风味多样

中国菜用料多样,烹饪讲究,注重色香味形俱佳。各地由于气候、物产、生活、环境和生活习惯的不同,人们的口味也不尽相同,比如南方人口味清淡,北方人口味较重等,因此在中国就形成了具有地方特点的菜肴文化。最有代表性的是鲁菜、川菜、粤菜和淮扬菜四大菜系,也可细分为鲁菜、川菜、苏菜、粤菜、浙菜、闽菜、湘菜、徽菜八大菜系。有的菜系还形成了本菜系的地方流派。各地的菜肴在原料选用烹调技艺和口味等方面特点鲜明。鲁菜流行于中国北方,因近海,所以海鲜类的菜肴品种多样,名菜有糖醋鲤鱼等,清脆嫩鲜醇是鲁菜的特色。川菜人称"百菜百味",集麻辣酸鲜香于一身,名菜有鱼香肉丝等。淮扬菜调味讲究保持本味,追求清淡而鲜嫩,爽口而味醇,又讲究刀工配色和造型,名菜有狮子头等。粤菜用料较广,菜式新颖口味讲究,形成清爽鲜淡香的风味特色。此外,浙菜制作精细,味道鲜嫩,名菜有龙井虾仁等。福建菜多以海产品为原料,汤菜品种多样,汤鲜味美,名菜有佛跳墙等。湖南菜多用辣椒,油重色浓,酸辣鲜香,名菜有红煨鱼翅等。安徽菜以烹制山珍野味著称,名菜有符离集烧鸡等。北京烤鸭、东北酸菜、白肉、重庆火锅等也都是名菜佳肴。

3. 讲究美感

中国的烹饪不仅技术精湛,而且有讲究菜肴美感的传统,注意食物的色香味形器的协调一致。对菜肴美感的表现是多方面的,无论是一个红萝卜,还是一个白菜芯,都可以雕出各种造型,独树一帜,达到色香味形器的和谐统一,给人以精神和物质高度统一的特殊享受。

4. 食医结合

我国的烹饪技术与医疗保健有密切的关系,几千年前就有"医食同源""药膳同功"的说法,即利用食物原料的药用价值做成各种美味,可以达到防治某些疾病的目的。

二、健康饮食

在中华人民共和国成立之初到改革开放之际,人们对于饮食上的要求仅仅是能解决三餐的温饱。随着生活水平的逐渐提高,人们对于饮食的要求也在逐渐提高,尤其是当下食品安全问题不断出现,健康的饮食才是人们如今追求的重点。

随着人们生活水平的提高,对饮食的考虑也从"吃饱"转向"吃好",但是由于营养知识的缺乏,不少人对"吃好"的认识出现偏差,误认为把肥甘厚味、香甜美味的东西吃个心满意足,就是"吃好",以致过量摄入油脂、糖类等高热量食物,结果是在一部分经济条件较好的人群中肥胖病、糖尿病、高血脂病等与膳食营养摄入不当有关的疾病患病率显著增多。

《中国居民膳食指南(2016)》(以下简称为《指南》)是2016年5月13日由中华人民共和国国家卫生和计划生育委员会疾控局发布,为了提出符合我国居民营养健康状况和基本需求的膳食指导建议而制定的法规。

《指南》针对2岁以上的所有健康人群提出6条核心推荐，分别为：食物多样，谷类为主，吃动平衡，健康体重，多吃蔬果、奶类、大豆，适量吃鱼、禽蛋、瘦肉、少盐、少油，控糖、限酒、杜绝浪费，兴新食尚。

每天的膳食应包括谷薯类、蔬菜水果类、畜禽鱼蛋奶类、大豆坚果类等食物。平均每天摄入12种以上食物，每周25种以上。各年龄段人群都应天天运动，保持健康体重。坚持日常身体活动，每周至少进行5天中等强度身体活动，累计150分钟以上。蔬菜水果是平衡膳食的重要组成部分，吃各种各样的奶制品，经常吃豆制品，适量吃坚果。鱼禽蛋和瘦肉摄入要适量。少吃肥肉、烟熏和腌制肉食品。成人每天食盐不超过6g，每天烹调油25～30g，每天摄入蛋类不超过50g。足量饮水，成年人每天7～8杯（1500～1700mL），提倡饮用白开水和茶水。

图5-3为中国居民平衡膳食宝塔（2016）。

图5-3 中国居民平衡膳食宝塔（2016）

三、烹饪技巧

要做出好吃的菜，是需要有一些烹饪技巧的，我们可能都不能够无师自通，所以，我们离不开烹饪技巧。中华饮食文化丰富多彩，中国的烹饪技术在世界上也是无与伦比的。中国烹饪技艺讲究色香味形意养，几千年来有许多名家在烹饪方面各领风骚。

中国菜的烹饪，既以保持食品营养为目的，还要通过造型颜色搭配调和美味，而使人们于进膳过程中，得到视觉、嗅觉、味觉的综合享受。烹调的方法很多，如煎、炒、烹、炸、蒸、卤、焖、炖等。虽然都是通过加温，使食品由生变熟，但其中变化之理是非常深奥的。在加工烹煮的过程中，由于用火不同（分大火中火和小火），食物成熟的快慢不一，蛋白质发生凝固时的变化以及营养成分的溶解和重组等，对人体是否能充分利用、吸收营养素，都会产生不同效果。所以，合理的烹饪才可以吃得更加科学。烹饪时应注意以下几点：

（1）放盐的多少直接关系着一道菜的好坏。

（2）99%的菜都在临近出锅前才可以加盐、醋这两种调味品，过早地投入调味品不仅影响口感，还会使菜变得难看，更重要的是影响健康，因为盐中的碘遇高温会蒸发掉。

（3）糖有时候是为了甜，有时候是为了更突出咸或者辣。同理，盐有时候是为了咸，有时候是为了更突出甜。

（4）切肉要逆纹路纵向切，不然咬不动煮不熟；切蘑菇要顺纹路切，不然吃起来太糯；切笋要避开纹路斜切，不然切不动也咬不动。

（5）一定要试菜。由于很多菜重要的调味都在最后步骤，试菜可以很大程度上解决味道不够的问题，所以最后的关键调味料宁缺毋滥。调味结束后不要忙着关火，试过之后没问题再出锅。

（6）煲白粥之前要先腌米，米洗好之后加上少量的盐和油腌半小时以上（最好腌半天），然后放水煲粥，煲里放两根瓷质的汤勺一起煮。

（7）肉片要先腌过再煮（烫或炒均适用）。

（8）煲汤用的鲜肉要先焯水。

（9）焯青菜的时候，一般用沸水。在水中加点盐和油，可以让青菜色泽更加鲜艳，口感清脆，还能保持蔬菜的营养。焯好水之后的青菜也可以马上放入冷水中，这样可以防止青菜变黄。

四、烹饪安全

（一）用火安全

在用燃气灶等明火烹饪食物时，应注意以下六点：

（1）烹饪过程中不要远离厨房，以防汤水溢出浇灭燃气灶火苗造成燃气泄漏事故。

（2）厨房内禁止存放酒精、汽油等易燃危险物品，以免引起意外失火。

（3）保持燃气灶周围空气流通。

（4）若闻到煤气味，怀疑燃气泄漏，应立即关闭燃气阀门和附近的火源，同时打开门窗进行通风，注意不要开关任何电器，包括手机。若煤气味浓烈，则应立即外出打电话报警，并通知邻居疏散。

（5）用完火后要先关闭气源开关，再关闭炉具开关。

（6）常检查炉具与气源连接管，发现破损或漏气要及时更换，或电话告知燃气公司维修。

（二）用电安全

在用电饭煲、电磁炉等电器烹饪食物时，应注意以下三点：

（1）湿手不得接触电器及电器装置，以防触电。

（2）电器用完后应关掉开关并拔下插头，防止电器因长时间通电而损坏。

（3）不要空载使用电器，使用前先检查电器和电源线。

（三）烹饪工具使用安全

在使用烹饪工具的过程中，应注意以下三点：

（1）玻璃器皿、瓷器不能摆放在台面边缘，以免摔破伤人。

（2）在使用刀具前，应检查其是否存在裂纹、松柄、锈蚀等现象，避免在使用过程中发生意外。

（3）刀具在使用完后应插入刀套或刀架内，不得放在操作台边缘及过高处，以免坠落伤人。

（四）其他注意事项

在烹饪时，除上述注意事项外，还应注意以下三点：

（1）烧制饭菜时，锅内的液体不宜过多，以免溢出引发意外。

（2）在拿刚蒸好或烤好的食物时，应戴隔热手套。没有隔热手套的，可用毛巾代替。

（3）为减少烹饪过程中高温油飞溅，应提前滤干食材的水分。

实践行动

为×××做一顿美味营养餐

【实践目的】

1. 学会饮食的基本常识，掌握简单的饮食烹饪方法。
2. 养成健康饮食的意识，养成饮食烹饪操作安全规范。

【实践内容】

1. 选择一道简单的菜谱，如西红柿炒鸡蛋，进行烹饪。填写下表：

过程	操作要点	体会与技巧（经验）
准备工作（配料）		
炒鸡蛋		
炒西红柿		
混成		

烹饪安全事项：（1）天然气灶台操作安全；（2）用油安全（油温很高，见冷水后容易溅喷）；（3）烹饪加工刀具使用安全；（4）厨房用电安全。

2. 选择另一道菜谱，或使用上述菜谱，用微波炉烹饪。填写下表：

过程	操作要点	体会与技巧（经验）
准备工作（配料）		
选择程序		

3. 分别总结手工烹饪和微波炉烹饪过程（操作流程），分享劳动经验。

4. 孝敬父母从劳动开始——坚持每周末给父母烹饪一道菜。

第三课 起居有常

课堂导入

一屋不扫，何以扫天下？

东汉时期，有一个少年名为陈藩，此人自命不凡，一心只想干大事业。一天陈藩父亲的好友薛勤来访，见其独居的院内龌龊不堪便问他："孺子何不洒扫以待宾客？"他答道："大丈夫处世，当扫天下，安事一屋？"薛勤当即反问道："一屋不扫，何以扫天下？"陈藩无言以对。

讨论：
（1）如何看待陈藩的做法。
（2）你喜欢做家务吗？为什么？

课堂在线

《素问·上古天真论》提出的一个养生大法就是"起居有常"，即日常生活要有规律，养成良好的生活习惯。

一、养成良好的作息习惯

良好的生活作息习惯是健康的前提和保障。现代社会生活节奏加快，极大的工作压力不断挑战人们的作息规律。为了保持健康，养成良好的生活作息习惯成了必要。要养成良好的作息习惯需要做到以下几点。

1. 要有时间观念

时间观念的含义是要科学地安排时间，计划时间，讲究效率，还需要有自控能力。一般家长认为这是对成人的要求，而忽视了对孩子的培养。若是父母能让孩子在早期养成良好的时间观念，就等于给孩子以知识力量聪明和美好的开端。因为在科学技术经济高速发展的时期，尤其需要时间观念强的人，善于掌握自己时间的人将会获得高效率工作，也是最能出成绩的人。

2. 自己定好作息时间表

合理的作息时间可以让学生的学习效率大大提升，而制定作息时间表是最科学有效的方法之一。时间表应由学生自主制定，家长宏观指导。作息时间表一定是学生认可的，而不是家长强加给学生的。在自主制定时间表的过程中，学生会逐渐体会到自我管理的快乐，既锻炼了能力，也更容易激发孩子遵守作息时间表的动力，否则孩子脱离了家长的视线，很容易"原形毕露"，难以养成好习惯。

3. 控制好自己的毅力

自己规定的时间表自己要坚持下去，养成一个良好的习惯，刚开始可能不习惯，但也要自己强制自己，真正履行下来，慢慢地就变成自己的一种习惯。

4. 经常参加体育锻炼

经常参加体育锻炼，才能保持身体健康和心情愉悦，促进睡眠。体育锻炼有利于人体骨骼肌肉的生长，增强心肺功能，改善血液循环系统、呼吸系统、消化系统的机能状况。

二、勤于打扫与清洁

家是我们每个人爱和休息的港湾。洁净的家庭环境能让人们舒适轻松，在家里好好休息后，劳逸结合，才能让人充满能量地开展工作。爱家的朋友在日常打扫家庭卫生的时候，常为一些难做的卫生大伤脑筋，下面是几个清理卫生的小窍门。

1. 角落的清洁

地毯和墙壁的接缝处或房间周围的角落，是最难打扫的死角，很容易产生污垢。可尝试用旧牙刷清理刷净。如果遇到比较顽固的污垢，则可用牙刷蘸洗涤剂刷除，再用水擦拭干净，保持干燥就行。

2. 纱窗的清洁

面对粘满灰尘的纱窗，大多数时间，我们是把纱窗拆下来，再用水清洗。然而多次拆洗后，纱窗很容易被拆坏。不妨用抹布把废旧报纸打湿，再把打湿后的报纸粘在纱窗背面，五六分钟后，将纱窗上的湿报纸取下，你会发现报纸上粘满了纱窗上的灰尘。

3. 窗帘的清洁

因尼古丁而发黄的窗帘，丢到洗衣机里清洗，常常会洗不干净。这时只要将窗帘浸泡在洗衣机中加入半杯食盐，浸泡一天后再放入洗衣粉清洗，这时的窗帘就很容易洗白。

4. 茶杯的清洁

喜欢喝茶的朋友会发现，经常泡茶的茶杯会沉积一层褐色的污垢，很难洗净。如果用细布蘸上少量牙膏，轻轻擦洗，很快就可以擦净，而且不会损伤瓷面。

5. 门窗玻璃的清洁

擦门窗玻璃时，可先把洋葱去皮切成两半，用其切口擦玻璃，在洋葱的汁液还没干的时候，再用干净的干布擦拭，这样擦后的玻璃会很干净；用干净的湿布蘸一点白酒，先擦拭一遍玻璃，再用干抹布擦，玻璃很快干净。

6. 家具的清洁

把软布放在凉的浓茶水中浸泡，用它擦洗桌椅等家具，可使家具光亮如新。

7. 冰箱的清洁

定期对冰箱进行清洁维护，不仅能够延长冰箱的使用寿命，还能提高冰箱的运作效率，起到节电的效果。冰箱清洁的具体步骤如下：

（1）在清洁冰箱之前先切断冰箱的电源，将冰箱内的食物都暂时取出来。

（2）将冰箱内部的搁架、果蔬盒、瓶框等取出，然后用柔软的湿布加洗涤剂擦洗附件，擦洗干净后再用干抹布擦干，或是放置在通风处晾干。

（3）将冷冻室内的抽屉取出，先让冷冻室自然化霜，化霜期间可以在冰箱底部放些毛巾用来吸水，以防冷冻化霜的水流出太多不好清理。

（4）对冰箱外壳和门体进行清理，使用温湿柔软的布擦拭冰箱的外壳和拉手，如果油渍较多的话，可以加些洗涤剂进行擦洗，效率会更高些。

（5）擦洗冰箱内胆，用软布蘸取中性洗涤剂进行擦拭，冰箱的开关、照明灯及温控器等部件也不能忽略，但擦洗这些部位时需要将抹布拧干再擦。

（6）待冷冻室内的霜融化后再进行擦拭，切勿用尖锐的物品来铲冷冻蒸发器板上的霜，否则容易划伤蒸发器。在清洗结束后将冰箱门敞开一段时间，使内部水分自然风干。

（7）冰箱门封是可拆卸的，用1∶1的醋水擦拭密封条，这样会起到消毒的作用。需注意的是在拆卸门封条时避免用力拉扯导致门封条损坏。

（8）使用软毛刷清理冰箱背面的通风栅，用干燥的软布或毛巾擦拭干净。

（9）所有部位清洁结束后插上电源，检查温度控制器是否设定在正确的位置。冰箱运行一小时左右，检查冰箱内温度是否下降，然后将食物放入冰箱。

8. 床上用品的清洁

床上用品要定期进行清洁，因为人们每天都要睡在里面，很容易沾染灰尘，而且时间长了也会滋生一些蛀虫。

床上用品的清洗间隔应根据季节进行判断，夏季建议一周清洗一次，冬季建议两周清洗一次。清洗时，最好挑一个晴朗的天气，以便清洗完床上用品在阳光下晾晒，从而有效清除细菌和蛀虫。

三、学会整理收纳

家里用来收纳的空间总是有限的，但是东西却不断增加，再者平时快节奏的生活，让我们没有太多的时间去收拾，久而久之就变成四处散乱。其实家庭收纳是有技巧的，按照这些方法去整理，不仅能收纳有序，也能让人快速地找到自己要的东西。家庭收纳整理的步骤如下。

1. 物品分类

按照拥有人、利用的方法、使用的频率、机能、特性等分类。同类的资料、物件要集中放。方便记忆寻找定点，减少来回寻找的时间（如药品、书籍、衣服、鞋子等大类可集中放，注意如果是私人的物件，在大家庭里，即使是同类的，也应按个人的衣物，私人用品分开）。

相配的物件在一起，如刀具要和案板相邻摆放。另外按个人使用习惯，使用的东西应该放在它需要摆放的位置。如果你喜欢边看书边泡茶，那么茶水柜要与书籍相邻摆放。

2. 减少数量

物件减少一点，容易安放，越简单越容易操控。按照使用的频率，减少使用频率低的东西。要让房间变宽广，要把重要的必要的东西有意识地集中起来。

3. 决定放置的场所

按照分类把物品放在不同的地方。比如运动用品、饮料、打扫卫生的东西要好好分割空间来摆放；考虑不同季节的衣服及户外用品的收纳空间。

4. 选择收纳的家具

根据个人爱好，选择不同的收纳家具。除了壁橱、橱柜、盒子以外，还可选择其他各式的家具，可以增加收藏的空间。

案例链接

近藤麻理惠，用整理术改变世界

早前，日本收纳达人近藤麻理惠就被美国《时代周刊》评选为"全球最具影响力的100人"之一，而在此之前，这个娇小的女生早就在日本红遍。为了成为一名称职的妻子，她自小就学习收纳与整理，在别人都忙于学业或是逃避学业之时，她已经将自己做家务的经验结集成书，然后开班授课，举办讲座，并被改编拍成了日剧。

30岁的近藤已经写了四本关于整理艺术的畅销书，其中一本就是《怦然心动的人生整理魔法》，这是她第一本译成英文的书，并且销量好到几乎失控。

近藤和所有其他生活大师一样，有自己的法则。T恤应该折成紧绷的小包，而不是松垮的方板形，厨房用的海绵要放在水池下面，零钱不可以满屋子到处成堆。

资料来源：https://www.sohu.com/a/32860713-195283，节选

实践行动

家庭保洁

【实践目的】

培养学生自己动手做家务的基本能力。

【实践内容】

1. 根据自己家庭所在地域、民族和实际情况等，开展家庭保洁活动。包括：厨房清洁，家居清洁，衣服整理等。填写下表：

保洁项目	操作要点	感悟与技巧（经验）
起居室		
客厅		
厨房		
衣橱（衣物整理）		

2. 假如你是家庭聘请的专业保洁，你认为应该如何保洁（总结保洁流程与规范、保洁质量标准），填写下表：

保洁项目	保洁流程与规范	保洁质量标准

3. 孝敬父母从劳动开始——坚持每周给父母家居保洁一次，参照上表流程、规范、标准。

第四课　家庭保健与日常维修

课堂导入

"家庭小药箱"金秋再送温暖京东健康节家庭常备药品同比增长217%

2020年9月16日,京东健康超级品类日,全秋健康节如约而至,来自数个品牌的健康好物五折开抢。截至当天晚上24时,京东超级品类日成交额同比增长104%;其中,HPV疫苗同比增长600%,家庭常备药品同比增长217%,在线问诊量同比增长474%。

在本次京东健康超级品类日,备受用户好评的京东健康"家庭小药箱"又应季推出金秋专属款"感冒小药箱",仅19.9元就可秒杀包括普通感冒、风寒感冒、流感、退烧、润肺止咳等药品所组成的组合套装。在"感冒小药箱"带动下,京东健康的家庭常备药品同比增长217%,用药管理服务用户数更是同比提升230%。

据了解,"家庭小药箱"计划是京东健康于去年5月推出,一年多以来,为广大普通家庭用户提供了从药品推荐、诊疗咨询、健康知识到药品服务的一站式健康服务。实际上,它不仅可为用户提供感冒药、退烧药、止咳药、皮肤外用药品、应季类药品等家庭常备药品,还会提供家庭常见疾病的科普介绍和对应的用药说明;同时,还有专业药师的免费用药咨询供用户按需选择,以及短信、微信服务号推送和APP信息等方式发送安全用药提醒。

作为京东大药房服务家庭健康场景的重要产品,"家庭小药箱"与2020年8月发布的京东健康家庭医生产品"京东家医"强强联合,为广大家庭用户提供覆盖全场景、全生命周期的医疗健康服务。

资料来源:http://hy.stock.cnfol.com/hangyezonghe/20200917/28412564.shtml,节选

讨论:为什么"家庭小药箱"会引起人们的哄抢?

课堂在线

除了学习基础的家务劳动外,还应该适当掌握一些家庭保健相关知识和家具日常维修技能,以备不时之需。

一、家庭保健

(一)家庭消毒

随着生活水平的提高,人们健康意识逐步增强,越来越多的人开始注重家庭的消毒卫生。消毒和灭菌是确保健康防止疾病传播和交叉感染的重要措施。家庭常用的消毒灭菌方

法有以下几种。

1. 空气清洁消毒法

室内空气想要保持清新，必须经常开窗通风换气，特别是伏天更应注意。每次开窗15~30分钟，使空气流通，病菌排出室外。

2. 煮沸消毒法

煮沸能使细菌的蛋白质凝固变性，从而起到杀菌消毒的作用。消毒时间要从水沸腾后开始计算，经过15~20分钟便能杀灭一般病菌，小儿的食具，以及能煮沸的用具，如奶瓶、碗筷、汤匙、纱布以及毛巾等病人每次用过的餐具和某些儿童玩具适宜采用这种方法消毒，被消毒物品要全部浸没在水中。

3. 蒸笼消毒法

利用蒸笼作为消毒工具。消毒时间从水沸腾并冒出蒸汽后开始计算，经过12~20分钟便可达到消毒目的。这种方法适合消毒衣服和餐具、包扎伤口用的纱布等。

4. 日光消毒法

日光中的紫外线具有良好的天然杀菌作用，物品在日光下直接暴晒6小时。注意不要隔着玻璃窗，不然达不到消毒的目的。平时经常晒被褥床垫，可以达到杀菌防病和防潮等效果，特别是高海拔多雾的高山地区效果更为显著。暴晒时应注意翻动物品，使各个面都能直接受日光照射而起到消毒作用。

5. 药物消毒法

药物消毒的种类较多，但药物消毒与药物的稀释比例或浓度相关，浓度配比不适宜会影响药物发挥作用，达不到消毒目的。所以一般家庭备些家庭常用消毒药物即可。

6. 食醋消毒法

食醋中含有醋酸，具有一定的杀菌能力，可进行室内空气消毒。一般居住房间用食醋100~150g，加水2倍于食醋，放入瓷碗中，用温火慢蒸。蒸时要关闭门窗，这种方法对预防呼吸道传染病有良好的效果。

7. 酒精消毒法

酒精能使细菌中蛋白质凝固。常用于皮肤消毒的酒精浓度以75%为宜。此浓度也可用于钳子、摄子和体温表的浸泡，浸泡30分钟即可，浸泡后备用。注意浸泡液每周应更换2次，并加盖保存，以免酒精蒸发而失效。95%的酒精则用于燃烧灭菌，如摄子、钳子等急用时可用此法。

（二）家庭常备的药品

1. 器械/用品

水银温度计、血压仪（推荐电子的）、一次性摄子（医用）、一次性手套、胶布、纱布、棉球、创可贴。

2. 消毒/清创类

紫药水/红药水、医用酒精（75%）或碘酒（推荐后者）、双氧水（注意勤更换）、云南白药（止血）等。

3. 解热/镇痛药

乙酰氨基酚（百服宁）、散利痛、泰诺林（小儿）、布洛芬和芬必得、美林（小儿）、消炎痛（吲哚美辛栓剂，适合小儿用）。

4. 外用止痛药

风湿膏、辣椒创可贴、红花油、白虎油（以上小儿/孕妇慎用）。

5. 感冒药

新帕尔克、新康泰克、白加黑、双黄连口服液、小柴胡颗粒（小儿）、艾畅（小儿）。

6. 止咳化痰药

蛇胆川贝口服液、复方甘草片、急支糖浆、京都念慈庵、沐舒坦（中老年）、易坦静（小儿）。

7. 促消化药

多酶片、葡萄糖酸锌口服液（小儿）、健胃消食片（小儿）。

8. 抗过敏药

扑尔敏、苯海拉明片口服液（注意保质期）。

特殊人群的用药需要根据家庭成员的实际需要进行准备。

【劳动资料卡】

家庭备药的基本常识

1. 备药的基本原则

（1）根据家庭成员的年龄健康状况来准备：

家有儿童：要备一些退烧止咳止泻药；

家有老人：应准备急救药盒，如硝酸甘油气雾剂、速效救心丸等药品；

哮喘病人：要配备化痰药、平喘药；

高血压病人：要配备降压药。

（2）根据季节增添常备药品：

春季：抗过敏药，如开瑞坦、扑尔敏等；

夏季：防暑降温及防蚊虫叮咬药，如藿香正气水、仁丹十滴水、风油精等；

秋季：止泻药，如黄连素等；

冬季：冻疮膏，治疗感冒、哮喘、胃病等的药物。

（3）选择疗效稳定用法简单的药物，尽量选择口服药、外用药，少选或不选注射药物。

（4）选择常见病多发病用药。

2. 药品的储存原则

（1）少而精：同一类药品的数量不要太多。

（2）分类管理：内服药与外用药分开存放；成人药和小孩药分开存放；按系统用药

（呼吸系统消化系统）归类放置，用标签标明；味道异常的药和无异味药物分开存放；处方药和非处方药分开存放。

（3）科学放置：不要更换原来的药物包装；药品尽量高置，以免小孩误服。

（4）定期检查有效期。3~6个月内清理一次小药箱，去除过期药品，补充不足的药品。

3. 药品的存放方法

（1）避光：阳光可加速药品变质。

（2）密封：空气中的氧气能使药物氧化变质，用后应拧紧瓶盖。

（3）干燥：有些药品极易吸收空气中的水分，而吸收水分后会很快变质分解。

（4）阴凉：应选择在家中最凉爽处，个别需冷藏的药品应存放在冰箱。

4. 判断药品变质的方法

（1）片剂：色片颜色加深，并有斑点；有疏松、裂片、粘连、异臭等现象，说明药片已潮解或发霉、变质。

（2）胶囊：出现破裂、变色、粘连、结块时不宜再用。

（3）水剂：有结晶、沉淀、混浊、霉点等，不可再用。

（4）糖浆剂、合剂、口服液：有析水、沉淀、混浊、霉变等现象及嗅之有异味，打开后有气泡，说明已变质。

（5）软膏剂：出现膏质油水分离、结晶析出，有酸败、异臭，则不能使用。

（6）中药：出现霉烂、虫蛀等不宜再用。

二、日常维修

日常生活中，经常会碰到家具或家电损坏的情况。可以先对家具的问题或损坏情况进行初步判断，如果问题不大且家中有相关工具，可以尝试自己动手修理；如果问题较严重，则要请专业维修人员处理。下面介绍几种常见的家具故障的维修方法。

1. 加湿器不工作

加湿器不喷雾或者喷雾太小时，首先要检查是不是水槽破裂或水箱盖没有拧紧。如果都不是，再检查是不是把水槽里的水注得太满以致堵塞了通风道，因为平时在注水的过程中，我们一般情况下不会太在意水槽里的水量的控制，认为水满了就好。

其次，检查是不是长时间没有清洗水槽导致水槽里面的污垢太多。清洗水槽时，先往水槽里加少许的醋，把水槽以及喷雾通道全部清洗一下。如果这些情况都不是，再检查换能器，极有可能是换能器烧坏了，这种情况下只能换个新的换能器了。最后，最糟糕的一种情况就是加湿器里面的线路混乱了，这种情况只能拿到售后处去维修了。

2. 电暖壶异味

如果是新的电暖壶，刚开始用有一些异味，属于正常的现象。因为新的电暖壶还没用之前会有工业上残留的硅胶、黏合胶之类的味道，一般情况下放置一段时间就好了。如果不是新电暖壶，使用过一段时间之后产生异味了，那就说明买的电暖壶所用的材料是不合格的,这些材料在长时间的高温环境下发生了化学反应从而产生异味。这种情况,建议换一个质量好的电暖壶。

3. 水龙头不出水

要先判断原因再解决,若是水龙头网嘴处堵塞造成的不出水,就需要将网嘴拧下来弄干净泥沙冲洗后安装回去;若是进水角阀被关闭也会不出水,需要将其开启。若两种方法都试过还不出水,就要问问邻居家是否有一样的情况,因为极有可能是停水了。

4. 实木家具出现裂缝

实木家具如因热胀冷缩出现裂缝,可采用以下补救措施:将旧棉布或破麻袋烧成灰,然后与生桐油搅拌成糊状,嵌补到木器的裂缝中,阴干后即可补平裂缝;将撕碎的报纸加些明矾和清水煮成稠糊状,冷却后涂于木器的裂缝中即可将其补平。

5. 家用燃气灶打不着火

家用燃气灶打不着火很可能是火盖、火孔被堵塞或燃气灶电池没电造成的。遇到燃气灶打不着火的情况时,可以先用牙签、抹布等清理火盖和火孔,清理完仍打不着火的,可尝试更换燃气灶的电池。

实践行动

普及家庭消毒常识及了解家居常用工具

【实践目的】

向家人普及家庭消毒常识及消毒方法(操作),掌握家居常用工具的基本特点与功能。

【实践内容】

1. 结合新冠疫情防控,向家人普及家庭消毒常识及消毒方法(操作),填写下表:

消毒项目	操作要点及操作流程	标准
起居室		
洗手间、卫生间		
客厅		
厨房		
洗手		

2. 家庭中常用生活设备或设施维护，填写下表：

检查设备名称	操作要点及操作流程	现象（正常现象及不正常现象）

3. 孝敬父母从劳动开始——定期帮助父母（家庭消毒、检查常用生活设备）清理家庭用药，填写下表：

正常使用药品	临近过期药品	过期药品及处理

第六单元

校园劳动

【知识目标】

1. 了解校园环境和校园文明行为规范;
2. 掌握维护校园环境的意义和措施;
3. 了解文明宿舍的建设要求和标准;
4. 掌握宿舍美化设计与创意;
5. 了解学校社团活动的类型、特点、选择方法及对大学生的影响。

【能力目标】

1. 文明宿舍建设、教室环境卫生建设;
2. 社团建设及社团活动。

【素养目标】

1. 校园文明行为养成;
2. 端正劳动态度,养成7S管理行为规范。

校园是我家,维护靠大家;
教室与宿舍,学习伴生活;
环境与生态,劳动伴社团;
文明行为化,友爱伴团结;
习惯靠养成,制度伴规范;
校园7S管理,践行益无边。

第一课　维护校园环境

课堂导入

在劳动中淬炼成长

为加强新型冠状病毒感染的肺炎疫情防控工作，提升环境品质，保障师生返校后的健康与安全。在疫情防控领导小组的领导下，由校园管理办公室牵头，成立以校园办、设备处、保卫处、学管处、教务处等单位组成的环境整治工作小组，协同各二级院系和相关物业，开展了校园环境大整治行动。

清除垃圾、清理废旧物品、污染源清理以及全面的环境消杀和室内清洁、消毒、通风。

校园环境治理以及教学场所、生活场所的清洁、消毒，为疫情下教学创造了环境条件。

讨论：校园环境整洁意义是什么？如何维护校园环境？

课堂在线

一、校园环境

学校处处是教育，学校处处有教育，校园环境具有非常重要的育人功能。学校教育总是在一定的环境内进行的，它可分为自然环境与社会环境。校园内的花草、树木、空气、光线、色彩、校舍、建筑场地、设备、室内布置等可称作自然环境（其实也是"人化"的自然）；校园内的政治道德文化和人际关系可视为社会环境。自然环境也可以理解为物质环境，社会环境也可以理解为精神环境。

二、维护校园环境的意义

校园环境的熏陶是学生个性发展的重要渠道，一方面是因为它促进了学生感性的自我发展；另一方面是因为它促进了个性生存与发展的协调平衡，促进创造性的发展。校园环境不仅是一种人化的自然环境，更是一种人为的精神环境。校园环境美的意义不只是停留在学校成员从环境这面"镜子"中，看到了自己的"本质力量"，还在于其强大的美的熏陶和同化力。它"润物细无声"，潜移默化影响着人们的心灵，丰富着学生的审美能力和情趣，使学生的个性得到不断的完善和丰富。在学校的教育活动中，校园环境对学生心灵的陶冶、情趣的激发、和谐人际关系的营造、精神境界的提高，以及校园气氛的活跃等都发挥着独特的功能与作用。

三、校园文明行为规范

为维护校园环境，优化育人环境，加强高等学校校园管理，维护教学科研生活秩序的安定团结的局面，建立有利于培养社会主义现代化建设专门人才的校园秩序，国家教育委员会特制定《高等学校校园秩序管理若干规定》。学生应当遵守以下校园文明行为规范。

1. 讲究卫生

（1）自觉打扫教室及包干区公共卫生。

（2）不随地吐痰、不乱扔废弃物、不乱倒污水、不在教学区饮食。

（3）适时理发、经常梳洗、勤剪指甲、勤换衣物，搞好个人卫生。

2. 语言文明

（1）讲普通话，使用礼貌用语，不说脏话、粗话，不侮辱他人。

（2）和同学、老师交往时应使用校园文明用语。

（3）尊敬师长、尊重他人，不给老师和同学起绰号。

（4）说话和气、待人有礼。

3. 仪表端庄

服饰整洁，衣着得体，严禁穿背心、短裤、拖鞋进入教学楼、图书馆、食堂等公共场所。

4. 举止得体

（1）男女同学之间交往，举止要文明，不得做出有碍观瞻的行为。

（2）举止端庄大方，时刻注意走姿、站姿、坐姿，维护好个人形象。

（3）遇到教职工要主动点头问候或鞠躬。

5. 爱护公物

（1）不破坏公用设施、不践踏草坪、不攀折花木。

（2）不在桌椅、墙壁、黑板等公物上乱写、乱画、乱刻。

（3）借用公物或他人物品要及时归还，损坏东西要赔偿。

6. 勤俭节约

（1）生活节俭，不互相攀比，不乱花钱。

（2）注意用膳卫生，爱惜粮食，不乱倒饭菜。

（3）随手关灯、关水，杜绝长明灯、长流水现象。

7. 诚实守信

（1）不说谎、不骗人、不传播虚假信息。

（2）不做有违诚信和违法的事，和同学交往要团结互助。

8. 遵规守纪

（1）遵守作息制度，在教学楼、图书馆、食堂、学生宿舍等公共场所，不打闹、不喧哗、不起哄，不影响他人学习和休息。

（2）就餐时要尊重炊管人员，遵守食堂秩序，依次排队购买饭菜。

（3）参加集会要排队进场，退场要服从指挥，做到有序不拥挤。

（4）文明上网，不沉迷于网络游戏。

（5）培养健康的审美情趣，严禁传播、复制、观看、购买反动、淫秽书刊和音像制品。

四、保护校园环境的措施

（一）以宣传做引导

通过校园广播、宣传栏、黑板报、主题班会等对师生进行卫生习惯的养成教育，使他们努力做好校园的卫生工作，创设优美、干净、整洁的校园环境。

（二）以活动为载体

在师生中广泛开展"校园环保行动""校园是我家，爱护靠大家""爱我校园，从我做起""弯弯腰、伸伸手，文明卫生一起走"等活动，从而有效杜绝乱扔杂物、乱吐痰、乱泼污水等不文明行为。可以通过开展下列三项大型活动，倡导大家发扬讲究卫生、美化校园的传统美德。

1. 志愿者活动，增强学生自觉性

学校一直注重抓好校园环境卫生建设，每周还安排一个班级为劳动班，负责本周内路面、教室、操场等校园环境清洁工作。据了解，安排劳动班的做法，是根据卫生部"每学期学生都要安排几天的劳动课"的要求设定的，校园环境明显改善。不少学生参加活动后，认识到了"校园环境卫生工程"的重要意义，增强了学生"校园建设从我做起，从小事做起"的自觉性。

2. 诚信教育活动，培养学生好习惯

学校通过"诚信教育""感恩教育"等德育教育工作，开展诚信校园、诚信学生等活动，开展校园内外清洁活动，让学生从思想上认识"校园环境卫生工程"的重要意义，养成良好的卫生习惯。

学校根据"校园环境卫生工程"的要求，加强了检查和奖励制度，强化了班主任（辅导员）工作方案及校园环境卫生检查方案。

3. 召开现场办公会活动，解决各类实际问题

学校以"校园环境卫生工程"为主题，展开了一系列亮点活动。结合行政效能建设的要求，学校将每月最后一周的星期一下午定为现场办公会，由学校领导班子成员、各中层职能科室负责人深入校园基层，对学生学习、生活、安全、教学、工作等场所的环境卫生情况进行现场检查，对存在的问题及时提出整改意见，确保在下一次会议前得到解决。

（三）以创新为契机

做好"三个一"，即每班设置一名卫生监督员，每周上好一节健康常识课，每月举行一次班级卫生评比，让师生在新环境、新制度下自觉规范自己的行为。

（四）以评比促成效

学校细化考评细则，实行一天一次检查，一周一次评比，各班设置表扬栏、批评角，

及时曝光不良的卫生行为，并且大力开展"保洁卫士""劳动之星"等评选表彰活动，强化学生的文明卫生意识。

（五）以倡议促习惯

作为学校的一员，我们每一个人都有责任和义务爱护校园，努力做文明校园的开拓者、实践者、建设者。只有这样，我们的校园才会更加美丽，更加和谐。因此，可向全校师生倡议"爱护校园，从我做起"的活动，并希望大家做到以下几点：

（1）以构建和谐校园，以爱护校园环境为己任，自觉维护校园的清洁卫生。

（2）从我做起，从现在做起，养成良好的卫生习惯，不随地吐痰，不乱扔垃圾，做到垃圾入篓、袋装垃圾入桶，并提醒和制止乱扔垃圾的行为。

（3）提倡"弯腰精神"，随时拾起地面上的零星垃圾，扔进垃圾桶里，确保地面干净。

（4）不在校园内吃口香糖等零食，更不乱扔、乱吐残渣废物。

（5）不在楼道、教室等场所进行激烈运动或推搡活动，不要把脚印、球印污迹印在墙壁上。

（6）爱护花草树木，不践踏草坪，不攀折树木。

（7）养成勤俭节约的美德。树立节约意识，减少纸的用量，做到人走灯灭，人走水断，节约粮食，杜绝浪费。

（8）不将食堂的食物带出食堂。

（9）爱护校园公共设施和环境卫生，不乱贴乱画、随意践踏。

（10）自觉与不文明行为说再见，与不文明行为做斗争，人人自我约束，相互提醒，相互监督，做保护校园环境卫生的忠诚卫士。

【劳动资料卡】

建无烟校园倡议书

亲爱的家长朋友们：

你们好！

学校是绿色场所，是孩子们健康成长的摇篮，为了让孩子远离二手烟，让烟蒂、烟盒在校园销声匿迹，在世界"无烟日"来临之际，我们在此发出如下倡议：

（1）遵守公共场所禁止吸烟的规定，不在校门口、校园内等公共场所吸烟，争做文明家长。

（2）看到他人在公共场所吸烟，为了自己和他人的健康，请对其进行友好的提醒和劝诫。

（3）积极参与吸烟有害健康的宣传，从自身做起，倡导文明健康的生活方式。

各位家长，共建无烟校园需要您的配合和支持，共同创建一个整洁、文明的绿色校园！

（六）以榜样促成长

在全校范围内每月评选"文明之星"活动。这些"文明之星"以文明使者的形象充分发挥榜样示范作用，并作为文明的榜样深深地影响着身边的同学。

（七）以管理促养成

在校园内施行《校园 7S 管理规范》。

整理：校园内的设施布局规范，及时清除禁用、不用、有碍整洁的物品。设施干净，不乱挂、乱贴、乱画。

整顿：校园内设施按规范收拾整齐，有关物品在固定位置有序摆放。

清扫：校园地面每天三清扫，随时擦洗各种设施，保持场馆卫生清洁，做到废物处理及时、环保。

清洁：建立轮流值日制度，做到每天三小扫，一周一大扫；地面无垃圾，草坪无杂物，墙壁无蜘蛛网。讲究个人卫生和公共卫生，注重环境净化、美化。

素养：遵守规章，服从管理，有序活动。尊师重教，勤奋好学，积极有为，文明礼貌，团结互助，爱护公物，保护绿化。不吵闹、不打架、不抽烟、不赌博、不欺凌。

安全：提高安全意识，维护人身及财物安全。不带刀具、易燃易爆物品、用电器具等进校园。不私接电线，不乱用火源。不起哄、不拥挤、不攀爬、不带校外人员进校。

节约：提倡节约，反对浪费。学会统筹安排，养成科学利用时间、空间，养成节约资源的习惯。

实践行动

美丽教学楼，全员大清扫

【实践目的】

（1）宣传人文校园活动理念，为全校师生提供一个干净整洁、温馨美好的教学和学习环境。

（2）激发学生自觉维护教学楼卫生的热情，培养学生公共卫生意识，承担共同建设、保护美丽教学楼的责任。

（3）在清扫活动中，体验劳动的光荣，倡导学生的团结精神和奉献精神，增强学生服务同学、服务校园的意识。

【实践内容】

1. 准备阶段

（1）线上宣传。利用微信公众号、线上通知等形式进行宣传，全面部署、广泛动员，充分调动在校学生的积极性。

（2）海报宣传。设计主题宣传海报，并张贴于教学楼、宿舍楼等处，呼吁在校学生积极参加卫生打扫活动。

（3）线下宣传。召开相关主题班会，在餐厅门口张贴条幅进行宣传。

2. 启动阶段

（1）由学生自行组队并选出队长，在规定时间内上交报名表，队伍人数为5~7人。

（2）由相关部门统计报名人数，并划分相关队伍负责区域及选择工作人员。将结果进行公示，公示期为1天，无异议后开始活动。

注：每支队伍的负责区域应根据人数及负责地点做到相对公正划分；工作人员指学校环卫工人，需公正且每支队伍配备1人，并与队伍内的其他人员无相识现象。

3. 实施阶段

（1）队伍内部自行选择活动时间，在早上第一节课前、午休、晚饭时间或晚自习下课后进行活动，每天至少打扫卫生两次且需工作人员陪同。

（2）若活动期间有人请假，则需向工作人员说明并做好记录。

（3）每次活动后，由工作人员进行打分（1~10分）并记录扣分原因。

4. 总结阶段

（1）小组内成员每人写一份工作记录及劳动体会。

（2）工作人员将本次活动请假记录及打分记录向组内成员进行公示并使双方达成一致意见，若过程中存在无法协调问题，则请求活动主办方相关人员进行公证。

（3）各学院组织队长为该学院的小组进行活动展示，通过PPT答辩相互学习，达到共同促进的目的。

5. 教室卫生值日，填写下表：

教室7S管理	操作内容及流程	标　准
整理		
整顿		
清扫		
清洁		
素养		
安全		
节约		

第二课　塑造宿舍文明

课堂导入

"最美寝室"评比大赛

学生宿舍是集学生学习、生活、休息、思想交流于一体的多功能场所，是对学生进行思想政治教育和日常行为教育的重要阵地。健康向上的宿舍文化对学生的生活、学习、成长有着积极的引导作用。

五一劳动节期间，为了弘扬劳动精神，创造良好的劳动氛围，学校将举行"最美寝室"评比大赛。寝室评比大赛最基本的要求首先是干净整洁，其次是应体现"积极上进、和谐温暖"的文化氛围。这也就意味着参赛的寝室需要进行集体大扫除，然后还需要寝室全体同学一起动脑动手布置寝室。看到"最美寝室"评比大赛宣传的海报，小林对此非常感兴趣，她觉得这项比赛既能够加深室友们之间的友谊，也能借此契机营造良好的寝室环境。回到宿舍，她先了解室友小张的意愿，发现小张对这项比赛也有兴趣，于是她主动邀请了小张加入比赛，而后又说服了另外两位室友小杨、小李。室友们对本次比赛的目标达成一致，认为布置寝室环境不仅仅是为了拿下好名次，更重要的是为了营造干净整洁的寝室环境，打造有文化、有内涵的寝室氛围。

大家信心满满地开始协商打扫和布置寝室的计划。大家自由讨论，纷纷表述自己的想法。最终选举了善于筹划活动的小林担任本次比赛的队长，负责统筹整个活动的推进；有一定美术基础的小张主要负责设计寝室展览角、宿舍标语等；爱干净整洁的小杨负责摆放公共用品和负责最后的卫生检查；有演讲基础的小李则负责寝室评比的解说。为了有序推进各项工作，小林和大家一起制定了分工表，规定了每个人需要完成的工作，还制定了工作的推进表，规定了每个阶段需要完成的工作内容。在布置寝室的过程中，每个人都认真负责，当遇到问题时大家会齐心协力想办法，利用集体智慧解决问题。

"最美寝室"评比如约而至，小林寝室的环境和氛围获得了评委们的好评，获得了非常好的名次。室友们之间也通过这次和谐融洽的比赛更加了解了彼此。

讨论："最美寝室"比赛的意义是什么？如何创建"最美寝室"？

课堂在线

一、文明寝室建设要求

寝室是我们学习、生活、休息的重要场所，寝室文明环境建设直接体现我们的精神面貌和个人素质，直接关系我们的身心健康。我们应将维护整洁文明的寝室环境内化为自觉追求，外化为自觉行动，达到以下要求。

(1) 文明寝室的环境总体应达到"六净""六无""六整齐"的目标。

① 六净：地面干净、墙面干净、门窗干净、玻璃干净、桌椅橱干净、其他物品整洁干净。

② 六无：无杂物、无烟蒂、无乱挂现象、无蛛网、无酒瓶、无异味。

③ 六整齐：桌椅摆放整齐、被褥折叠整齐、毛巾挂放整齐、书籍叠放整齐、鞋子摆放整齐、用具置放整齐。

(2) 每天应自觉做到"六个一"、自觉遵守"六个不"，维护寝室良好的生活环境。

① 六个一：叠一叠被子、扫一扫地面、擦一擦台面、整一整柜子、理一理书架、倒一倒垃圾。

② 六个不：异性寝室不进出，外人来访不留宿，危险物品不能留，违规电器不使用，公共设施不损坏，果皮、纸屑不乱扔。

(3) 在寝室应杜绝不文明行为，不养宠物，不在寝室楼内抽烟，不在门口丢放垃圾，不乱用公用洗衣机等。

二、特色寝室建设标准

特色寝室宣扬的是一种文化，是一种相互影响、彼此照应、和谐共进的良好氛围，对我们的文化修养、综合素质等各方面的提高有着很大的促进作用。

要建设特色寝室，首先要考虑寝室大部分人的个性、喜好、价值观等，然后再以此为方向营造出别具一格的"特色"文化。如果寝室大多数人都喜欢学习，便可以考虑建设学习型寝室；如果寝室大多数人都喜欢运动，便可以考虑建设运动型寝室；如果寝室大多数人都对环保有一定兴趣，便可以考虑建设环保型寝室。与此类似的还有创业型寝室、自强型寝室、友爱型寝室、逐梦型寝室、音乐型寝室等。

例如，某高校的"最牛男生宿舍"就是典型的学习型寝室。全寝室12名男生，有10人获得哥伦比亚大学等国外知名大学硕士研究生录取书；另外2人一个被中国移动集团公司录取，另一个取得国家电网、IBM、华为等多个知名企业抛来的"橄榄枝"。

在建设特色寝室时，可参考以下标准：

(1) 全体寝室成员共同参与特色寝室建设，共同商议并确定特色建设方向。

(2) 按照主题特色布置寝室，呈现出的效果要符合指定特色，传递寝室文化，简单、大方、美观，别具匠心、新颖独特，让人眼前一亮。

(3) 有与寝室文化对应的"行为习惯养成计划""寝室团建活动安排"等。

《宿舍7S管理规范》：

整理。室内家具放置规范，及时清除禁用的、有碍整洁的物品，不用衣物及时放置在衣橱或箱子内。墙壁干净，不乱挂、乱贴、乱画。

整顿。床上用品、洗漱用品、清洁用具、鞋子等按要求规范收拾整齐，在固定位置有序摆放。

清扫。地面每日三清扫，门窗、墙壁、灯扇、家具等随时擦洗，床单、被褥、衣服、鞋袜常洗常换。保持室内卫生整洁，做到废物处理及时环保。

清洁。轮流值日，做到一天一小扫，一周一大扫：地面无积水、污渍，室内无异味，讲究个人卫生，不拼床调床。注重环境净化、美化。

素养。遵守规章，服从管理。文明礼貌，团结友爱。维护公共卫生，爱护公物。不串宿舍，不吵闹，不打架，不抽烟，不打牌，不赌博。

安全。随手关门，维护人身及财物安全。不带刀具、易燃易爆物品、用电器具等违禁物品进寝室。不私接电线，不乱用火源。不夜不归宿，不留宿外人。

节约。提倡节约，反对浪费。做到不开长流水，不开长明灯，人走关灯、关扇。学会统筹安排，养成科学利用时间、空间和资源的习惯。

三、寝室美化设计与创意

（一）美化原则

（1）简单、大方：寝室通常面积不大，没有必要摆放过多装饰品，否则会显得杂乱。

（2）温馨、舒适：寝室是放松休憩的地方，在美化时要考虑烘托一种温馨、舒适的氛围，让寝室充满家的温暖气息。

（3）营造学习氛围：寝室除了是放松休憩的地方，也是学习的场所，在美化时，要从色彩和风格上考虑这个因素，营造一个安静、适宜学习的空间。

（二）创意要点

（1）彰显寝室文化：每个寝室都有不同的文化，在美化时要充分考虑自己的寝室文化，做出别出心裁的美化设计。

（2）用材节约，变废为宝（见图6-1）：低碳、绿色不仅是当下流行的概念，更应是我们践行的生活方式。在美化寝室时充分利用易拉罐、雪糕棍、牛奶盒、饮料瓶、废纸箱等被忽略的生活垃圾和旧物，做成各种实用的生活用品，不仅创意十足，更能向周围的人传达一种绿色的生活态度。

（a）易拉罐盆栽

（b）雪糕棍笔筒

图6-1 变废为宝

(3)彰显个性：寝室由多个小空间组成，每个小空间都是使用者的"家"。在美化时，每个人应在兼顾整体风格统一的基础上，充分考虑自己的使用需求和审美偏好，打造属于自己的"私密空间"，彰显自己的个性。

实践行动

创建"文明宿舍"活动

【实践目的】

塑造健康文明、积极向上的宿舍文化氛围，培养学生团结协作精神和良好的生活习惯。

【实践内容】

1. 第一阶段：宣传、动员

在全院学生宿舍中掀起热爱宿舍、美化宿舍、建设宿舍的热潮。召开各级学生动员大会，发动党员和入党积极分子积极参与本次活动。

2. 第二阶段：宿舍内务卫生大整理、安全用电大检查

各宿舍要以军训期间的内务卫生要求为目标，重点做到：桌面、地面、床上干净整口，各类物品摆放有序，无杂物堆积，无异味，门窗无灰尘，垃圾篓内垃圾不过夜，被子折叠好置于床角，不使用功率超标电器和违禁电器，不乱拉乱接电线，不使用不合格电器产品，规范摆放插座，养成"人离断电"的习惯，不存放易燃易爆的物品，不使用煮食用具，如炒锅、菜刀等不饲养宠物和金鱼等，不改变宿舍家具布局等。

3. 第三阶段：开展以"温馨家园，和谐宿舍"为主题的雅室设计活动

在宿舍干净、整洁的前提下，发动大家装点宿舍，美化宿舍，营造温馨、典雅的生活氛围。

4. 第四阶段：评比表彰及通报批评

学院学生会统一对各宿舍的创建活动进行验收、评比，并在此基础上评选出"文明宿舍""优秀寝室长""优秀志愿工作者"等；同时，对未达标的宿舍进行通报批评。

5. 寝室卫生值日，填写下表：

宿舍7S管理	操作内容及流程	标准
整理		
整顿		
清扫		
清洁		
素养		
安全		
节约		

第三课　参加社团活动

> 课堂导入

"百团大战"又争鸣，临沂大学社团迎新生

2020年10月17日，临沂大学"百团大战"新学期社团联合招新活动在羲之广场举行，共有153个学生社团设摊进行特色展示，公开招募新社员。活动当天吸引超过10000余人次驻足，共8200余名同学找到了自己的目标社团，成为众多社团成员中的一分子。临沂大学党委委员、副校长张立富出席活动并现场指导。

活动中，各社团纷纷使出绝招，将社团的特色展现得淋漓尽致。云雅汉学社现场演奏古曲《喜相逢》，风雅古韵使得同学们流连许久；吉他协会一首接一首的歌曲弹唱将现场变成了一个小型演唱会；科技创新协会在路边展示了机器人表演，吸引着众多科技爱好者的目光；武术协会的同学身着练功服，在现场展示了传统文化的风采；轮滑协会现场表演了高超技巧。

现场一位2020级新生说："每一个社团都很吸引人，很想加入不同的社团增长自己的见识。不过应该会重点选择一到两个特别感兴趣的加入，因为我从小就学习书法，所以想加入书法协会。"同学们手上拿着五彩缤纷的社团宣传资料，三五成群地讨论着各自对于加入社团的想法，一些与自己喜欢的社团"对接"成功的同学面露喜悦。

目前，临沂大学共有学生社团153个，分为志愿服务类、人文社会类、素质拓展类、科技类等8大类。每年10月，社团面向广大新生进行纳新，充分展示社团特色及魅力，吸引新生加入，丰富学生的课余文化生活。另外，临沂大学本着"总量不变、存量调整"的原则，重点加强"思想引领类"和"理论学习型"社团的建设和发展，注重提升社团内涵，打造精品活动，切实发挥社团在立德树人和思想引领方面的载体作用。

资料来源：http://www.gx211.com/news/20201019/n16030922034720.html

讨论：大学生加入社团的价值是什么？如何选择适合自己的社团？

> 课堂在线

社团是学校特有的一种组织形式，社团活动更是学生生活中极其精彩的组成部分。学校里的社团形形色色，社团活动丰富多彩。社团活动在学生的日常生活中也起着日趋重要的作用。

一、学生社团的类型

1. 知识学术型社团

知识学术型社团以传播理性文化知识为主要内容,具有理性思辨的特征,包括一些专业知识型社团、学术研究型社团和政治型社团。

2. 社会服务型社团

社会服务型社团经常组织诸如社会实践"三下乡"、义务维修、捐款献爱心、慰问老人等活动。还有一些社团活动多为帮助大学生解决学习生活心理问题。

3. 文化娱乐型社团

文化娱乐型社团以组织文娱体育艺术等活动为主要内容,以追求感官刺激为主要特征,名目繁多,如围棋协会、篮球协会、吉他协会和大学生艺术团等。活动的主要目的是陶冶情趣。

4. 研究创造型社团

随着网络化信息化的大发展,以比尔·盖茨为代表的新一代知识富翁的出现,极大地鼓舞了在校的大学生,于是高校出现了众多以创作发明软件制作为主要特征的,以培养学生动手能力锻炼学生思维能力为目的的,与市场紧密结合的研究创造型社团。这些社团往往具有明确的目标和较为详尽的行动计划,人数不多,却具有较强的团队精神。

二、学生社团活动的特点

1. 目标的整合性

参与社团活动的学生,总是在观念、志趣、特长等方面具有某种程度上的一致性。这种一致性决定了他们在社团活动中积极主动,表现出较高的参与精神和工作热情。而且,个体参与活动的目标在总体趋势上具有共同性和整合性。这种个体目标的聚集统一而达到群体目标的整合性,是学生社团活动得以顺利开展的前提。

2. 内容的广泛性

现代教育逐渐改变了过去那种重知识传授轻能力培养,重课堂统一授课轻课外拓展知识面的传统教育模式,强调学生的智能发展和个性发展,以适应社会主义市场经济条件下社会对人才的多样化需求。在这种形势下,突破单一纵向联系方式发展起来的学生社团,以其大跨度、多层次的活动范围,备受学生欢迎。学生根据自己的兴趣爱好和发展意图,对社团活动进行多种选择,合理取舍,从而获得多层次能力、素质培养的重要途径。

3. 形式的多样性

社团活动形式极为活跃多样,通常有学术研究、座谈交流、讲座报告、创作表演、实践服务、义务咨询等类型。近年来,学校社团活动还逐渐由"单一型"向"综合型"转变,即通过横向联系,多个社团联合办活动,这样既避免了人力、物力、财力不足造成的活动难以开展的尴尬,还能扩大影响,提高社团活动的辐射能力,不仅可以吸引社团成员参加,还能吸引其他学生参与。

4. 成效的渗透性

学生社团活动作为学校课堂教育的补充，目的是"锻炼能力、提高素质"，良好的社团活动对成员内在素质的影响是潜移默化的。这就决定了社团活动对学生的影响是隐蔽的，却也是深远的。因此，追求"短、平、快"的急功近利的心理是不切实际的。

三、选择适合自己的社团的方法

（一）明确自身定位，选择合适社团

学校社团组织创办的初衷就是为学生提供一个互相学习、交流的平台。一部分有共同兴趣爱好的学生投入某一项学习或活动中，共同切磋琢磨，展示自我，拓宽视野，形成互帮互助的良好人际关系，可以为他们日后进入社会奠定良好的基础。参加社团的好处是显而易见的。但据调查了解，多数学生参加社团是本着锻炼自己、结识更多朋友的目的，但也有少部分学生是为了消磨时间，还有学生则是"跟风"加入，这无疑违背了社团创办的初衷。大学生应当结合自身实际，按照自己的特长与爱好，对社团进行取舍，否则很难提高自己的学习和工作能力，既浪费时间又浪费精力。例如，爱好文艺的学生可以加入大学生艺术团的戏剧社、话剧社等；爱好新闻采编和文学写作的学生可以参加文学社和校报记者团；有志于志愿服务的学生可以加入青年志愿者协会；对播音主持有兴趣的学生可以到校广播站一试身手。

（二）理性选择社团，并非越多越好

参加社团可能要花费一定的成本，如缴纳入会费；参加的社团多，入会费自然也更多。但最大的成本还是对学习时间的占用。据了解，不少学生后悔自己当初参加了太多的学生组织或社团，占去了不少宝贵的学习时间和精力，导致学习成绩下降。在大学，学习是主要任务，参加社团活动，要尽量避免与正常的学习相冲突。

（三）对自己要有自信

自信是做好任何事情的前提。新生在社团面试时对自己要有信心，因为社团工作其实很大众化，没有想象中那么难，只要认真对待，都能够做得很好。

（四）功利性不可太强

抱着功利的想法参加社团是非常不可取的。有的学生加入社团是为了在每年的综合测评或品德考评时得到加分，从而获得奖学金。有的学生希望在社团中混个"一官半职"，以此来提高自己的知名度。还有的学生认为如果不参加社团，自己的经历会太单调，求职简历中的内容会不够丰富，而这无疑会使原本纯洁的社团文化蒙上一层阴影。

案例链接

社团实践经验为毕业生加分

王志高，是华南农业大学软件专业 2015 届毕业生。他矮小、黑瘦，来自某个不为人知的小山村。不说话的时候，他与旁人没有区别。但是，他的自我介绍足以让人重新认识

❖ 劳动实践教育

他：

"我来自潮州市，大家可能有点惊奇，因为我的外表欺骗了你们，我看上去像是个土生土长的乡下人。不过，我的确和农村有缘，我毕业于华南农业大学，而且，我性格最大的特点就是朴实、踏实、诚实，这些都是农民的优良品格。在班级里，我的专业成绩总是排在前三名。在社会实践方面，我已经在学校的勤工俭学社团'飞翔鸟计算机服务中心'工作了两年。可能因为本人看上去比较老实可靠，我一直负责配件的采购工作。因此，我非常熟悉计算机硬件知识，也和华硕公司的工程师和经销商建立了密切的联系。不过，我个人更倾向于从事软件开发工作。从大一到现在，我一直是软件协会的主要成员。大三的时候我的老师邀请我和软件协会的其他几名成员一起合作，为华南最大的养殖公司品氏集团开发了'孵化辅助系统'，使得诊断坏蛋（鸡蛋）的效率提高了50%！我希望毕业以后从事软件开发工作，实现我的个人价值。"

清晰的职业定位、专业社团的实践经验，使得王志高在众多毕业生中脱颖而出。可见，大学生应该根据自己未来的求职方向，有目的地选择一些和自己未来职业有关的专业性的社团。这对自己的未来将很有帮助。

四、社团活动对学生的影响

1. 社团、课外活动中的集体动力可以培养和塑造学生的健康人格

大学生参加集体活动，可以发现彼此的优点，使其转化为集体的优点。在此，我们可以把集体动力定义为个体在集体中所受到的各种积极影响。这股集体力量无论是对大学生的心理还是生理，都有正面影响，利用集体动力，可以实现培养和塑造大学生健康人格的目的。

2. 参加社团活动，可以培养学生学习的能力，提高学生的文化素质，使得智能结构全面合理

学校的学术研究社团不仅能帮助学生巩固课堂所学，拓宽知识面，而且对培养学生独立思考独立研究的能力会产生长远的影响。学术研究型社团都有专业教师指导，有自己的研究方向，一般采用系列讲座专题报告、专题讨论、学术研究等形式开展活动。这些活动满足了大学生希望在同学之间进行学术交流学科渗透的愿望，有利于提高学生的文化素质，发展个性特长。加入文化类、艺术类、技能类社团的大学生最多，他们在活动中主动学习文化知识，探讨文化问题，培养兴趣爱好，锻炼文化技能，发展专业特长，不仅活跃了校园生活，发展了个人爱好和特长，而且其影响往往能扩展到社团之外的成员，最终使得学生具有良好的观察力、记忆力、思维力和注意力等。

3. 积极参与社团活动，能改善学生的人际关系，使学生有较强的环境适应能力，不断地进行社会化活动

参加社团活动课外活动，首先让大学生有机会去认识更多的朋友，拓宽交际面；其次，在交往中，大学生应学会如何处理与他人之间的关系，懂得珍惜帮助朋友，接受朋友

的帮助；最后，朋友之间的关爱有助于大学生身心健康。培养大学生的交往能力还可以拓宽大学生的心理空间，促进全面发展，培养健康的人格。

4. 参加社团活动有利于提高学生的思想道德水平

社团成员加入社团参与社团活动参与社团管理，通过多种途径与社团紧密联系在一起，其对社团的感情由归属感上升到认同感，由认同感上升到荣誉感，由荣誉感发展为对集体的责任感。同时，一个优秀的社团在成员中倡导的价值观能够潜移默化地影响成员的心灵。高校中爱心服务类社团可以说是这方面很好的例证，社员参加社团开展的各种传递社会关爱的实践活动，不仅能够提高他们的沟通交际动手等实践能力，而且能够提高他们的道德品质与素养。

5. 参加社团活动，可以培养学生良好的情绪、积极心态，使学生能够正确地评价自己

学生社团活动要求全体成员参与这样可以锻炼社团成员的计划、组织、控制、协调、指挥和领导能力以及团结协作、共同攻关的能力。很多学生通过在课外活动、社团活动中的交流、发展形成了积极向上的心态不怕挫折有较强的学习毅力。社团活动和课外活动使一些学生具备了高品位的鉴赏力，不为物质生活所累，不为庸人之事所困扰。他们还能够正确地评价自己，一方面是自我认可接受属于自己的一切从而形成对自己较积极的看法；另一方面是自我客体化对自己所有和所缺有明确的认识。

实践行动

社团活动开展

【实践目的】

营造良好和谐的校园文化，提高学生的综合素质，调动学生参加社团活动的积极性和主动性。

【实践内容】

1. 社团活动策划

（1）提前两天出海报及通知宣传此次活动。

（2）各社团把本社团的表演节目上报社联，由社联负责对节目进行统筹安排。

（3）各社团把活动所需海报准备好，并提供一个互动游戏。

（4）各社团介绍游戏规则，邀请过往学生组队参与，优胜者可以参加抽奖活动，奖品到社联咨询台处兑换。

（5）由社联负责统一打印各社团风采展活动当天照片，并出展板展示。

（6）填写下表：

❖ 劳动实践教育

活动项目	内容要点	活动目的	质量要求

2. 校园绿化劳动

绿化项目	内容要点与操作流程	质量要求
植树		
花木修剪		
草坪维护		

第七单元

社会实践劳动

【知识目标】
1. 了解勤工助学的概念意义、岗位、面试准备及安全;
2. 掌握假期实习指南和实务;
3. 了解假期兼职的陷阱和劳动关系;
4. 掌握顶岗实习的概念、形式、特点、目的、任务及政策依据。

【能力目标】
能根据自己的实际情况制订社会实践计划,并在社会实践活动中不断历练自己。

【素养目标】
1. 端正社会实践态度;
2. 养成社会交往中的行为礼仪;
3. 遵守社会实践劳动中的安全操作规程,养成安全生产意识及安全行为。

社会实践大课堂,知识应用范围广;
社会交往有规范,制度礼仪不能忘;
端正态度持敬业,安全规程记心上;
勤工助学在校园,劳动学习互相帮;
假期实习或兼职,兴趣特长助成长;
职业能力促就业,专业劳动是顶岗。

◆劳动实践教育

第一课　勤工助学

> **课堂导入**

江苏大学：700个线上勤工助学岗位支付酬金29万元

担任辅导员助理、督查每日健康打卡、辅助教师开展线上教学……疫情防控期间，江苏大学增设700个本科生线上勤工助学岗位，共计发放报酬294000元。线上勤工助学工作岗位的设立，为部分家庭经济困难学生解了燃眉之急。该校电商1602班谢某同学的父母长期在外务工，因疫情中断了经济来源。得知消息后，学校将她作为帮扶对象，在发放临时困难补助的同时，帮其申请到了线上勤工助学岗位，让她担任辅导员助理。

江苏大学还鼓励学生结合自身兴趣和专业特点选择合适的岗位。江苏大学学生工作处有关负责人介绍，希望通过线上勤工助学这种新型助学模式帮助大学生增强劳动意识，以及在面对重大危机时主动作为，为大家服务的社会责任感。

资料来源：https:/baiJiahao.baidu.com/s7id=16650986209154488l2-wfr=spider-for=pc

讨论：你了解勤工助学吗？谈谈你对勤工助学的看法。

> **课堂在线**

随着我国经济的发展和教育的改革，高校勤工助学不再局限为一种经济资助的手段，而是成为大学生实践的重要组成部分。

一、勤工助学概述

勤工助学是指学生在学校的组织下利用课余时间，通过劳动取得合法报酬，是用于改善学习和生活条件的实践活动，是学校学生资助工作的重要组成部分，也是提高学生综合素质和资助家庭经济困难学生的有效途径。近年来，除了贫困生外，许多家境较为富裕甚至是优越的学生竞相加入高校勤工助学的行列。他们看中的不是勤工助学所带来的收入，而是勤工助学对他们自身成长的重要意义。

（一）活动管理

学生在学有余力的前提下，向学校提出勤工助学的申请，接受必要的勤工助学岗前培训和安全教育，再由学校统一安排到校内或校外的岗位上进行勤工助学活动。学校不得安排学生参加有毒、有害和危险的生产作业，以及超过身体承受能力有碍健康的劳动。任何单位和个人未经学校同意，不得聘用在校学生。

（二）时间安排

学生参加勤工助学不应当影响学业，原则上每周不超过8小时，每月不超过40小时。

寒暑假勤工助学时间可根据学校的具体情况适当延长。

（三）劳动报酬

学生参加校内固定岗位的勤工助学，其劳动报酬由学校按月计算。每月40个工时的酬金原则上不低于当地政府或有关部门制定的最低工资标准或居民最低生活保障标准，可以适当上下浮动。

学生参加校内临时岗位的勤工助学，其劳动报酬由学校按小时计算。每小时酬金原则上不低于12元人民币。学生参加校外勤工助学的酬金标准不低于学校所在地政府或有关部门规定的最低工资标准，具体数额由用人单位学校与学生协商确定，并写进聘用协议。

（四）权益保护

学生在开始勤工助学活动前应当与有关单位签订协议，保护自身的合法权益。学生在进行校内勤工助学前，应当与学校的学生勤工助学管理服务组织签订具有法律效力的协议书。学生在进行校外勤工助学前，应当与代表学校的学生勤工助学管理服务组织、用人单位签订具有法律效力的三方协议书。协议书应当明确学校、用人单位和学生三方的权利和义务，意外伤害事故的处理办法以及争议解决方法。

【劳动资料卡】

勤工助学申请条件

申请勤工助学的学生须具备以下条件：
(1) 拥护中国共产党的领导，热爱祖国，积极践行社会主义核心价值观。
(2) 遵守学校各类规章制度，日常行为考核成绩在良以上（含良）。
(3) 学习态度端正，成绩合格。
(4) 身体健康，生活俭朴，无抽烟、酗酒等不良嗜好。
(5) 家庭经济困难的学生优先。

二、勤工助学的意义

首先，勤工助学可以获得一定的报酬，这是勤工助学最直接的现实意义，也是对贫困学生最为有效的经济支持。虽然勤工助学的收入要低于校外勤工助学的工资水平，但是在校内工作一方面能够最大限度地保证自己的学业；另一方面也避免了在校外上当受骗的可能，对学生的工作性质、安全都有一定的保障，是许多贫困学生的首选。

其次，勤工助学是锻炼学生思想品格的重要途径。当下学生普遍害怕吃苦，缺乏服务精神和团队意识，责任意识不强，而且对父母有依赖思想。因此，参加勤工助学能够让学生感受到生活的艰辛，体会到自立自强的真正内涵，帮助他们树立自信心，培养服务精神和责任意识。在团队中学会面对激烈的竞争，提高他们的心理承受能力，培养危机意识。与此同时，由于勤工助学工作基本以学期为单位，因此在长期的工作中，能够培养学生的自我约束能力、劳动意识和职业道德。

再次，勤工助学有利于提高学生的综合能力，为他们将来走向社会打下基础。目前，"就业难"已经成为全社会关注的话题。高学历不等于高收入已经成为普遍现象，这与学生眼高手低的现状息息相关。当下学生大多数为独生子女，从小就是父母长辈的宠儿，在父母的温室中读书成长，盲目地认为学历高就应该拥有与之相匹配的收入，对社会的现实情况缺乏足够的认识。最重要的是，现在多数学生缺乏动手能力，普遍认为在学校期间只要把该学的功课学好就够了，至于工作实践是毕业之后的事情。但是从近几年的就业状况来看，用人单位普遍青睐有工作经验的毕业生。这不仅仅是因为在他们的简历中多了一行简单的工作经历，更重要的是他们在长期的工作中积累了丰富的经验。

最后，勤工助学的实践能够让学生锻炼自己的语言和写作能力，提高沟通水平，学会如何与人交往，使他们提前向职业化的角色转变。例如，音乐学院的学生们都是因为喜爱音乐、热爱自己的专业，并在自己所学的专业方面有较高水平而得以考入音乐学院的，在很多学生的观念里，上大学只要把自己的专业学好，将来就能够成名成家，在自己的音乐领域内闯出一片自己的天地，殊不知，对于刚刚踏出校园的青年音乐学子来说，现实社会远不是想象中的那样。随着各大艺术院团的改革和艺术类毕业生数量的递增，各大院团在招聘过程中，不仅要求演奏员演奏水平高，能演奏多种乐器，而且要求演奏员在演奏的同时能够承担一定的幕后工作，如乐务、演出安排等行政类工作，这些工作听起来容易，但如果之前没有一定的工作经验，做起来很可能会出现各种各样的疏漏。在学校中参加过勤工助学工作的同学在这方面则非常有优势。他们读书期间，在学校艺术实践处、学生处、教务处、研究生处、音乐研究所等部门担任学生助理，协助部门的老师组织各类会议、演出，甚至参与学院组织的大型活动，进而在工作过程中使自己能够较为全面地了解和参与活动的策划、组织、排练、演出等与自身专业相关的各个工作领域，在为自己积累了工作经验和人脉的同时，也为自己提供了更加宽广的发展空间。这样一专多能的学生往往在毕业时能够得到多数用人单位的青睐，因为他们的工作经验来自多年的工作实践，而非象征性的短期实践。

有过勤工助学经历的同学都知道，除了大型活动的策划、组织等内容需要实践学习外，工作中许多细小的知识也需要学习。举个最简单的例子，当乐团急需复印乐谱排练的时候，复印机突然出现故障，维修人员可能要第二天才能来维修，而全团的人都在等待乐谱，时间就是金钱。在这种时候，在高校有过勤工助学经历的同学可能会凭借自己的工作经验维修复印机。这可能只是一件小事情，但是小事情往往发挥着大作用。

对当前的大学生来讲，勤工助学是他们从学校向职场过渡的一个重要的中间环节，不仅能够帮助贫困学生完成学业，对大学生的工作能力、思想品德等方面更有着积极的意义。高校应该多鼓励学生在校期间参与学校勤工助学等各类活动，为他们将来走出校园、进入职场打下坚实的基础。

三、勤工助学的岗位

从岗位来源来看，勤工助学的岗位分为校内岗位和校外岗位。校外岗位也纳入学校管理。

从勤工助学的时间来看，勤工助学的岗位分为固定岗位和临时岗位。固定岗位是指持续一个学期以上的长期性岗位和寒暑假期间的连续性岗位。临时岗位是指不具有长期性，通过一次或几次勤工助学活动即完成任务的工作岗位。

从勤工助学的岗位工作内容来看，勤工助学的岗位主要有以下几方面：

（1）教学辅助工作，如校教务信息员、学院教务助理等。
（2）科研辅助工作，如兼职实验员，参与教师科研工作，承担校内外研究项目等。
（3）院内管理工作，如党总支工作助理、学生工作助理、共青团工作助理、图书馆管理员、校园治安员等。
（4）校内生活服务、环境美化和卫生保洁，如帮厨、膳食助理及各类卫生保洁工作。
（5）临时搬运和卫生、绿化工作。
（6）家庭辅导教师。
（7）校外科技实践活动。
（8）其他适宜学生从事的工作。

学生可通过学校网站查询详细岗位信息，根据自身情况选择合适的岗位进行申请。

四、勤工助学面试准备

任何面试都是面试者对求职者筛选的一个过程。对方需要从你提供的信息中判断你是否适合当前的岗位。作为求职者，无论面试何种岗位，都要注重沟通效率，在短时间内充分展示自己的特长、个性、优势、能力等，给对方留下好的印象。

准备面试时可以从以下问题入手做好充分准备。

（1）请描述你的基本情况。
（2）你有什么工作经验？在工作中有何体验和收获？
（3）你认为此工作岗位应当具备哪些素质？
（4）你如何描述自己的个性？你觉得你性格上最大的优点和缺点分别是什么？
（5）你为什么认为自己适合这份工作？

五、勤工助学安全

（一）勤工助学中的安全保护

《高等学校学生勤工助学管理办法》对学生在校期间勤工助学做了相关规定。同时，各大中专院校针对自己学校的情况也分别出台了相关的管理规定。学生在校期间如果要参加勤工助学，不仅要了解国家的政策，还要了解本学校的相关政策。

1. 勤工助学中的劳动保护

学校要加强对用人单位招聘和使用学生的过程进行监督,对有损学生合法权益的行为应予以纠正,甚至取消用人单位招聘学生勤工助学的资格。要保证学生参加勤工助学时依法享受劳动保护。

2. 勤工助学中的报酬保障

2018年9月,教育部印发《高等学校学生勤工助学管理办法》修订稿。新规调整了大学生校内勤工助学临时岗位的薪酬,由原来的原则上不低于每小时8元调整为每小时12元;参加勤工助学的时间原则上每周不超过8小时,每月不超过40小时。学生在勤工助学过程中要切实保障自己的合理报酬,防止被克扣和拖欠。

3. 勤工助学中的人身安全

安排勤工助学岗位,应优先考虑家庭经济困难的学生。对少数民族学生从事勤工助学活动,应尊重其风俗习惯。不得组织学生参加有毒、有害和危险的生产作业,以及超过学生身体承受能力、有碍学生身心健康的劳动。禁止学生参加高空作业、污染严重、放射性强等易对人体造成伤害和威胁的工作以及其他不适合学生承担的工作。

(二) 勤工助学中的侵权应对

在勤工助学过程中,如果出现权益受到侵害的情况,学生要第一时间通知校方,不要私自解决。在校内开展勤工助学活动的,学生及用人单位须遵守国家及学校勤工助学相关管理规定。学生在校外开展勤工助学活动的,勤工助学管理服务组织必须经学校授权,代表学校与用人单位和学生三方签订具有法律效力的协议书。签订协议书并办理相关聘用手续后,学生方可开展勤工助学活动。协议书必须明确学校、用人单位和学生等各方的权利和义务,开展勤工助学活动的学生发生意外伤害事故的处理办法及争议解决方法。

在勤工助学活动中,若出现协议纠纷或学生意外伤害事故,协议各方应按照签订的协议协商解决。若不能达成一致意见,按照有关法律法规规定的程序办理。

案例链接

我的勤工助学心得

依稀记得刚踏入大学的瞬间,一股狂热便慢慢地从心底升起,那时的我犹如一只刚出笼的小鸟,活蹦乱跳地活跃在校园的各个角落,对校园的一草一木、一桌一椅都充满了好奇,对学校的各种勤工助学岗位更是充满了向往。"苦心人,天不负。"通过在学校勤工助学中心报名、面试,我终于成了一位勤工助学者。

对部分同学来说,参加勤工助学并不是一件值得喜悦的事情。在他们眼里,那点微薄的劳动报酬并不算什么,一个月的辛勤付出还不够买一件名牌衣服,不够一次请客吃饭,更不够去一次KTV的花销,可对我而言,却意义重大。我来自农村,家里经济不算富裕,每月勤工助学所得的工资至少解决了我当月的生活费。

也有人认为,参加勤工助学不是一件光彩的事,因为那会让自己在同学们面前感到很尴尬。但我并不这样认为,我反而以此为荣。我们并不能改变自己的出身,但我们可以改变自己。通过勤工助学,我不仅能减轻家里的负担,更能锻炼自己。通过参加勤工助学,我不仅结识了很多朋友,更重要的是培养了自己吃苦耐劳、做事持之以恒的态度。

还有人认为,参加勤工助学会影响我们的学习。但我认为,作为大学生,我们应全面发展自己,努力提高自己各方面的能力。而且一路走来我发现,参加勤工助学不但没有影响我的学习,还促进了我的学习。因为参加勤工助学,我更加珍惜我的学习时间了,正因为如此,我的学习效率提高了很多。

"天行健,君子以自强不息;地势坤,君子以厚德载物。"通过打扫教室,我知道了什么是坚持不懈,什么是持之以恒。更重要的是,我会将这种精神坚持下去,无论在勤工助学中,抑或是在学习中,还是做其他事情。我也知道了,什么叫一分耕耘一分收获。在未来的生活中,我一定会更加努力,用更好、更优质的态度为学校做出力所能及的贡献。我相信,只要我们大家一起努力前行,一步一个脚印,就能携手创建更干净、更美好的校园。

实践行动

图书管理分类,体验劳动快乐

【实践目的】

(1) 使学生进一步加深对图书馆、阅览室及相关场所用途的认知,了解阅览室是读书的圣地、求知的摇篮、文明的场所,应时刻保持干静、整洁和美观。

(2) 提高学生综合素质。学生通过劳动使自身所学专业知识与实际生产生活相结合,从而提高自己的思想道德素养,提高科学文化水平与实践能力,加强心理健康素质等。

(3) 通过劳动有效锻炼学生的体力和脑力,使其进一步增强劳动光荣的意识。

(4) 增强学生的规则意识,尊重他人的劳动成果。

(5) 强化学生的纪律观念,主动遵守图书馆相关规定,培养劳动中主动监督的意识。

【实践内容】

1. 活动宣传

(1) 学期初,由学校向各学院下发本学期勤工助学岗位通知及岗位要求,学院向各专业班级学生传达。

(2) 教师向学生介绍勤工助学岗位职责及人员要求。

2. 活动参与

(1) 学生本人填写《勤工助学申请书》,学院根据实际情况签署意见,报勤工助学中心备案。

(2) 经批准参加勤工助学活动的学生,将资料录入勤工助学管理系统,并接受勤工助学中心统一组织的岗前培训,培训合格后发放勤工助学上岗证。

(3) 学生持勤工助学上岗证到指定岗位直接上岗或参加设岗部门组织的竞争上岗。

❖劳动实践教育

3. 岗位设置

招聘人数：根据岗位需求设定。

聘任时限：当前学期。

岗位种类：图书借还管理岗、图书整理岗。

工作时段：8：00~12：00，14：00~18：00，19：00~20：00。

4. 工资待遇

（1）参照学校勤工助学标准发放工资。

（2）聘期结束后，对考核合格者，学校出具实习证明。

5. 岗位职责要求

（1）要求责任心强，工作踏实仔细，能够很好地完成交付的各项工作任务。

（2）做好书本整理、上架及统计添加、删除和修改图书借阅者的基本信息等工作。

（3）对书籍进行定期除尘，做好防火、防虫、防潮等工作。

（4）协助校图书管理员完成其他工作。

6. 活动注意事项

（1）在同一时期内，每名学生只能申请一个勤工助学岗位。

（2）勤工助学学生如果要中途退岗，必须提前一周向本部门的勤工助学指导教师递交离岗申请。

7. 填写图书馆工作记录：

工作项目	工作内容要点	工作标准（职业行为规范）	体会与经验
图书借还			
图书经理			
卫生保洁、安全防火			

8. 撰写不少于1000字的勤工助学报告（心得体会），从知识学习、职业能力、职业素养等方面，总结勤工的收获，体会实践是知识的源泉、知行合一。

第二课　假期实习与假期兼职

课堂导入

大学生"村官"暑期实践

2019年8月21日，暑假快要结束了，这天却是××村委会的11名大学生"村官"丰收的日子，因为他们就在这一天结束了在村上为期一个多月的暑期实践活动，可谓是收获满满，体验多多，也得到了自己相应的报酬，解决了部分上学费用问题。与一般大学生村官不一样的是他们都是大学在读学生，在这个暑假他们都在××村委会当了1个多月的"村官"，这段时间大家一起积极参与村委会中心工作，组织小队进村入户进行卫生清洁、文明风俗、感恩教育、脱贫攻坚等宣传勤工俭学工作，同学们都得到了锻炼，村上各项工作也得到了很好的促进。

讨论：大学生有必要进行假期实践吗？假期实践要注意哪些问题？

课堂在线

实习是我们积累社会经验的重要途径，它能够提高我们的沟通能力、适应能力及解决问题的能力等。我们应充分把握在校期间的实习机会，大胆尝试，广泛地接触社会，积累实践经验，以增强自己未来求职的竞争力。

一、假期实习指南

实习是学习与就业之间的一个重要环节，好的实习经历能为在校的学习交出一份满意的答卷，同时也可为将来的就业热身打好"预备战"。

（一）获取实习信息

我们可以从以下渠道获取实习信息：

（1）学校公示栏。学校附近的企业或者公司通常会把招聘信息以纸质文稿的形式张贴在学校公示栏。希望在学校附近找实习单位的学生可在学校公示栏中获取实习信息，筛选出合适的实习单位。

（2）各地方人社局。各地的人社局每年都会有相应的政策支持学生假期实习。人社局提供的用人实习单位不仅类别丰富，而且十分正规。

（3）各大企业官网。一般来说，各大企业会在寒暑假期间，在其官网上发布实习招聘信息。有意向的学生可以多留意各大企业的官网，寻找适合自己的假期实习。

为防止被骗，学生在找实习机会时，应特别注意以下方面：

（1）从可靠渠道获取职位信息。

(2) 通过多种渠道了解企业背景。

(3) 认真确认面试地点。

(4) 谨慎签订实习协议。实习协议中应当写明实习薪资、实习期限、终止协议的相关规定。如果用人单位违约或拖欠工资,可以将实习协议作为证据提起劳动仲裁,以维护自身的合法权益。

(5) 拒交任何名义的费用。

(6) 求职前了解相关法规和劳动政策。

(二) 结合自身专业或兴趣选择实习岗位

在选择实习岗位时应尽量选择与自己专业相匹配或者自己感兴趣的岗位,这样不仅可以学以致用,还可以挖掘自身蕴藏的潜力,为将来就业做好铺垫。

在具体做选择时,我们要摆正心态,客观分析自己的专业知识、沟通技能、思维能力及自身性格、兴趣等,分析实习机会是否能够提高自身能力和素质,进而选择适合自己的实习岗位。

(三) 在实习中探索个人职业定位

实习是我们探索个人职业定位的好机会。在实习过程中,除了要认真完成分配给自己的任务,我们还要主动总结对应岗位的核心能力要求、特性等,观察对应职位的上升空间,以及所处行业的发展前景,并以此为参照分析自己是否适合该岗位或行业,判断是否需要调整自己的职业定位。

(四) 在实习中提高自身综合能力

进入企业实习后,要尽快完成从学生到工作者的身份转变和思路转变,不断提高自己的综合能力。

首先,要清楚工作都是结果导向的。客户需要的是成果,工作评估的也是成果,过程中无论做了多少事,只要没有达成目标、交付成果都不算完成工作。如果没有产出成果,必须主动协调资源,推动问题解决。

其次,要分清事情的轻重缓急,对时间进行合理安排。不清楚手里的工作孰轻孰重时,要及时向上级领导反映或请示。

再次,对于工作内容切勿眼高手低,要以积极主动的态度认真对待接到的每一个任务,在规定的时间内保质保量地完成工作。

最后,要注意如何进行有效沟通、与同事和谐相处等问题。

二、假期实习实务

(一) 实习初期

(1) 熟悉环境,不做局外人。实习开始后,尽快熟悉环境,除了自己部门的业务内容,还要大致了解其他部门的情况。学习使用打印机、扫描仪等办公设备。

(2) 搞清业务关键词。对领导、同事提及的专业名词,做到心中不留疑,第一时间请教他人或查阅相关资料,明白其所指。

（3）多听、多想、多自学。凡事多留心，多问为什么，同时还要学会自学，特别是通过看报告、旁听会议等各种渠道尽快了解工作内容及业务流程。

（二）实习中期

（1）以正式员工的标准要求自己。要把自己当成一个有工作责任感的职场人，积极尝试承担新工作。

（2）做事靠谱、有章法。搞清工作任务，及时汇报工作进度，遇到问题先想解决办法再寻求帮助，按时保质保量完成工作。

（3）多总结，多反思。要学会回顾工作、总结经验、思考不足。认真思考这项工作的重点环节是什么，如何避免出错，如何改进，如何更好地应对突发状况等。

（三）实习结束

（1）请实习单位提供一份鉴定，并签字盖章。《实习鉴定》应写明实习岗位、岗位描述、实习过程中完成的工作或项目、工作评价等。

（2）总结实习，并更新自己的简历。总结实习中的问题和收获，反思自己在哪些方面仍需要提升。及时更新简历，为毕业求职做好准备。

（3）保持联络，获取有效信息。如果有意毕业后到实习单位求职，可根据自身情况申请适当延长实习时间。离开实习单位后，继续保持与单位同事的联络，及时了解业务发展，第一时间获得相关招聘信息。

三、假期兼职陷阱

寒暑假期间，多数学生都会做兼职。假期兼职可以在锻炼自己、增加生活体验的同时挣一些生活费，是一种常见的社会实践形式。在假期兼职时，我们应擦亮眼睛，谨防落入各种陷阱。

（一）传销陷阱

目前，不少传销组织打着"连锁销售""特许经营""直销"等幌子，或以"国家搞试点""响应西部大开发号召"等名义诱骗学生参与传销活动。在形式上，传销组织也由此前的发展"下线"改为"网上营销"方式，打着"电子商务""网络直销"等旗号利用互联网进行传销，其违法活动更加隐蔽，传播范围也更为广泛。

（二）培训陷阱

一些骗子公司通常会和一些培训机构联手，招聘时以"先培训，拿证后上岗"为由骗取求职者培训费、考试费、证书费等各种费用。实际情况往往是，经过一段时间的培训、参加完考试后，公司便不知去向，或被告知"很遗憾，考试未通过，不能上岗"。

（三）押金陷阱

一些用人单位声称为了方便管理，向应聘者收取一定数额的押金或保证金，并承诺工作结束后退还，然而工作结束时学生只能领到工资，保证金却不见了踪影。更有甚者，在学生交过钱后说职位暂时已满，或者说暂时没有工作可做，要学生回去等消息，接下来便再也没有消息了。

国家人事和劳动部门明文规定，用人单位不得以任何名义向应聘者收取报名费、考试费等，对于员工的培训费用，应当从企业成本中支出。很多学生求职时不了解相关规定，又求职心切，往往会落入陷阱。

（四）"黑中介"陷阱

一些黑中介抓住学生缺少社会经验且找工作心切的心理，收取高额中介费后，却不履行承诺，不及时为学生找到合适的工作。

黑中介的套路往往是不停地拖延，让学生耐心等待，最后不了了之。更有一些中介"打一枪换一个地方"，骗取一定中介费后，就消失得无影无踪。

四、兼职劳动关系

以前对于劳动者的兼职行为，一些司法审判机关会以劳务关系对待，以至于一些劳动者在从事兼职活动时，无法享受社会保险、节假日、最低工资标准等应有的劳动保障待遇。

《中华人民共和国民法典》《中华人民共和国劳动争议调解仲裁法》施行以后，若兼职者与用人单位签订了合同，则认为该兼职属于劳动关系；若双方当事人未签订合同也未达成口头协议，则认为该兼职属于劳务关系。

因此，学生在从事兼职活动时，应仔细了解自己与兼职单位之间的各项权利义务，注重保护自己的合法权益。对于双方之间的法律关系及权利义务，最好能通过书面合同的形式予以确认。

【劳动资料卡】

三下乡

"三下乡"即有关文化、科技、卫生方面的内容知识在农村普及，促进农村文化科技卫生的发展。大力开展文化、科技、卫生"三下乡"活动，是我们党全心全意为人民服务宗旨的具体体现。

20世纪80年代初，团中央首次号召全国大学生在暑期开展"三下乡"社会实践活动。1996年12月，中央宣传部国家科委农业部文化部等十部委联合下发《关于开展文化科技卫生"三下乡"活动的通知》。1997年，"三下乡"活动在全国正式开展。

文化下乡包括：图书报刊下乡，送戏下乡，电影电视下乡，开展群众性文化活动；

科技下乡包括：科技人员下乡，科技信息下乡，开展科普活动；

卫生下乡包括：医务人员下乡，扶持乡村卫生组织，培训农村卫生人员，参与和推动当地合作医疗事业发展。

大学生的"三下乡"社会实践活动尽管涉及面广，内容丰富，但也必须与农村实际需要相结合，在大学生"三下乡"社会实践活动中，大学生也应该将自己在校所学的先进科学的生活观念在广大农村传播，紧密结合所学专业技术知识，在农村开展多种形式的先进科技文化知识和生活观念的宣讲活动。大学生参与新农村建设的进程，为大学生了解中国国情开启了一扇窗口，密切了高等教育与新农村建设的关系，这有益于高教体系建立有针对性和切合实际的促进新农村建设的策略和途径。一般学校里面组织的"三下乡"活动形式以支教、调查为主，由于学生在卫生方面掌握的知识不是很成熟，故不为推荐。大学生可通过"三下乡"活动丰富自己人生经历，还可以提升自身素质。

实践行动

我在社会实践中成长

【实践目的】

(1) 改变学习方式，增加学习资源，拓展发展空间。

(2) 参与社会实践，激发学习兴趣，增进生存体验。

(3) 主动服务社区，形成服务意识，强化社会责任。

(4) 进一步开展社会实践活动，引导同学树立正确的就业观、价值观，为以后就业、创业提供机会。

(5) 通过此次活动，让同学们利用专业知识，发扬爱国热情，积极为社会、人民服务，并在服务实践中提升自身素质。

【实践内容】

(1) 关注生态绿色，开展进厂、下乡活动。

(2) 开展志愿活动，为需要帮助的学生提供义教服务；组织心理学基础好的大学生，深入农村、社区开展心理健康咨询，特别是针对弱势少年儿童群体显性和隐性的心理压力进行疏导，帮助他们学会处理人际关系。

(3) 动员同学广泛参与绿色志愿服务，通过开展单车环保行活动，宣传环保法律法规，倡导环保消费，发动和鼓励更多的社会公众参与到保护生态环境的活动中来，增强公众环境意识，树立节能减排的观念，在全社会倡导和树立生态文明意识和可持续发展意识。

(4) 填写下表：

社会实践项目	实践内容要点	工作要求（标准，职业行为规范）	体会与经验
进厂服务			
三下乡服务			

(5) 撰写不少于1500字的社会实践报告，从知识学习、职业能力、职业素养等方面，总结勤工的收获，体会实践是知识的源泉、行知合一。

❖ 劳动实践教育

第三课　顶岗实习

课堂导入

毕业生赴企业顶岗实习：活跃在复工复产一线的青年力量

"虽然还未毕业，但每天面对一台台的设备、仪器，我忙得不亦乐乎，内心也是满满的充实感。"在一家企业顶岗实习的××职业技术学院2017级"现代学徒制班"的学生说。

据了解，今年疫情防控期间，部分复工复产企业订单增加，技术工人紧缺，有的企业面临"技工荒"。同时，受疫情影响，也给职业院校毕业生就业带来了新的挑战。

疫情发生后，部分企业招工难，甚至出现了用工荒。××职业技术学院介绍，疫情期间多个企业与学校联系对接，希望能安排学生到企业顶岗实习，助力复工复产。据悉，××职业技术学院2019年年底与国内多家企业联办了几十期"订单班"，疫情暴发后，近500名学生始终坚持在企业实习，助力复工复产。

2017级空乘专业的学生，2019年4月到机场地勤公司旅客服务部实习，经历了暑运、春运，疫情防控期间仍坚守岗位，保障航班、物资进出港，并对进出港旅客进行健康信息登记、排查和心理辅导等。

"疫情期间，我被医护人员逆行支援湖北深深感动，我作为新一代的民航人，也应该肩负使命。"某学生说，"我选择继续顶岗实习，这不仅是一次实习、一次就业，更是对我人生的一次考验，疫情不退我不退，我希望在平凡的岗位上锻炼自己，争取早日成为一名优秀的民航人。"

据××职业技术学院介绍，2020年7月之前应届毕业生在企业顶岗实习，7月后，这些企业会跟学生签订就业合同，保证他们能顺利就业。"这既解决了疫情期间企业复工复产用工荒的问题，也促进了学校学生早就业、稳就业。"

"今后学校将进一步加强与实习企业合作，进一步深化产教融合校企合作，提升学校的社会服务能力。"××职业技术学院表示，疫情期间学校积极与实习企业洽谈，促进学生就业，以顶岗实习为纽带，把助力企业复工复产、提升学生就业质量作为新学期的重点工作。

资料来源：https：/k. sina. com. cn/artic1e 1655444627 62ac1493020018oni. htm1？cre= tianyi-mod=pcpager focus-1oc=10-r=9-rfunc=100-tJ=none-tr=9

讨论：什么是顶岗实习？从以上案例中你学习到哪些内容？

课堂在线

一、顶岗实习概述

学校教育不仅要让学生掌握基本的科学文化理论知识，更要培养学生实际操作的技术和能力。学生在学过大部分基础技术课之后，学校通常会按照职业教育的培养目标和教学计划的安排，组织安排学生到企业等用人单位参与实际岗位的生产服务，到专业对口的现场直接参与生产过程，让学生综合运用本专业所学的知识和技能完成一定的生产任务，掌握操作技能，学习企业管理，养成正确的劳动态度。高校这种专业人才的培养方案就是顶岗实习。

顶岗即顶替企业员工的具体工作岗位。实习即在实践中学习。顶岗实习是指大学生在经过理论储备和基本技能的学习之后，在实践岗位上将知识转化为生产力，并在实践中不断提高自身能力的一种实践性教学活动。与传统意义上的实习不同，顶岗实习在企业实习期间就有正式的工作岗位，顶岗实习要求学生完全履行其实习岗位的所有职责，要能够独当一面，这对学生而言是一个极大的挑战。学生在工作中，一方面要巩固理论知识，另一方面要进行实践；不仅要接受教师的指导，还要接受企业文化的熏陶。学生在真正的工作环境中，以"准员工"的身份独立地从事生产性工作，对实际工作岗位的工作负责，履行实际工作岗位上的一切职责。

顶岗实习时间不少于半年，一般安排在学生在校学习的最后一年。这样的安排符合教育规律。学生只有在积累了一定的理论知识之后，参加顶岗实习才能起到真正的作用。若没有前期的知识储备，遇上机械操作性的岗位，学生很可能会因为缺乏相应理论和知识而危及人身安全。任何企业都不愿意接收这样的实习生。

顶岗实习可以开阔学生的视野，使学生将所学知识及技能应用于岗位实践，熟悉自己即将从事的行业运行情况，较全面地获得本专业生产实际中最常用的技术知识、管理知识和实际操作技能；提高学生的职业素质和独立工作能力，激励学生的敬业和创业精神，为就业做好心理准备，为毕业后走向工作岗位打下坚实基础。学生在具体的工作岗位上可以了解企业的性质、组织、结构、规章制度、企业文化和工作流程，熟悉所在具体岗位和部门的职责操作规范与要求，掌握自己所在岗位要求的具体操作技能，提高自身的职业素养和技术素养。

对学校而言，顶岗实习是高校充分利用各种有利资源，通过校企合作提升学生综合素质和就业竞争力的有效途径，还是高校人才培养中独特的教学环节。对学生而言，顶岗实习是对自己在校期间所学知识与能力的巩固、弥补和提高的过程，也是为毕业做准备工作的过程。

二、顶岗实习的形式

顶岗实习是高校培养高技能、高素质人才的必需阶段，其主要形式可以分为集中顶岗实习和分散顶岗实习。

（1）集中顶岗实习。为了方便统一管理，完成学生的学习任务，由学校联系企事业单位，安排指导教师带领学生集体到企事业单位进行顶岗实习的形式就是集中顶岗实习。集中顶岗实习有助于学校实施统一的管理和控制，有助于贯彻落实顶岗实习的任务目标。学校负责联系安排实习单位，通过定点定岗的形式对学生的实习内容、实习情况等进行统一安排。

集中顶岗实习期间，同学之间能够相互交流，彼此陪伴，更快地适应职场工作，可以采用讨论、相互观摩等方式开展交流与合作学习，通过向同学、同事请教，学生可以取长补短，解除疑惑和疑难问题。同时，指导教师也会按照学校的要求，对学生的实习给予一定的规范管理。因此，学生要考虑的问题相对较少，但可选择的范围相对较窄。

（2）分散顶岗实习。分散顶岗实习又称自联顶岗实习，是学生（及其家长）在确保各种安全的情况下，自己联系实习单位进行顶岗实习，完成实习任务的形式。分散顶岗实习能够让学生以家庭为中心，就近选择实习单位，选择喜欢的行业、职位等。对初入职场的学生而言，在交通、食宿都方便的条件下，安全感相对较高，这也有助于学生集中精力完成实习，收获良好的实习效果。

分散顶岗实习可选择的资源相对丰富。学生通过自主联系实习单位，能够锻炼自我的推销能力和人际交往能力。学生可利用家人及亲友的人际关系寻找相对较为理想的顶岗实习单位。但分散顶岗实习的指导教师只是巡回指导，并不负责全程跟踪管理，如果学生自身的控制力和毅力不强，在顶岗实习中很可能会出现应付的态度，顶岗实习的质量会严重下降。有些学生频繁地更换实习单位，更加大了学校指导与管理工作的难度。

因此，每种实习形式都有其优点和缺点，如何使顶岗实习真正发挥效用，是每所学校要认真研究的问题。目前，很多职业院校在积极探索有效的顶岗实习模式，大多数院校则采用集中与分散相结合的形式，取长补短，最大限度地提高顶岗实习的质量。

三、顶岗实习的特点

与其他教学环节相比，顶岗实习只是教学形式和教学场所的变化，仍然是高校教育教学活动的重要组成部分，是大学生的一门必修课程。顶岗实习同其他课程一样，只有考试合格才能取得相应学分。但同时，顶岗实习仍有其自身的特殊性。

（1）兼具教育性与职业性。顶岗实习具有教育性和职业性。顶岗实习与专业培养目标密切相关，是学校培养合格人才十分重要的一个教学环节。在顶岗实习过程中，由于学校和实习单位教师的指导，学生的专业知识能获得一定的增长，实践操作技能也能实现一定的提高。顶岗实习时，学生到企（事）业等用人单位工作，教学场所由校内转向校外，学生从以课堂和学校为中心转变为以岗位和企业为中心，学生在实习单位通过岗位上的职业操作开展相关的教学计划，是一种职业劳动过程。

（2）学生具有双重身份。在顶岗实习中，实习学生既是学校的学生，也是企业的员工，身份具有双重性。顶岗实习的学生必须接受学校和实习单位的双重管理。在顶岗实习期间，学生既要完成学习任务，也要履行顶岗实习单位员工的岗位职责；既要遵守学校的规章制度，也要遵守实习单位的相关规定。

（3）学习内容具有针对性。顶岗实习针对具体岗位设置，学习的内容具体、明确、有针对性。学生在顶岗工作过程中，通过学习和锻炼可以提升职业素养与职业能力，也会遇到很多书本上没有讲解到的具体知识和技能。因此，学生必须善于在实践中学习，善于在岗位工作中学习，以提高自己的就业竞争能力。

（4）教学模式的特殊性。顶岗实习强调教学实践与工作过程相结合，是实施工学结合人才培养的有效模式。在顶岗实习过程中，学生是实习单位的准员工，将所学的理论知识与工作相结合。学生进入工作岗位后，实行与企业员工一样的 8 小时工作制，在必要情况下还要加班。总之，顶岗实习是职业院校人才培养过程中特殊的环节，这种特殊性决定了学生在顶岗实习中必将有一个学习和角色转变与适应的过程。

四、顶岗实习的目的

学校组织学生参加顶岗实习的根本目的是培养社会需要的合格的职业人，提升职业人的培养质量，让学生实现从学校人向职业人的转换。通过顶岗实习，学生将理论知识与工作实践有效地结合起来，增加对社会的了解，丰富社会实践经验，提升自身的综合素质；通过顶岗实习，学生强化动手操作潜能，从而实现零距离上岗；通过顶岗实习，学生提高自身的管理能力、应变能力及运用知识解决实际问题的能力，培养自身实事求是、严肃认真的科学工作态度；通过顶岗实习，学生学习如何解决问题，从而总结经验教训，为以后的发展奠定基础。

对于学校来讲，顶岗实习的目的就是使学生置身于真实的生产环境中，实际参与生产过程，接触最新的技术和设备，把校内学习与企业生产实践紧密结合起来，进一步培养、提高学生的实践能力、职业素质和岗位技能。在顶岗实习中，学生有机会将所学的专业理论知识应用到工作中，对所学专业的认识会更加具体，对专业理论的学习和理解会更加深刻，并能够通过实践操作来验证和丰富理论，达到学以致用、工学相长的效果。同时，顶岗实习能培养学生吃苦耐劳的精神，帮助学生了解企业管理、感受企业文化，提升学生的职业素质和职业能力，以更好地适应企业工作岗位的要求。顶岗实习还能增加学生潜在的就业机会，提高学生的就业率和岗位匹配度。无论是对学生、学校还是对企业而言，顶岗实习的重要意义都不言而喻。

五、顶岗实习的任务

高校肩负着培养面向生产、建设、服务和管理第一线需要的高素质高端技术技能型人才的使命。顶岗实习是有效推进校企合作、工学结合，深化产教融合的重要方式。参加顶岗实习，大学生应完成以下任务：

（1）增强岗位担当意识。培养爱岗敬业的职业品质，养成良好的职业道德。一般来说，校园的生活环境和社会的工作环境差距较大，校园主要专注于培养学生的学习潜力和专业技能，社会主要专注于员工的专业知识和业务潜力。学生要适应社会的生存要求，除了要加强课堂上的理论知识学习以外，还务必接触社会参加工作实践，培养自己的适应潜力、组织潜力、协调潜力和分析解决实际问题的工作潜力。

对大学生来说，岗位是其体现自身价值的重要平台。毕业后走向社会，大多数人会从事一线工作，虽然有生产性的岗位、采购性的岗位、营销性的岗位和维修性的岗位等，但是基本上都需要从基层做起。每个岗位都是独特的，在社会中发挥着特有的作用。干一行，爱一行，专一行，这是基本的岗位职责，是一种职业品质，更是一种工作作风与能力，是良好精神状态的反映。

在顶岗实习过程中，学生要立足岗位职责，做好分内事，承担应当承担的责任，履行应当履行的义务，完成应当完成的使命，努力在承担义务的过程中激发自己的潜能。每个人无论从事什么工作，处于什么岗位，都应该树立岗位担当意识，这是作为一名员工走向成功的必经之路。在顶岗实习的过程中，学生务必深入生产一线，培养良好的职业道德，脚踏实地、兢兢业业地工作。

（2）转变观念，实现角色转换，提升工作能力。学生从学校到企业，从学校的生活学习切换到现实社会，往往需要较长的适应期。学生只有实现了角色转换，才能顺利地完成顶岗实习的任务，实现从校园走向社会的平稳过渡，继而树立正确的就业创业观念。

学生从学校毕业时不了解企业的实际情况，对企业的认识也相对肤浅和理想化，进入企业后，往往难以适应企业的生产环境。然而，企业急需的是适应能力强的人，是能够快速融入企业的人，是能够实现自身价值、促进企业发展的人。若一个员工进入企业后，一切从零开始学习，对企业而言，这无疑是巨大的人力成本。

顶岗实习填补了学生从学校走向社会的空窗期。想要成为一名符合社会要求的技术型、应用型人才，学生就要在思想观念上适应社会，了解社会对大学生的要求，充分利用顶岗实习的缓冲期，深入、具体地了解企业和社会，锻炼和提升自身的工作能力，为毕业后顺利踏入社会，适应社会与工作奠定基础。

（3）丰富社会实际经验，增强岗位的适应性。参加顶岗实习，对大部分学生而言是一次重大挑战与自我升华。在应对用人单位的面试时，大多数学生会被问到有无工作经验，从实际情况来看，这道门槛也拦住了不少学生。

学生进入企业进行顶岗实习，接受企业的管理，服从企业的安排，严格按照企业的要求工作，接受企业文化的熏陶。这样一种真实的职业环境不仅是一种劳动锻炼，更重要的是通过实践能增强学生的工作潜力，增加工作中的沟通和适应潜力，增强才干，提高职业素养和职业精神。实践出真知，实践长才干，有了适当的顶岗实习并能顺利地拿到一份顶岗实习合格证，这对今后走向社会参加应聘岗位是十分有益的。

（4）提高社会化程度，促进自我发展。在毕业前，顶岗实习能够使学生提前进入社会，在工作中积累经验，将理论知识与具体工作相结合，找到自己的不足。在明确不足之后，学生要有效利用时间多学习，不断完善自己。只有这样，学生才能既满足企业的岗位需要，又促进自己的职业发展。

一个社会化和职业化的学生才是企业需要的人才。在顶岗实习过程中，学生应该注重培养自己吃苦耐劳的精神，增强自己承受挫折的心理素质，养成良好的职业道德；应该着重锻炼自己综合运用知识解决实际问题的能力，强化自己的动手实践能力；应该树立实事求是、严肃认真的科学工作态度，转变自己的就业观念，快速适应社会对高素质技术型、应用型人才的要求。

六、顶岗实习的政策依据

《国家中长期教育改革和发展规划纲要（2010—2020年）》中指出："要以提高质量

作为重点。以服务为宗旨，以就业为导向，推进教育教学改革，实行工学结合、校企合作、顶岗实习的人才培养模式。"

2016年4月11日，教育部、财政部、人力资源和社会保障部、国家安全生产监管总局、中国保监会研究制定了《职业学校学生实习管理规定》，自发布之日起开始实施，《中等职业学校学生实习管理办法》（教职成〔2007〕4号）同时废止。《职业学校学生实习管理规定》中指出："顶岗实习是指初步具备实践岗位独立工作能力的学生，到相应实习岗位，相对独立参与实际工作的活动。"

在全球化浪潮下，中国正告别"世界工厂"而走向"质量时代"，对高技能劳动力的需求也不断攀升。

七、顶岗实习安全

顶岗实习，是一种对接岗位的专业实习，是在真实职业环境中面对真实工作任务，按照真实操作流程，将专业知识进行生产实践，是提升职业能力和职业素养最有效的实践方式。遵守安全规章、遵守操作规范（规程）、遵守企业 7S 管理（整理、整顿、清扫、清洁、素养、安全、节约）是顶岗实习中第一位的要求。顶岗前要进行安全教育，包括人身安全、生产安全等，这里再强调一下生产安全。

安全生产口诀：

安全是命脉，违章是祸害；
规章是保障，警钟须长鸣；
班前想安全，预案记心间；
班中重安全，绝不乱蛮干；
操作按规程，安全生产棒；
班后查安全，消除安全患；
安全松了弦，事故在眼前；
时时讲安全，事故难出现。

案例链接

顶岗实习

1. 学生甲：迅速融入工作环境的活泼女孩

学生甲是一名班干部，平时比较积极，成绩中等，顶岗实习的时候去了一家在建企业。

当我去企业走访的时候，她热情地邀请我去参观。虽然生产线还在建设中，但这位女生似乎已经对企业了如指掌，像正式员工一样带我参观了整条生产线，具体介绍了即将投产的车间以及厂里的最新工艺，言谈举止中流露出一股劳动者的自信与自豪。

2. 学生乙：进步惊人的腼腆男孩

学生乙是一个比较内向的学生，平时和我的交流也比较少。

❖ 劳动实践教育

  他顶岗实习时去了一家较大型的企业,人际交往能力得到明显的提高。我走访他所在企业的那天天气很热,学生乙急忙从工作岗位上走了出来,电话里还不忘告诉我在门口阴凉的地方等……学生乙的惊人进步,真的让我大吃一惊!

  顶岗实习是我们正式开始工作的前奏,也是我们学习生活中最接近未来职业劳动的实践活动。通过顶岗实习,我们的知识储备、技能储备、综合素养都能得到一次系统、全面的检验和提升。顶岗实习也会帮助我们找到自身素质与劳动实际需要的具体差距,为将来的高品质劳动做更全面,更充分的准备。

实践行动

顶岗实习

【实践目的】
通过撰写顶岗实习报告,对顶岗实习进行总结,并加深对顶岗实习的了解。
【实践内容】
1. 入厂教育:安全教育、规章制度教育、企业文化教育。
2. 顶岗实习:典型岗位、典型工作任务、工作流程。
3. 填写下表:

实习项目	内容要点	工作(操作)规程	体会与经验(能力与素养)
安全教育			
规章制度教育			
企业文化教育			
典型工作任务1			
典型工作任务2			
典型工作任务3			
典型工作任务4			

4. 根据自己顶岗实习的经历,写一份顶岗实习报告,2000字左右。该报告应包含如下几方面内容:
 (1) 顶岗实习目的;
 (2) 顶岗实习单位及岗位介绍;
 (3) 顶岗实习的任务及过程;
 (4) 顶岗实习的总结与体会(职业能力、职业素养)。

第八单元

公共服务

【知识目标】
1. 熟悉志愿服务的概念、特征、原则及类型;
2. 掌握志愿者的注册机构、注册程序、基本条件、权利、义务及精神;
3. 掌握志愿服务活动定义、评价及需要注意的问题;
4. 了解社区服务需求、社区服务活动策划内容。

【能力目标】
1. 在日常生活中自觉践行"奉献、友爱、互助、进步"的志愿者精神,积极投身志愿服务,为社会贡献自己的力量;
2. 明白公共服务的意义,并主动进社区提供服务。

【素养目标】
1. 端正服务社会的态度,服务社会报效国家;
2. 养成服务交往规范、礼仪及行为规范;
3. 在服务中传播正能量,传播社会主义核心价值观,提升政治站位。

社区是个大家庭,奉献友爱人人行;
我做志愿我能行,社区服务显神通;
社区防疫助老残,大家需求我心甘;
环境美化与保洁,汗水付出赞誉满;
服务交通安全行,十字路口留倩影;
交往礼仪规范行,能量传播价值观。

❖ 劳动实践教育

第一课　志愿者服务

课堂导入

志愿服务先进典型

2019 年，第十一届全国少数民族传统体育运动会、春节联欢晚会郑州分会等重大活动在郑州举办，郑州市各级各类志愿服务组织和广大志愿者积极响应市文明委的号召，深入开展城市志愿服务，全面推进郑州市志愿服务制度化，涌现出一批真诚奉献、成绩突出、影响广泛的先进典型。

近日，郑州市精神文明建设指导委员会对郑州市 2019 年重点活动志愿服务先进典型进行表彰，郑州市第九人民医院行风办负责人肖宝勤、郑州市第九人民医院老年医学中心一病区住院医师李琳获评郑州市 2019 年重大活动志愿服先进典型。

肖宝勤，中共党员，现任行风办负责人，曾是发热门诊临时党支部书记，发热门诊护士长，郑州市九院医养结合发展部副主任。她工作 26 年间，先后在临床护理、护理管理、行政职能科室工作，工作一直是认认真真、兢兢业业，时刻铭记自己是党员，从不计较个人得失。在新型冠状病毒肺炎疫情时期，她毅然请战，挑起了发热门诊护士长的重担。

作为一名志愿者，李琳说身体力行地服务社会传递正能量是她一直以来的志向和目标。在参与志愿服务中，让她真正体会到了"志愿付出，快乐奉献"，同时也收获了无尽的感动与快乐。2019 年在全国少数民族运动会期间志愿服务 21 小时，她报名参加志愿者希望奉献自己的一份力量，负责珍珠球比赛场馆外志愿服务医疗保障，比赛期间多阴雨天，有时冻得瑟瑟发抖，有时雨水飘进帐篷打湿衣服，怀揣着热心与初心的她始终坚守在志愿者岗位，用行动为周边群众及其他岗位志愿者做好保障，用真心为文明郑州助力添彩。在新冠肺炎疫情期间，身为党员的李琳毅然报名深入医院发热门诊工作，主动担当，冲锋在前，全身心投入抗击疫情战斗中。16 天没回过家，累积志愿服务 272 小时，用医者仁心让患者安心，2020 年被评为院级"新冠肺炎防控工作先进个人"。

讨论：什么是志愿者服务？

课堂在线

志愿服务是在志愿精神感召下志愿开展的无偿的公益性服务活动，是人类社会普遍存在的一种精神需求；它既是人类社会公共生活发展的需要，也是社会主义社会建设的需要，更是提升人们精神生活层次的需要。在当代中国开展志愿服务活动，倡导志愿精神，具有重要的意义。

一、志愿服务

2017年6月7日,《志愿服务条例》(以下简称《条例》)经国务院第175次常务会议通过,由国务院于2017年8月22日发布,自2017年12月1日起施行。《条例》是为了保障志愿者、志愿服务组织、志愿服务对象的合法权益,鼓励和规范志愿服务,发展志愿服务事业,培育和践行社会主义核心价值观,促进社会文明进步而制定的法规。该条例所称志愿服务,是指志愿者、志愿服务组织和其他组织自愿、无偿向社会或者他人提供的公益服务。

(一)志愿服务的特征

志愿服务有志愿性、无偿性、公益性和组织性四个基本特征,其特征的精髓是奉献精神。奉献意味着无偿不计报酬地为他人为社会服务,具有奉献精神的人通常也自发自愿地参加志愿服务。

1. 志愿性

志愿服务必须是个人自愿参加的。这个自愿是主动的而不是被动的,是自觉的而不是被迫的。相关组织可以通过各种方式动员志愿者,但应该让每个志愿者都在没有任何压力的情况下自愿投入志愿服务。强制参与强制"奉献"募集摊派或变相摊派对志愿者进行单位化管理等,都不符合志愿服务活动的志愿性原则。

可以想象,如果志愿服务不是每个人都自愿参加的,而是在某些组织或个人的强迫和压力下参加的,其社会意义就会大打折扣。被迫参与到志愿服务之中的人员不是真正意义上的志愿者,他们即使参加了志愿服务活动,也很难持续发挥积极的作用。

2. 无偿性

无偿性是指志愿服务属于无偿行为。志愿服务的提供者从事志愿服务行为,不得向志愿服务对象收取或者变相收取报酬,包括金钱物质交换或礼物馈赠等形式。但是,志愿服务组织为志愿者提供交通补贴和午餐补贴等并不影响志愿服务的无偿性。

3. 公益性

公益性是指志愿服务必须指向公共利益。根据志愿服务的公益性,营利行为不属于志愿服务,偶发的帮助行为基于家庭或友谊的帮助行为仅仅针对特定个人的帮助行为和互益互助的行为也不属于志愿服务。

对服务活动的组织者来说,志愿服务不应该被用来达到公益服务以外的目标,如经济目标,否则就会损害志愿服务者的动机。

对志愿服务者而言,在提供志愿服务时应该始终坚持以利他和公益为基本目标,不能私自进行工作计划以外的服务内容。例如,志愿者不得向服务对象做宗教传道的工作,不得在活动时间内宣传与公益活动无关的事物。

4. 组织性

仅凭孤立的热情、爱心和体力,我们往往无法回应复杂的社会需求。志愿服务具有组织性,可以采取社会团体、社会服务机构、基金会等组织形式开展志愿服务,可反映行业诉求，推动行业交流，促进志愿服务事业发展。

志愿服务组织的不断涌现对促进志愿服务活动广泛开展，推进精神文明建设、推动社会治理创新、维护社会和谐稳定发挥了重要作用。志愿服务组织已成为现代社会从事志愿服务最重要的主体。

（二）志愿服务的原则

《条例》明确指出，开展志愿服务，应当遵循自愿、无偿、平等、诚信、合法的原则，不得违背社会公德、损害社会公共利益和他人合法权益，不得危害国家安全。

根据《条例》，需要志愿服务的组织或者个人可以向志愿服务组织提出申请，并提供有关信息，说明可能发生的风险，志愿服务组织应当及时答复志愿者、志愿服务组织和志愿服务对象可以根据需要签订协议。

《条例》规定，志愿者接受志愿服务组织安排参与志愿服务活动的，应当服从管理，接受必要的培训，志愿者应当按照约定提供志愿服务，因故不能按照约定提供志愿服务的，应当及时告知志愿服务组织或者志愿服务对象。

（三）志愿服务的类型

志愿服务主要领域包括扶贫济困、助老助残、社区服务、生态建设、大型活动、抢险救灾、社会管理、文化建设、西部开发及海外服务等，具体可以分为以下三大类：

（1）以国家政策为导向的志愿服务，如大学生志愿服务西部计划、大学生志愿服务苏北计划等。这类志愿服务以项目为周期，时间较长，往往需要参与者具备一定的资格条件。

（2）由政府职能机构、事业单位（如学校）等组织的官方志愿服务，如奥运会、世博会、亚运会等。这类志愿服务主要以活动或会议为载体，涉及面广，持续时间短，参与者多为临时招募。

（3）由民间自发组织开展的志愿服务，如自然之友、地球村、绿色家园志愿者等。这类志愿服务面向不同的群体，专业性较强，参与有一定门槛，持续时间也较长。

案例链接

北京冬奥组委全球招募赛会志愿者

北京2022年冬奥会和冬残奥会赛会志愿者全球招募于2019年2月5日正式启动。北京冬奥组委计划招募2.7万名冬奥会赛会志愿者、1.2万名冬残奥会赛会志愿者，招募持续到2021年6月30日。赛会志愿者将分布于北京、延庆、张家口3个赛区及其他相关场所和设施。

报名申请赛会志愿者的人员应具备5项基本条件：遵守中国法律法规；截至2022年1月1日年满18周岁；具备志愿服务所需要的基本知识与技能；能使用汉语或英语进行交流；能提供跨赛时志愿服务等。北京冬奥组委向各界人士提供公平、无歧视的报名机会。

二、志愿者

联合国将志愿者定义为"自愿进行社会公共利益服务而不获取任何利益、金钱、名利的活动者",具体指在不为任何物质报酬的情况下,能够主动承担社会责任而不获取报酬,奉献个人时间和助人为乐行动的人。

根据中国的具体情况,志愿者是这样定义的:"在自身条件许可的情况下,参加相关团体,在不谋求任何物质、金钱及相关利益回报的前提下,在非本职职责范围内,合理运用社会现有的资源,服务于社会公益事业,为帮助有一定需要的人士,开展力所能及的、切合实际的,具一定专业性、技能性、长期性服务活动的人。"

根据服务内容的不同,自愿者可分为消防志愿者、抗震救灾志愿者、奥运志愿者、社区志愿者、环保志愿者和网络志愿者等。

新修订的《中国注册志愿者管理办法》对注册志愿者的基本条件、注册机构、注册程序、权利和义务等都做了规定。

(一) 注册机构

市(地、州、盟)、县(市、区、旗)、乡(镇、街道)以及大中专院校团组织及其授权的志愿者组织为志愿者注册机构。

(二) 注册程序

(1) 申请人直接到开展志愿者注册工作的团组织、志愿者组织提出申请或通过网络、通信等方式提出申请,填写《志愿者注册登记表》。

(2) 注册机构对申请人进行审核。

(3) 审核合格,注册机构向申请人颁发注册志愿者证章。注册机构可根据实际需要,为注册志愿者编制本地管理服务号码。

(三) 基本条件

(1) 年满十八周岁或十六至十八周岁以自己劳动收入为主要生活来源者;十四至十八周岁者,须经其法定代理人同意;未满十八周岁的在校学生申请注册的,按所在学校有关规定办理。

(2) 具备参加志愿服务相应的基本能力和身体素质。

(3) 遵守国家法律法规和注册机构的相关规定。

(四) 权利

(1) 参加志愿服务活动。

(2) 接受相关的志愿服务培训,获得志愿服务活动真实、必要的信息。

(3) 获得从事志愿服务的必需条件和必要保障。

(4) 优先获得志愿者组织和其他志愿者提供的服务。

(5) 对志愿服务工作提出意见和建议。

(6) 相关法律、法规、政策所赋予的权利。

(7) 可申请取消注册志愿者身份。

（五）义务

（1）遵守国家法律法规及团组织、志愿者组织的相关规定。

（2）每名注册志愿者根据个人意愿至少选择参加一个志愿服务项目或活动，每年参加志愿服务时间累计不少于 20 小时。

（3）履行志愿服务承诺，完成志愿服务任务，传播志愿服务理念。

（4）自觉维护团组织、志愿者组织和志愿者的形象。

（5）在志愿者职责范围内，自觉维护服务对象的合法权益。

（6）自觉抵制任何以志愿者身份从事的营利活动或其他违背社会公德的活动（行为）。

（7）依法应当承担的其他义务。

【劳动资料卡】

中国青年志愿者行动

1993 年年底，共青团中央决定实施中国青年志愿者行动。12 月 19 日，两万余名铁路青年率先打出了"青年志愿者"的旗帜，在京广铁路沿线开展了为旅客送温暖志愿服务。之后，40 余万名大中学生利用寒假在全国主要铁路沿线和车站开展志愿者新春热心行动，青年志愿者行动迅速在全国展开。

为推动青年志愿服务事业的发展，团中央于 1994 年 12 月 5 日成立了中国青年志愿者协会，随后，各级青年志愿者协会逐步建立起来。1998 年 8 月，团中央成立了青年志愿者行动指导中心，负责规划协调指导全团的青年志愿服务工作，承担中国青年志愿者协会秘书处的职能，山西、广西、广东、上海、贵州、重庆、辽宁、四川、湖北等省区市也成立了相应的专门工作机构。

为使志愿服务落实到基层，深入千家万户，从 1995 年开始，我国开始进行社区青年志愿者服务站建设工作。现在，由 24000 多个街道社区青年志愿者服务站 10 多万支志愿者服务队组成的青年志愿服务基层组织网络已见雏形。

与此同时，青年志愿者招募培训考核评估表彰等制度普遍建立起来，青年志愿服务的内部运行机制逐步形成。1999 年 8 月，广东省人民代表大会通过了《广东省青年志愿服务条例》。随后，山东省人民代表大会也通过了《山东省青年志愿服务规定》，南京市人民代表大会通过了《关于开展青年志愿者行动的决定》，福建、河南等省的青年志愿服务立法也已经被纳入省人大立法规划，这些工作推动了全国志愿服务的立法进程。

1997 年年底，江泽民为"中国青年志愿者"亲笔题名，2000 年年初又对青年志愿者工作做出重要批示，指出"青年志愿者行动，是当代社会主义中国一项十分高尚的事业，体现了中华民族助人为乐和扶贫济困的传统美心，是大有希望的事业。努力进行好这项事业，有利于在全社会树立奉献、友爱、互助、进步的时代新风。希望你们在新的世纪里继续努力，发扬我国青年的光荣传统，不懈奋斗，不断创造，奋勇前进，为实现中华民族的伟大复兴做出新的更大的贡献"。

2000年，共青团中央、中国青年志愿者协会联合下发通知，将3月5日确定为"中国青年志愿者服务日"。"中国青年志愿者"标志（见图8-1）的整体构图为心的造型，同时也是英文"青年"的第一个大写字母Y；图案中央既是手，也是鸽子的造型。标志寓意为中国青年志愿者向社会上所有需要帮助的人们奉献一片爱心，伸出友爱之手，以跨世纪的精神风貌面向世界，走向未来，表现出青年志愿者"热情献社会，真情暖人心"的主题。

图 8-1　"中国青年志愿者"标志

三、志愿者精神

联合国前秘书长科菲·安南在"2001国际志愿者年"启动仪式上的讲话中指出："志愿精神的核心是服务、团结的理想和共同使这个世界变得更加美好的信念。从这个意义上说，志愿精神是联合国精神的最终体现。"这句话指出了志愿精神的本质，表达了人们对志愿服务的由衷赞美。

1993年，团中央发起实施中国青年志愿者行动。1994年12月5日，胡锦涛同志在中国青年志愿者协会成立大会的贺词中指出，"使奉献、友爱、互助、进步的青年志愿者精神在青年一代中发扬光大"。当前，"奉献、友爱、互助、进步"的志愿者精神已广泛为社会所接受。

奉献精神是社会责任感的集中表现。奉献是一种态度，是一种行动，也是一种信念。或许是一句问候，或许是一个微笑，或许是一个赞许，抑或是一个举手之劳，都会让人感到温暖甚至欣喜。奉献，方便了别人，提升了自己。奉献，激励了他人，也鼓舞了自己。奉献，是源自内心深深的感恩，是对社会和人民的感恩。

友爱精神是人与人之间的道德衡量，要求欣赏他人与人为善有爱无碍平等尊重。友爱精神消除了国界职业和贫富差距，是没有文化差异和民族之分的。如无国界医生，他们不分种族政治及宗教信仰，为受天灾人祸及战火影响的受害者提供人道援助，他们奉献的是超国界之爱。

互助精神体现了社会的进步。从人性的角度来讲，人的发展不是一蹴而就的，它需要一个渐进的过程，而互助精神能够在这样一个过程中使人完成蜕变。毕竟人的发展不可能脱离他人与社会的支持，而且在互助精神的指导下，人与人之间既能通过相互的帮助学习达到取长补短，形成良好的人际关系的目的，又能充分利用外界的力量帮助自身的发展。从利益的角度来讲，有了互助精神的氛围，才有了三峡工程、南水北调等项目的实施来协调经济发展，继而为全国的和谐提供物质基础。弘扬互助精神，使得人们面对小悦悦等事件时不再犹豫，不再冷漠地走开，使得人们在突如其来的灾难面前，更快地伸出援手，领会到"一方有难，八方支援"的人间温暖。可以这样说，国家真正地注入了互助精神促进和谐与发展时，在某种程度上也提高了国家的竞争力。

进步精神是人类追求发展的动力。志愿者通过参与志愿服务，使自己的能力得到提高，同时也促进了社会的进步。在志愿活动中无处不体现着"进步"精神，正是这一精神使人们甘心付出，追求社会和谐之境的实现。

时代需要志愿者精神，也需要更多的志愿者。衷心希望在不久的将来，能和更多志同道合的朋友在志愿者精神的引领下庄严宣誓："我愿意成为一名光荣的志愿者。我承诺：尽己所能，不计报酬，帮助他人，服务社会，践行志愿精神，传播先进文化，为建设团结、互助、平等、友爱共同前进的美好社会贡献力量！"

四、志愿服务活动

（一）志愿服务活动的定义

首先，志愿服务活动的前提是"人"的活动，志愿服务活动的主体只能且必须是"人"。其次，志愿服务活动是具有志愿性的行为，它必须体现志愿服务的自愿、无偿、公益、慈善等特点。

（二）志愿服务活动的评价

在道德领域，道德行为的评价存在着动机论与效果论两种观点。动机论主张通过动机来评价行为的道德性，认为动机是决定行为是否道德的唯一尺度。与动机论相反，效果论则主张通过外在的效果来达到评价行为是否道德的目的。科学评价某行为是不是志愿服务活动需要兼顾动机和效果两方面：一方面，要考察志愿者的内在动机，他是否真正本着志愿者精神来从事志愿服务活动；另一方面，还要观其行为所实际产生的效果。在动机上根本不具有志愿者精神的志愿者无论如何是不符合志愿者这个称谓的，他的行为也无法被认定为志愿服务活动。但是志愿服务活动同时还应能产生一系列的实际效果。如果一个有良好动机的志愿者未能为社会提供实际的服务，那么这种所谓动机纯正也是不可证实的。动机有时需要通过效果来证明。总之，一个行为之所以能够被称为志愿服务活动，必须符合两个条件：一是其行为主体具有志愿者精神，愿意提供无偿公益和慈善等服务；二是它必须在事实上产生一定的行为效果，为社会带来实际的贡献。

（三）参与志愿者服务须知

暑假期间，不少学生选择参与社会实践，参与志愿服务。首先，学生应首选社会和学校认可的志愿服务平台，避免上当受骗。

其次，不同的志愿服务项目对志愿者的要求不同。在选择具体志愿服务项目时，学生应适当结合自己的特长或专业，或选择那些重视志愿者培训工作的志愿组织，做好充分的心理准备和技能准备。

例如，深入农村的志愿者必须参加组织培训与学习，了解农村的相关法律法规习俗和农业知识；到边远地区支教的志愿者必须学习教学方法、沟通技巧，掌握除专业之外的广泛的知识和技能；走入社区提供社区服务的志愿者，不能将自己的服务定格在具体的形式和具体的内容上，必须创造出丰富多彩的服务以满足社区不同人员的需求；向社会弱势群体伸出援手的志愿者，必须了解并熟悉当地的孤儿院、敬老院的情况，到伤残人士生活有困难的人家中去，必须想其所想，运用自己所掌握的服务技能提供最贴心的服务。

最后，在参与志愿服务的过程中，应秉承志愿者精神，全身心投入志愿服务活动，坚守岗位，认真负责，积极主动，热心、细心、耐心地为服务对象提供服务，为社会贡献自己的力量。

案例链接

志愿者交通协管，打造志愿服务文明示范路

从4月初，德州市区东方红路多了一支手拿黄色小旗、身穿红色马夹的青年志愿者队伍。他们配合交警和交通协管员对不文明的交通行为进行劝导，共同营造文明有序、安全顺畅的交通秩序，打造一条"志愿服务文明示范路"。

4月29日上午10点，记者在东地路与东方红路十字路口处一路西行，在每个路口都看到了8名青年志愿者。只见他们站在非机动车道与机动车道中间的停车线上，脖子上挂着一只口哨，手中拿一杆黄色小旗，红灯一亮，他们吹响口哨，向迎面驶来的行人挥起小旗，示意他们红灯亮了，禁止继续前行，停车不要轧线。在青年志愿者的协助下，每个十字路口交通都井然有序。

据了解，这是一支由团市委、市志愿者协会组织的，由德州学院、德州华宇学院、德州职业技术学院以及德州汽摩专修学院的学生们组成的青年志愿者队伍，共100余人。从2014年4月至创城结束，他们将承担起东方红路打造"志愿服务文明示范路"的任务，为创城贡献自己的力量。"活动共分为四种形式，有文明乘车志愿者、市容秩序志愿者、交通安全志愿者和文明城市宣讲团，由团市委协调有关单位，组织青年学生志愿者在东方红路指定路段展开。"团市委有关负责人介绍，东方红路（东起岔河桥，西至解放路）为指定志愿服务文明示范路，交通安全志愿者每周执勤两天，每8名志愿者负责一个红绿灯，共12个路口。

德州汽摩专修学院2013级学生付晓宇是负责东方红路与湖滨大道路口交通秩序的一

❖ 劳动实践教育

名志愿者，29日是她上岗的第二天。只见她站姿标准，表情严肃，红灯亮了举旗，绿灯亮了抬旗，见到违规停车的市民，她走上前去进行劝导，俨然一副小警察的样子。"这是一个锻炼自己的机会，体验到了当警察的辛苦。现在德州正在创文明城市，我也贡献了自己的一份力量，引导市民文明出行。""创建省级文明城市需要全民行动。作为文明交通的参与者和监督者，不但可以增强自身的安全意识，也影响着周围的市民。同时，交通路口闯灯越线等违章行为也得到了有效治理，路口的秩序变得良好。另外，对于市民来说，志愿者起到了良好的教育作用，也正是这些志愿者的参与，能够让市民感受到全社会的力量，从而使大家自觉遵守交通，做文明市民。希望市民朋友们都能像这些志愿者一样，积极参与到创城队伍中来，从点滴做起，严格要求自己，为创建省级文明城市尽我们的微薄之力。"直属一大队女子中队队长邓金凤说。

资料来源：http：/dezhou.iqilu.com/dzminsheng/2014/0430/1972106.shtml

实践行动

交通协管服务

【实践目的】

（1）在志愿服务中，了解交通知识，学会与他人沟通交流，提高自身交际能力。

（2）增强学生的正义感，懂得以合理的方式去提醒并制止他人的错误行为。

（3）深化职业无贵贱、尊重劳动者的意识，体会交警等一线劳动者的艰辛。

（4）维护城市交通顺畅，提升自我劳动成就感。

【实践内容】

1. 准备阶段

（1）负责人与辖区内交警分队取得联系，确认活动时间、地点和人数。

（2）在校内进行"坚守十字路口，体会劳动精神"宣讲课，讲解此次活动流程安排，宣传此次活动的意义，鼓励大家积极参与。

2. 启动阶段

（1）将报名学生进行合理分组，选出小组长进行统一管理。

（2）提前一天邀请交警队人员对志愿者进行培训，包括服装穿着、器材使用、职责等，并宣读安全事项。

3. 实施阶段

（1）早上统一集合，由小组长提前带至指定地点，与值班交警进行交接管理。

（2）按要求在各自指定地点进行交通辅助管理，对欲闯红灯的行人、非机动车司机、未按要求（如阻挡路口）等待的非机动车司机进行及时劝阻及批评教育，保证措施合理恰当。

（3）随时观察周围情况，对需要帮助的人及时进行救助。

（4）填写下表：

服务项目	内容要点	操作规范（标准）	体会与经验（能力）
交通协管			
交通救助			
交通安全宣传			

4. 总结阶段

（1）小组成员进行组内交流，交流当天发生的事情，进行自我总结。

（2）由各小组组长进行汇报，包括对本组学生进行点评，当天活动期间的收获感悟等。

（3）各成员上交活动实践日记，应写出自己的体会和收获。

（4）选出5份最好的实践日记，由相关同学进行汇总，形成电子版，在微信公众号等平台进行宣传。

（5）召开相关主题大会，由各组派人进行实践风采展示，并以小组成员志愿服务期间的所见所闻为典型进行宣讲，宣传交通路口的相关法则及交警等一线劳动者的艰辛。

❖ 劳动实践教育

第二课 社区服务

> **课堂导入**
>
> ### 大学生在社区志愿者为"疫情"防控奉献青春力量
>
> 新冠肺炎疫情发生后,许多抗"疫"一线的社区工作者用奉献和担当谱写着一曲曲凡人之歌。在唐山市高新区新景楼社区,有两位大学生志愿者,也用实际行动,奉献着自己的青春力量。他们分别是河北医科大学临床学院的管贻美和南京农业大学网络工程专业的张馨天。
>
> 2020年5月4日下午,首先在门口站岗,对进入社区的居民进行体温量测。随后,在社区党支部书记李德玲和社区工作人员的带领下,深入住户家庭当中,关爱老党员刘忠凡,一起阅读党章,身为新时代青年的我们接受老党员同志的教导,崇高革命精神的洗礼。刘大爷还讲述了作为共产党员应具备的素质,并对两名大学生管贻美和张馨天提出期许,希望她们早日入党,为祖国为人民做贡献。最后,来到残疾人苏阿姨及韩阿姨的家中,社区书记详细了解了她们的身体健康和基本生活情况,并送上了防疫物品,两名大学生帮忙收拾屋子,做一些力所能及的家务活。
>
> 通过本次志愿服务活动,不仅为居民提供了切实的便捷服务,还将社区居委会的温暖送入居民心中。在此次防控疫情阻击战中,大学生志愿者发挥了重要作用,希望今后有越来越多的大学生能够参与到社区建设中来,为和谐社区建设注入新动力。
>
> 资料来源:https:/baiJiahao.baidu.com/s?id=1665758732445479147-wfr=spider-for=pc
>
> **讨论**:社区志愿者服务的价值和意义有哪些?如何做好社区志愿者服务?

> **课堂在线**

社区是比家和学校大一个层次的社会单位,是我们运用知识、施展才华、实践成才的好课堂,也是我们"服务他人、奉献社会"的一个起点。参与社区服务不但有利于社区的精神文明建设,而且有利于我们提高劳动技能适应社会提升道德素养。

一、了解社区居民服务需求

一般来说,社区居民的服务需求包括以下内容:青少年儿童课业辅导,老年长者陪伴慰问,重病患者陪护,残疾人康复训练,法律咨询,心理辅导等。社区具有一定的地域性特点,每个社区的服务需求有一定的差异,我们要先对社区居民的服务需求进行调查了解后,再有针对性地为他们提供服务。社区服务需求调查,是开展社区服务最重要的前期工作。我们可以直接和社区工作者沟通或发放调查问卷来了解社区的需求,然后再结合自己的能力和专业优势确定服务项目。参与社区服务的形式主要有个人参与和团队小组参与两种。

案例链接

助力战"疫"大学生志愿者

1. 以专业之长为社区筑起"铜墙铁壁"

"贵校2015届医学检验专业学生徐正泽以高度的责任感和紧迫感,在这个危急关头,不畏艰难,始终坚持在新冠肺炎疫情防控第一线,让这个寒冷的冬天变得温暖起来,让这个寂静的年变得沸腾起来。"2020年3月,江苏卫生健康职业学院收到一封来自南京全域医学检验所的感谢信,信中高度评价了奋战在新型冠状病毒检验工作中的该校毕业生徐正泽。

面对疫情,像徐正泽这样在危急关头勇于担当的在校学生还有很多。

2. 主动请缨,直面战"疫"

在江阴市澄江街道大桥社区,许多疫情防控志愿者奔波在疫情防控阻击战的现场。其中,就有该校2017级护理专业学生徐心航忙碌的身影。疫情防控中,她毫不犹豫地到社区报名参加疫情防控工作。她对社区工作人员说:"我想发挥自己的所学,为社区疫情防控做点事。"

2017级医学影像技术班的李洁同学家住溧阳市竹箦镇,在她的家乡附近,出现了确诊病例。当地开始实行严格的交通管控,急需人手。李洁得知以后,立刻报名,迎着疫情而上。她在路口关卡拦截车辆、核实路人身份证信息、测量体温、登记外来人员和车辆信息,每天接触上百余人,但她从没退缩。

3. 指尖服务,温暖人心

面对突如其来的疫情,该校中西医结合学院的罗永恒、校靓莹、周宇卿、魏子恒等同学响应号召,在做好居家隔离的同时,充分借助网络平台,积极参加南京圆梦公益疫情防控志愿活动,成了"指尖志愿者"。

志愿者们每天负责在网上转发实时疫情简报、创作防疫文艺作品、宣传正能量、筹集善款、联系商家寻找一些应急物资的正规购买渠道等工作。在这次志愿活动中,志愿者们将在网上募集的所有资金用于购买医用防护物资,捐给了华中科技大学同济医学院附属协和医院、江苏援助湖北医疗队等单位的医务工作者。

4. 身边榜样,前进力量

这次疫情防控中,不少人迎难而上,勇做"逆行者"。这中间,既有在一线抗击疫情的医护人员,也不乏建筑工人、汽车司机等职业者。该校临床医学院黄恭同学的父亲黄明勇便是其中一员。

黄恭的父亲是江苏省人民医院后勤保障处一名普通的驾驶员,2020年2月3日晚上,黄恭父亲接到单位的电话,询问他是否愿意报名参加医学救援队奔赴武汉支援,他立刻答应了。面对儿子的担忧,父亲语重心长地对他说:"疫情就是命令,国家有需要,就是再

❖ 劳动实践教育

危险,我也要迎难而上!孩子你也长大了,在家要照顾好妈妈,多分担点家务活,我会好好保护自己,你们不要担心!"

黄明勇的工作任务是负责接送医护人员上下班、采购物资、分发物资以及其他后勤保障工作。他每天穿着厚厚的防护服来回奔波,尽最大能力保障医护人员的工作和生活需要,让医护人员在前线安心踏实地工作。

黄恭同学说:"那一刻我觉得一向说话幽默的父亲显得格外严肃,他变成了一个刚毅的战士!"他给父亲写信道:"您以实际行动给我上了一堂深刻的人生教育课。"他说:"我是一名医学生,应以疫情防控中涌现出的优秀医务人员为榜样,领悟好立身做人的道理,努力学习医学知识,挑起90后青年一代的责任担当,将来成为一名对国家和社会有贡献的医务工作者!"

在这场没有硝烟的战争中,无数中华儿女心往一处想,劲往一处使,也正是这些"微不足道"的付出与全国各条战线上的力量共同汇聚成疫情防控阻击战的澎湃能量,筑起了阻断病毒传播的"铜墙铁壁"!

二、策划社区服务活动

以个人名义参加的社区服务只需要联系社区工作人员申请,确定时间和工作内容即可;如果想以团队小组名义进社区提供服务,除了要跟社区工作人员沟通外,还需要提前策划社区服务活动。这种社区服务的前期准备工作很多,如撰写计划书、人员招募、场地链接、准备物资等。

(一) 活动准备

(1) 撰写计划书:从活动目的、活动目标、活动时间、活动地点、活动流程、活动评估、预计困难与对策、经费预算等入手,详细展开叙述。

(2) 人员招募:一般情况下,我们可以在班级、院系或学校内寻找"志同道合之士";如果服务项目有特殊要求,我们也可通过互联网招募合适的团队成员。

(3) 场地链接:活动场地需要我们与社区进行协调。

(4) 准备物资:我们可以根据项目需求提前做好物资准备,如制作PPT、购置各类物资等。

(二) 活动过程

活动正式开始前,我们可以通过一些热身小游戏活跃气氛,为服务对象营造一个轻松自然的活动氛围,从而促进服务的开展;活动过程中,我们可酌情加入一些内容新颖、趣味性强的环节,引导在场的社区居民积极参与。

(三) 活动后期

活动结束后,我们要及时反思并总结社区服务活动的成效,包括社区居民参与度高不高,目标有没有达成,有哪些地方需要改进等,为再次开展活动积累经验。需要注意的是,我们应在活动结束的第一时间将活动场地打扫干净。

实践行动

社区服务

【实践目的】

(1) 走入社区，增进对社会的了解与认识，理解个体与社会的关系。

(2) 关心社会现实，主动探究社会问题，积极参与力所能及的社区服务活动，服务社会，发展社会实践能力。

(3) 了解与认识社区服务及其相关流程，端正劳动态度，形成良好的劳动习惯。

(4) 遵守社会行为规范，养成社会交往能力，关心他人，关心社会，树立服务社会的意识和对社会负责的态度。

(5) 开展问题探究，体验探究过程，对在劳动中发现的社会问题和自我问题进行深度探究，养成主动探究的习惯，形成问题意识，发展探究能力和创新精神。

【实践内容】

(1) 小区访谈。该活动由一组成员全权负责，针对社区各个阶层各个年龄段人员做抽样调查。询问不同阶层人员最迫切需要的社区服务项目，调查人员应做好记录并向社区负责人及时反映，使问题尽早让社区负责人知道并及时得到处理。

(2) 温暖献爱心。该活动针对那些社区的空巢老人及留守儿童，走进社区，走进他们的心中，为他们送去一丝温暖。此项活动不限人数，让学生真正走进空巢老人家中，与他们面对面交谈，与留守儿童做游戏，尽自己的绵薄之力为他们清扫家中杂物，使空巢老人及留守儿童感受那份来自学生的温暖。

(3) 社区劳动。此活动人数不限，意在走进社区、服务社区、劳动社区，在社区的角落留下自己忙碌的身影。清扫街边卫生，拖抹公共区域，为社区美化贡献自己的一份力量。

(4) 填写下表：

实践项目	内容要点	工作要求（标准）	体会与经验（能力）
访谈			
防疫或健康宣传			
助老助残			
环境美化			

(5) 活动总结

活动结束后，开展"服务社区心得体会"共享课。每名成员都可以分享此次活动的心得体会，并把此次心得体会整理成文字稿件。在分享此次活动心得的同时，要找出此次活动的不足之处，在以后的实践活动中不断吸取经验提升自己。

第九单元

劳动安全与劳动保护

【知识目标】
1. 了解劳动安全和劳动保护的基本内容,掌握必要的劳动安全常识;
2. 了解劳动权利的法律规定,掌握安全规程和劳动纪律,掌握大学生安全教育内容。

【能力目标】
1. 树立劳动安全意识,并掌握各种劳动安全的预防措施;
2. 能做好绿色环保的践行者和垃圾分类的倡导者。

【素养目标】
1. 树立安全第一思想,端正安全态度,养成遵章守纪、不违章、安全操作的行为习惯;
2. 养成事前、事后检查的习惯。

劳动实践要做好,劳动安全是首要;
劳动之前先检查,防护用品配齐全;
安全规程不能忘,安全处置记心上;
生活安全伴一生,防盗防骗防假冒;
化学用品保管好,不要乱混防燃爆;
交通安全天天讲,遵守交规防车撞;
消防安全响警钟,火场逃生有技巧;
电器使用查安全,触电以后先断电;
保护环境利健康,垃圾分类是时尚;
心理疾病要防治,自我调节益无边。

第一课　劳动安全与劳动保护概述

课堂导入

开展实习大学生安全知识培训

为提高实习大学生的安全意识，保障实习安全，确保实习的教学环节顺利完成，2020年9月11日，××公司组织了一场大学生实习阶段安全知识学习培训活动。参加学习培训活动的是来自某高校的60余名大学生。

公司的专职安全技术人员、安全管理人员采取图文并茂的形式，给实习的大学生讲解危险源辨识、安全设施和劳动保护、现场可能发生的职业危害及应采取的措施、典型事例等方面安全知识。

要求大学生必须切实提高思想认识，充分认清做好安全工作的重要性和必要性，牢固树立"安全第一，预防为主"的意识，时刻紧绷安全这根弦，防止、堵住各类安全风险隐患。

培训之后，这批大学生将进行为期一周的实习。这项安全教育培训，是公司对大学生实习进行系列上岗培训的重要内容之一。向学生进行宣传教育，做到人人皆知，落实到位。

资料来源：http：/www.sohu.com/a/191493694 99944472

讨论：为什么要进行安全生产培训？安全生产教育包含哪些内容？

课堂在线

一、劳动安全和劳动保护的基本内容

劳动安全是指劳动者在生产劳动过程中的安全和健康没有受到威胁，不存在危险、危害的隐患，是免除了不可接受的损害风险的状态。全面完整地理解劳动安全的含义，不仅需要从保障劳动安全的多重主体立场去理解，还要了解劳动安全问题产生的原因。从不同主体来看，劳动安全保护是劳动者依法获得的基本劳动权利之一，在生产劳动过程中劳动者有权要求用人单位提供安全卫生的劳动条件，以保护自身的生命和健康；加强劳动保护，实现安全生产，保护劳动者生命和身体健康是企业用人单位应尽的法律义务；国家可以通过制定一系列劳动保护的法律法规制度，督促企业用人单位履行法律责任，保障劳动者的劳动安全。

在实际的生产劳动过程中，劳动安全问题的产生往往是多种因素综合作用的结果，需要综合治理。从造成劳动安全问题的原因看，既有人为的因素，由于劳动者个人缺乏安全

知识和安全意识，操作失误而造成的安全事故；也有因生产环境和安全条件存在安全漏洞而出现的生产事故；还有人为因素和物的因素共同造成的事故。我们还可以将可能发生的劳动安全问题，按生产劳动岗位性质的不同，区分为以下几类：在矿井中可能发生的瓦斯爆炸、火灾、水灾等；在机械加工过程中可能发生的绞缠、电击伤；在建筑施工过程中可能发生的高空坠落，物体打击；在交通运输过程中可能发生的车辆伤害事故；在有毒、有害作业过程中可能发生的职业病害等。除了上述因生产劳动的直接因素导致的劳动安全问题，广义的劳动安全问题还包括由间接因素导致的安全问题，如劳动者工作时间太长会造成过度疲劳、积劳成疾；女工从事过于繁重的或有害妇女生理卫生的劳动也会对女性劳动者身体造成危害等。由此可见，保障劳动安全不仅指在生产劳动过程中要防止中毒、车祸、触电、塌陷、爆炸、火灾、坠落、机械外伤等危及劳动者人身安全的事故，还要防止由于不当的工作时间和工作强度造成的健康问题。因此，为保障劳动者的劳动安全与卫生，不仅需要国家制定相关劳动保护的法律法规，对企业用人单位的生产安全进行严格管理；还需要劳动者个人掌握必要的劳动安全知识，自觉遵守生产劳动安全规范，养成劳动安全意识，做好个人安全保护。

劳动安全与卫生保护，又称劳动保护，是指以保障劳动者在生产劳动过程中的安全与健康为目的的工作领域及在法律、技术、设备、组织制度和教育等方面所采取的相应措施。为保护劳动者在生产劳动过程中的安全和健康，消除不安全、不卫生因素所采取的各种组织和技术的措施，都属于劳动保护范畴，统称为劳动保护。简言之，劳动保护就是保护劳动者在劳动生产过程中的安全与健康，以及国家为保护劳动者在生产过程中的安全和健康而制定的各种法规，包括安全技术规程、劳动卫生规程、对女工和未成年工特殊保护以及各种劳动保护管理制度等。

在我国，劳动保护具有重大的政治、经济、社会意义，可以从以下几方面去理解。

劳动保护是我们国家的一项重要政策，也是社会主义企业管理的一项基本原则。劳动人民是国家的主人，他们通过自己的劳动为国家创造巨大的物质财富，国家把对劳动人民在生产劳动过程中的保护放在重要地位。劳动保护也是发展社会主义经济的重要条件。社会生产力是由人的因素和物的因素构成的，而人是生产力中能动性活动的决定性因素，我们要保护和发展生产力，最重要的还是要保护劳动者，保护他们在生产过程中的安全与健康。劳动保护是影响社会安定的重要因素。任何时候出现安全事故，不但给国家经济带来损失，同时还会给家庭带来极大的不幸，甚至还会给社会带来不安定的因素，造成一定的社会影响。因此，政府要求把劳动保护工作贯穿在企业生产劳动的全过程，做到减少和消灭工伤事故，保障劳动者的劳动安全，保证劳动者有适当的休息时间，降低劳动强度，减少职业危害，实现安全生产和文明生产。

二、掌握必要的劳动安全常识

保证劳动安全是劳动者的权利，政府和企业有义务依法提供符合安全卫生标准的劳动条件。为了养成自我劳动安全意识，青少年要学会识别和掌握必要的劳动安全与卫生常识，主要包括安全色与安全标志、个人防护用品的相关知识与使用方法。

（一）安全色与安全标志的识别

安全色和安全标志是在特定工作环境中，为了提醒劳动者做好防护而设置的。每一种安全色、每一个安全标志都具有特定的含义，需要我们正确识别。

1. 安全色

按照我国安全色标准规定，安全色有红色、蓝色、黄色、绿色四种（见图9-1）。红色表示禁止、停止，用于禁止标志。例如，机器设备上的紧急停止手柄或按钮及禁止触动的部位都使用红色。红色有时也用于防火。蓝色表示指令，必须遵守。黄色表示警告和注意。如厂内危险机器和警戒线、行车道中线、安全帽等。绿色表示安全状态或可以通行。例如车间内的安全通道、行人和车辆通行标志，消防设备和其他安全防护设备都用绿色。

图 9-1 安全色标准

2. 安全标志

安全标志分为禁止标志、指令标志、警告标志和提示标志四类。安全标志牌要求被放在醒目的地方。

（1）禁止标志：含义为禁止人们的不安全行为。其基本形式为带斜杠的圆形框，圆环和斜杠为红色，图形符号为黑色，衬底为白色（见图9-2）。

（2）指令标志：含义是强制人们必须做出某种动作或采用防范措施。其基本形式是圆形边框，图形符号为白色，衬底为蓝色（见图9-3）。

（3）警告标志：提醒人们对周遭环境引起注意，以避免可能发生的危险。其基本形式为正三角形边框，三角形边框及图形符号为黑色，衬底为黄色（见图9-4）。

❖ 劳动实践教育

图 9-2 禁止标志

图 9-3 指令标志

图 9-4 警告标志

（4）提示标志：向人们提供某种信息，如标明安全设施或场所。其基本图形是正方形边框，图形符号为白色，衬底为绿色（见图 9-5）。

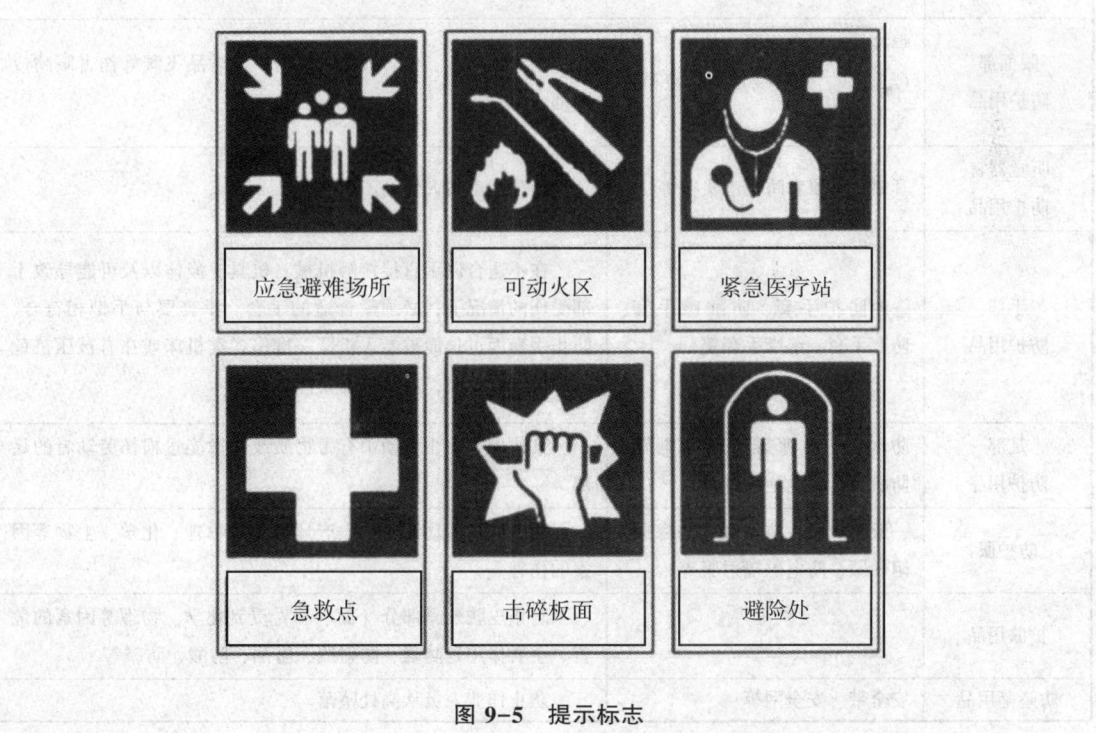

图 9-5 提示标志

(二) 个人防护用品相关知识及使用方法

个人防护用品知识对于预防事故伤害和减少职业危害具有重要意义。为了增强劳动安全意识，我们不仅要了解劳动岗位需要什么样的劳动保护用品，还要了解个人防护用品的正确佩戴和使用方法。

我国实行以人体防护部位为依据的分类标准，将个人防护用品分成9类（见表9-1）。

表9-1 个人防护用品及其使用要求

个人防护用品类型	举例	作用及使用要求
头部防护用品	安全帽、防寒帽等	为了防御头部受外来物体打击，安全帽要有合格的帽子、帽带，戴帽时必须系好帽带，帽内缓冲衬垫的带子要结实，人的头顶与帽内顶部间隔不能小于32毫米，每次使用前应认真检查安全帽，若发现有破损情况，要立即更换。进入施工现场，必须戴好安全帽
呼吸器官防护用品	防毒面罩、防毒面具等	其作用为防护有害气体从呼吸道进入人体，或直接向使用者供氧及提供新鲜空气。其中，防尘口罩和防尘面罩可有效防止粉尘的吸入，而防毒面具则可防止有毒气体、蒸汽、毒烟等的吸入。使用防毒面具要注意正确选择防毒滤料
眼面部防护用品	焊接护目镜及面罩，炉窑（红外线、紫外线）护目镜和防冲击眼护具等	用于预防烟、尘、火花、飞屑、化学品飞溅等伤害眼睛或面部
听觉器官防护用品	耳塞、耳罩和防噪声头盔等	预防噪声对人体的不良伤害
手部防护用品	一般防护手套、防酸碱手套、防寒手套、绝缘手套等	在不适合以手直接接触机械、机具、液体以及可能导致手部受伤的情况下，必须戴合适的手套。手套要与手型相符合，防止手套因过长而被卷入机器。操作各类机床或在有被压挤危险的地方作业时，严禁戴手套
足部防护用品	防水鞋、防寒鞋、防静电鞋、防酸碱鞋、电绝缘鞋等	其作用是防止劳动中有害物质或外逸能量损伤劳动者的足部
防护服	一般防护服、防水服、防寒服、阻燃服、防电磁辐射服等	用于保护劳动者免受生产环境中的物理、化学、生物等因素的伤害
护肤用品		防止皮肤外露部分（面、手）受到化学、物理等因素的危害。主要作用是防晒、防射线、防油、防酸、防碱等
防坠落用品	安全带、安全网等	防止作业人员从高处坠落

个人防护用品使用的注意事项有：第一，要根据作业场所的危害因素及其危害程度，

正确选用防护用品;第二,要通过教育培训,做到"三会",即会检查防护用品的安全可靠性,会正确使用防护用品,会维护保养防护用品;第三,严禁故意或无故弃用防护用品,确保个人防护用品状况良好,如有损坏,应立即向管理人员报告,及时更换;第四,用于急救的呼吸器要定期检查,确保有效。同时,应将其妥善存放在可能发生事故的邻近处,以便取用。

三、了解劳动权利的法律规定

（一）劳动权利

我国宪法规定,中华人民共和国公民有劳动的权利和义务。作为未来劳动者,你知道劳动者享有哪些法定的劳动权利吗？

《中华人民共和国劳动法》（以下简称《劳动法》）规定,劳动者享有的劳动权利有：平等就业和选择职业的权利：地方各级人民政府应当采取措施,发展多种类型的职业介绍机构,提供就业服务；劳动者就业,不因民族种族性别宗教信仰不同而受歧视；妇女享有与男子平等的就业权利；禁止用人单位招用未满16周岁的未成年人。取得劳动报酬的权利：工资分配应当遵循按劳分配原则,实行同工同酬；国家实行最低工资保障制度。不得克扣或者无故拖欠劳动者的工资；劳动者在法定休假日和婚丧假期间以及依法参加社会活动期间,用人单位应当依法支付工资。法定休假日安排劳动者工作的,支付不低于工资的百分之三百的工资报酬。休息休假的权利：每日工作时间不超过8小时平均每周工作时间不超过44小时；用人单位应当保证劳动者每周至少休息1日；元旦、春节、国际劳动节、国庆节以及法律法规规定的其他休假节日应当依法安排劳动者休假；劳动者连续工作1年以上的,享受带薪年休假。获得劳动安全卫生保护：用人单位必须建立健全劳动安全卫生制度,严格执行国家劳动安全卫生规程和标准,对劳动者进行劳动安全卫生教育,防止劳动过程中的事故,减少职业危害；劳动安全卫生设施必须符合国家规定的标准；劳动者对用人单位管理人员违规指挥强令冒险作业,有权拒绝执行；对危害生命安全和身体健康的行为,有权提出批评检举和控告。享受社会保险和福利：国家发展社会保险事业,建立社会保险制度,设立社会保险基金,使劳动者在年老、患病、工伤、失业、生育等情况下获得帮助和补偿；用人单位和劳动者必须依法参加社会保险,缴纳社会保险费；劳动者在退休、患病负伤、因工伤残或者患职业病失业生育等情形下,依法享受社会保险待遇。

（二）女性职工的特殊劳动保护

你知道女性职工在经期、孕期、产期、哺乳期都有哪些特殊保护内容吗？为什么要对女职工实行特殊劳动保护？女性职工特殊劳动保护是针对女职工的生理特点所进行的特殊保护,目的在于防止不良的劳动条件对女职工健康,尤其是对生育系统和生育功能的影响。

国家法律规定,用人单位不得以结婚、怀孕、产假、哺乳等为由,辞退女职工或者单方解除劳动合同。不得在女职工怀孕产期、哺乳期降低其基本工资,或者解除劳动合同。禁止安排女职工从事矿山井下国家规定的第四级体力劳动强度的劳动和其他女职工禁忌从事的劳动。女性职工的"四期"保护：经期保护。女职工在月经期间，所在单位不得安排其从事冷水低温高处作业分级标准中的第二级、第三级、第四级作业和国家规定的第三级、第四级劳动强度的劳动。孕期保护。单位不得安排怀孕期女职工从事国家规定的第三级、第四级体力劳动强度的劳动和孕期禁忌从事的其他劳动，也不得安排加班加点。怀孕7个月以上（含7个月）的女职工一般不得安排其从事夜班劳动，在劳动时间内应安排一定的休息时间。产期保护。国家规定，女职工产假为98天，其中，产前休假15天，难产的增加产假15天。产假期间，工资照发。哺乳期保护。女职工在哺乳期内，所在单位不得安排其从事国家规定的第三、四级体力劳动强度的劳动和哺乳期禁忌从事的其他劳动，不得延长其劳动时间。一般不得安排其从事夜班劳动。

（三）切实保障劳动安全

实习生在实习期间注意劳动安全，应该做到：严格遵守工作纪律，坚持做到不迟到、不早退、不串岗、不脱岗，顶岗工作期间不办私事，工作之余不私自外出，遇事请假。加强安全防范意识，注意交通安全、防触电、防溺水、防中毒、防雷电。严格遵守岗位操作规程和安全管理制度，严防机械事故、人身伤亡事故等工作责任事故及人身安全事故的发生。实习过程中，严格检查设备和场地，凡发现不符合安全生产要求，有进入危险厂房、接触危险设备、进入危险场地可能的，学生应及时向实习指导教师反映，有权停止操作，待检查合格后再进行操作。

四、遵守安全规程和劳动纪律

（一）遵守劳动安全卫生操作规程是劳动者应尽的义务与责任

在社会主义制度下，劳动者的权利与义务相互依存、不可分离，两者是统一的，任何权利的实现总要以义务的履行为条件。认真学习《劳动法》，不断增强劳动法律意识，劳动者才能懂得依法维护自己的合法权益。

《劳动法》规定：劳动者在劳动过程中必须严格遵守安全操作规程。国家制定的安全卫生操作规程，是劳动者在劳动过程中生命安全、身体健康的法律保证，也是进行正常生产活动、维持企业正常运转的保障。劳动者在劳动过程中既享有劳动保护的权利，又负有执行劳动安全卫生操作规程的义务。劳动者只有严格遵守安全卫生方面的规定，文明生产、安全生产，才能保障生产顺利进行，劳动者自身的生命安全和身体健康，也才有切实保障。

劳动者在劳动过程中要自觉执行劳动安全卫生规程，必须做到，遵守劳动纪律：劳动纪律是组织社会劳动的基础，是进行共同工作所必需的。它要求劳动者在共同劳动过程中遵守一定的规则和秩序，听从管理者的指挥和调度。它是每个劳动者按照规定的时间、质量、程序和方法完成自己所承担的生产任务或工作任务的行为准则。遵守职业道德：职业道德是所有从业人员在职业活动中应该遵循的行为准则，涵盖了从业人员与服务对象、职业与职工、职业与职业之间的关系。我国的职业道德，是以为人民服务为核心的社会主义道德在职业活动中的体现。其基本要求是：爱岗敬业、诚实守信、办事公道、服务群众、奉献社会。执行劳动安全卫生规程：执行劳动安全卫生规程不仅对劳动者的生命和健康有利，也能防止、消除生产过程中的各种职业危害，保证生产顺利进行。

（二）遵守日常安全防范措施是青少年劳动保护的重要内容

青少年应当经常参加生产劳动，学习并掌握一定的劳动技能，培养热爱劳动的思想品质。在劳动中，青少年一定要把安全放在第一位，做到遵守纪律、服从管理、听从指挥，不要随意行动。劳动时不要用劳动工具嬉笑打闹，互相追逐，以防对自己或他人造成伤害。

青少年在学校以及劳动中应该如何保护自己的安全呢？服装得体：要换好适合劳动的服装，服装以透气舒适为宜。正确使用工具：要熟悉劳动工具的正确使用方法，避免因方法不当而对自己或他人造成伤害。了解安全常识：准备中最重要的一项，就是要了解该项劳动的安全常识，避免在劳动中发生危险情况。遵守劳动纪律：服从分配听指挥。在劳动中要做到：劳动时不和同学玩耍打闹，特别是使用工具时严禁嬉戏追逐打闹；必须在指定范围内参加劳动；不擅自改变劳动的有关规定，服从分配听指挥。虚心请教：掌握劳动要领不仅能提高劳动的速度和质量，而且能避免事故的发生。要做到认真听取老师或师傅的讲课，记住劳动的程序，领会劳动的操作要领。在劳动过程中，要虚心接受指导，及时改正不正确的动作，遇到不会操作的地方要及时请教。切忌蛮干，量力而行：各人的体质不同，力气有大有小，盲目蛮干会伤害身体，青少年处于生长时期，更要注意保护身体。切记远离危险物品：劳动时不要接触有害物质，如硫酸、农药等，不随便触摸玩弄电器及电源开关等。应远离没有防护装置的传送带、砂轮、电锯等危险劳动工具，以免发生意外。注意个人卫生，尤其是在劳动中接触农药等有害物质的，要及时洗手，避免因不小心导致农药中毒。

案例链接

安全意识淡薄致伤害

某高校顶岗实习学生××在大型工程机械制造企业从事装配钳工岗位的工作。一个员工舞天用航车运大型齿轮，从一个工位到另一个工位，该学生担心齿轮掉下来，于是用手去扶正齿轮，结果两个齿轮朝着学生手扶的方向滑动，当时就夹住了学生右手的中指和食指。由于是大型齿轮，他的两根手指被夹断。该学生被紧急送往医院，医生说要么接骨，但费用很高，要么截肢。事故发生后，企业马上通知学校教师和学生家长，三方商定采取接骨的治疗方案，费用除企业帮学生购买的重大事故责任险的赔付之外，其他部分均由企业承担。

资料来源：李爱国. 高职机械类专业顶岗实习安全事故处理案例分析［J］. 科教文汇（上旬刊），2014（12），有改动。

❖ 劳动实践教育

> **实践行动**

学校消防安全演练与消防检查

【实践目的】

通过普及学生消防常识，经过消防安全疏散演练，有效增强师生的防火意识和紧急疏散、逃生能力，通过消防安全知识讲授和演练进一步增强学生的消防安全意识。

【实践内容】

1. 消防演练

(1) 准备：全体参加演练人员各就各位，做好演练准备工作。

(2) 开始：总指挥宣布："各位同学、各位老师，××高中消防（或地震）逃生演练现在开始。"

(3) 火场疏散：警报响后，所有人员立即按规定路线疏散到操场。

火场逃生十三招口诀：

第一招：逃生演练，临危不乱；第二招：熟悉环境，记住出口；第三招：通道出口，畅通无阻；第四招：扑灭小火，防小生大；第五招：跳楼有术，虽损求生；第六招：不入险地，不贪财物；第七招：简易防护，捂鼻匍匐；第八招：善用通道，电梯莫入；第九招：缓降逃生，滑绳自救；第十招：避难场所，固守待援；第十一招：缓晃轻抛，寻求援助；第十二招：火已及身，切勿惊跑；第十三招：明辨方向，迅速撤离。

(4) 清点整理：疏散时各单位按规定位置集合好，各班主任维持好学生秩序、清点好人数、了解疏散状况，向各负责人汇报，然后汇报给总指挥。

(5) 公布结果：总指挥公布结果。包括起火原因、疏散情况、疏散用时、人员及财物损伤情况、灭火情况及有待改进情况等。

2. 消防检查

邀请消防专业人员做指导和判官，学生分组扮演消防检查人员，对学校消防设施及消防安全管理进行一次大检查。填写下表：

消防项目	现实情况	质量标准	存在问题及改进
消防设施配备与放置（包括消防标识）			
消防安全制度（包括消防操作流程）			
消防培训（或演练）			

第二课　劳动安全教育

课堂导入

危险化学品事故

2020年2月11日19时50分左右，某经济开发区的某公司烯草酮车间在试生产过程中，原料氯代烯丙基氧胺储罐发生爆炸，共造成5人死亡、10人受伤。事故的直接原因是：作业人员操作错误，将丙三酮与氯代烯丙基氧胺同时加入氯代烯丙基氧胺储罐内，原料在储罐内发生反应，导致原料温度升高、分解爆炸。

据统计，在生产事故中，近7成事故是由于违章作业造成的。违章作业是指作业人员在劳动过程中，违反劳动的安全法规、标准规章制度操作规程，盲目蛮干，冒险作业的行为。

资料来源：http：/www.mem.gov.cn/fw/Jsxx/202002/t20200228-344856.shtml，有改动

讨论：大学生在参加劳动时，应该如何做才能保障自己的安全？

课堂在线

安全教育是培养大学生全面素质的重要内容。近年来，随着高校大学生意外事故案例的逐年增多，正视大学生安全教育，也就成了当前高校学生管理工作的首要问题。通过对大学生安全教育必要性和存在问题的分析，找到解决问题的方法，遵循一定的原则，采取多种措施，切实开展安全教育，普及安全知识，提高学生自我保护和安全防范能力。

一、顶岗实习安全教育

1. 岗位操作安全教育

安全重于泰山，安全是一切工作的第一前提。在顶岗实习中，学生无论从事什么工作，都会面临一定的安全问题，只是不同的岗位和工作性质面临的安全环境有所区别罢了。学生对企业的生产经营活动不是非常了解，没有从事相关工作的经验，比企业正式员工更容易出现安全问题。因此，学校和企业都应该重视学生的安全问题。

在顶岗实习前，学校要根据学生将要参与的顶岗实习企业及岗位做好安全教育工作，安排专题安全教育。学校应积极创新安全教育学习方式，在集中培训、专题讲座等常规模式的基础上，充分利用新媒体如微博、微信、QQ、手机新闻报、电子杂志等形式，或者组织一些安全法治宣传晚会等文娱活动，通过一些大家喜闻乐见且教育意义深刻的相声、小品等进行安全法治宣传，组织一些正、反面典型的宣讲活动进行示范、警示教育。

◆劳动实践教育

　　学校应建立安全教育考核制度，对参加顶岗实习的学生进行培训考核，参加安全教育考核不及格的实习学生不得参加顶岗实习，直至安全教育考核成绩达标。安全教育考核制度是对学生、学校、企业三方负责，强化学生的安全意识，提高学生的劳动纪律观念，能够有效降低安全隐患。

　　在顶岗实习前，实习单位要对实习学生进行安全生产培训。针对学生的顶岗实习实际情况，重点培训安全实习的相关制度，如安全用电制度、安全生产制度和产品的安全包装制度等，要求学生提高劳动纪律观念，在操作过程中要步调一致，不得随便拆卸机械零件或点击不熟悉的按键；遵守安全操作规程，防止刀伤、碰伤、撞伤、砸伤、烫伤、踩空跌倒及身体被卷入转动设备等人身事故和设备事故的发生；要服从实习指导教师的工作安排，对重大问题应事先向实习指导教师反映，共同协商解决，学生不得擅自处理。学校和实习单位要保证顶岗实习学生具备必要的安全生产知识，掌握本岗位的安全操作技能。未经安全生产教育和培训的实习学生不得上岗作业。

　　在顶岗实习中不可避免地会发生安全事故，但只要采取有效的预防措施，就能够做到将事故发生率控制到最低，将各方的损失降到最低，保证顶岗实习顺利进行。在顶岗实习中，工作环节是最容易发生安全问题的。因此，安全教育不仅是实习前的动员教育，而且应该贯穿于顶岗实习的进行阶段和结束阶段，在任何时候都不能松懈。在顶岗实习进行阶段，实习指导教师要引导学生学会做安全分析，发现问题及时纠正，帮助学生养成每天进行安全小结、定期向实习指导教师汇报的习惯。实习指导教师要将安全教育贯穿于顶岗实习的整个过程中，促进学生形成良好的职业习惯，培养学生良好的职业道德。

　　安全事故具有突发性和偶然性。学校必须与实习单位、保险公司建立应急预案，设定专门的应急负责人，保持相互间的密切联系，保证信息沟通的顺畅。在遇到突发情况的时候，应急负责人应能够在第一时间获取信息，赶赴现场进行处理。

　　学校通过上述方式对学生进行生产安全、厂规厂纪教育，可以强化顶岗实习学生的安全意识，提高学生的自我保护意识和自我保护能力。此外，学校还应安排学生学习生产安全方面的法律法规，强化学生的法律意识。通过岗位操作安全教育，让学生学会应对简单的安全问题。同时，针对顶岗实习岗位让学生了解相应岗位可能存在的安全问题，以及如何规避风险，保障安全。

　　2. 生产岗位安全操作规程

　　在顶岗实习工作岗位上，实习学生应严格遵守以下生产岗位安全操作规程：

　　（1）明确生产实习任务，遵守安全操作规程，严格遵守劳动纪律。严格执行交接班制度巡回检查制度，禁止脱岗，禁止做与生产无关的一切活动，遵守7S管理。

　　（2）实习学生应在短时间内与自己的实习指导教师建立起较好的师生关系，在工作中要积极主动，遵守纪律，认真执行岗位安全操作规程，防止发生人身伤害事故和设备事故。

　　（3）开机前，必须全面检查设备有无异常情况，对转动设备应确认无卡死现象，安全保护设施完好无缺漏电等，并确认无人在设备内作业，方能启动运转。启动后若发现异常情况，应立即停机检查原因并及时反映。

（4）严格遵守特种设备管理制度，禁止无证操作。正确使用特种设备，开机时必须注意检查，发现不安全因素应立即停止使用并挂上故障牌。

（5）按章作业，搞好岗位安全文明生产，发现隐患（特别是对泄漏、易引起火灾的危险部位）应及时处理并上报。及时清理杂物油污及物料，切实做到安全消防通道畅通无阻。

（6）安全生产八安八险

以遵章守纪为安，以违章蛮干为险；
以谦虚谨慎为安，以逞强好胜为险；
以精力集中为安，以心神不定为险；
以劳保齐全为安，以麻痹大意为险；
以防微杜渐为安，以心存侥幸为险；
以现场整洁为安，以器具杂乱为险；
以事前预防为安，以事后抢险为险；
以严格要求为安，以松松垮垮为险。

（7）安全生产十二忌

一忌盲目操作，不懂装懂；二忌马虎操作，粗心大意；
三忌急躁操作，忙中出错；四忌只顾操作，不顾相关；
五忌忙乱操作，顾此失彼；六忌心慈手软，扩大事端；
七忌程序不清，次序颠倒；八忌单一操作，监护不力；
九忌有章不循，胡干蛮干；十忌不分主次，轻重缓急；
十一忌情绪波动，带入工作；十二忌麻痹大意，轻视隐患。

3. 岗位操作安全事故的处理

岗位操作安全事故大多是机械性伤害。若是轻伤事故，则应立即关闭运行中的机械设备，保护现场，对伤者进行消毒止血、包扎止痛等急救措施，尽快将伤者送往医院进行处理。若是重伤事故，则应立即关闭运行中的机械设备，保护现场，及时向有关部门汇报，立即对受伤部位进行临时处理，并立即按打120急救电话求救。

在顶岗实习中一旦有学生发生安全事故，实习指导教师首先应马上赶赴现场，拨打急救中心电话，说明发生安全事故的准确地理位置，告知现场状况及人员的受伤程度，冷静回答救护人员的询问，随时向急救中心人员汇报情况；其次，通知学校应急预案领导小组，让他们派人过来处理相关事宜；再次，通知受伤学生的家属；最后，向保险公司报备，说明学生受伤的经过及伤势情况。实习指导教师按照顶岗实习保险的理赔处理流程与保险公司协调办理理赔等相关事宜。

在生产操作中，一旦发生触电事故，首先要使触电者脱离电源，其次根据情况在施救的同时拨打120急救电话。

脱离电源方法：拔出电源插销，或拉开电源开关，或用电工钳、木柄等切断电线；如

❖ 劳动实践教育

果离电源开关较远或断开电源有困难，可用干燥的木棍、竹竿挑开触电者身上的电线或拨开带电设备；可用几层干燥的衣服将手包住或站在干燥的木板上，拉触电者的衣服，使其脱离电源；或给触电者垫绝缘物。

触电急救的方法：

口对口人工呼吸。这是触电者呼吸停止后运用的急救方法，其步骤如下：

使触电者仰卧，迅速清理其口腔内妨碍呼吸的杂物，并使其头部后仰至鼻孔朝天，以免舌根堵塞呼吸道，同时迅速解开其领口和衣服，以利呼吸；救护人员在触电者一侧，用一只手捏紧其鼻孔，用另一只手掰开他的嘴，深呼吸后紧贴其嘴往里吹气约2秒钟，对儿童只能小口吹气；松开触电者的鼻和嘴，让他自行呼吸3秒钟。

如果实在不能使触电者的口张开，可改用口对鼻人工呼吸，即捏紧触电者的嘴唇，从鼻孔往里吹气。

胸外心脏挤压（仰卧压胸法）。这是触电者心脏停止跳动或心室颤动时运用的急救方法，步骤如下：

使触电者仰卧在坚实的地方，取仰卧位，背部可稍加垫，使胸部凸起。救护人屈膝跪地于触电者大腿两旁，或站立在触电者一侧，把双手分别放于乳房下面（相当于第六七对肋骨处），大拇指向内，靠近胸骨下端，其余四指向外，放于胸廓肋骨之上。两手相叠，掌根放在其心窝稍上一点的地方；掌根用力向下挤压，压出心脏里面的血液，对成人压陷3~4厘米、每秒钟挤压1次，对儿童用力要小一些，但挤压的频率要适当提高；挤压后掌根迅速全部放松（掌根不必完全离开触电者胸部），让触电者胸廓自动复原，血液再次充满心脏。

二、勤工助学安全教育

《高等学校学生勤工助学管理办法》对学生在校期间勤工助学做了相关规定。同时各大中专院校针对自己学校的情况也分别出台了相关的管理规定。学生在校期间如果要参加勤工助学，不仅要了解国家的政策，还要了解本学校的相关政策。

1. 勤工助学中的劳动保护

学校要加强对用人单位招聘和使用学生的过程进行监督，对有损学生合法权益的行为应予以纠正，甚至取消用人单位招聘学生勤工助学的资格。要保证学生参加勤工助学时依法享受劳动保护。

2. 勤工助学中的报酬保障

2018年9月，教育部印发《高等学校学生勤工助学管理办法》修订稿。新规调整了大学生校内勤工助学临时岗位的薪酬，由原来的原则上不低于每小时8元调整为每小时12元；参加勤工助学的时间原则上每周不超过8小时，每月不超过40小时。

学生在勤工助学过程中要切实保障自己的合理报酬，防止被克扣和拖欠。

3. 勤工助学中的人身安全

高校安排勤工助学岗位，应优先考虑家庭经济困难的学生。对少数民族学生从事勤工助学活动，应尊重其风俗习惯；不得组织学生参加有毒、有害和危险的生产作业以及超过学生身体承受能力、有碍学生身心健康的劳动。禁止学生参加高空作业、污染严重、放射性强等易对人体造成伤害和威胁的工作及其他不适合学生承担的工作。

三、社会实践安全教育

社会实践是人才培养的重要环节，是提高学生实践能力、创造能力、就业能力和创业能力的重要途径与手段。近年来，在党和政府的高度重视与大力支持下，社会实践在育人环节中的作用更加突出。然而，学生在实践实训过程中往往需要离开学校，深入社会，走进企事业单位、社区、农村等，由于学生社会经验相对欠缺，安全防范意识和技能不强，导致安全问题时有发生且呈现上升趋势，有些安全事件对学生本人及其家庭和学校造成了无法弥补的损失。

（一）社会实践中的交通安全

交通安全是实践实训出行中需要注意的第一安全，学生在前往实践地和返校过程中都需要使用交通工具。为确保人身安全，避免发生交通安全事故，在外出过程中应做到以下几点：

（1）遵守交通法规。加强交通法规的学习，严格遵守交通规则。

（2）关注外出天气。避免在危险天气，如台风、大雪、冰雹等天气外出调查。

（3）注意车辆安全。不乘坐"三无"（无车牌、无行驶证、无营运资格）的"黑车""黑船"，应当尽量到正规的车站或轮渡口购买正式车票、船票，不乘坐状况不好的车、船，拒绝乘坐严重超载的车、船。

（4）关注交通状况。在乘车过程中，不要把头、手伸出窗外；下车时，应等车辆停稳，同时注意公路上的交通状况。

（5）妥善处理交通事故。若不幸发生交通事故，应由当地交通安全管理部门依照交通安全法律、法规进行妥善处理。

【劳动资料卡】

大学生发生交通事故的处理办法

大学生在闲暇时会到市区进行购物、观光、访友等活动，由于这些地区车流量大行人多，各种交通标志令人眼花缭乱，与校园道路相比交通状况更加复杂，若缺乏通行经验，发生交通事故的概率会更高。有的学生公寓建在校外，每天上课下课时在校园周边地区形成人流车流高峰，成为大学生交通事故新的多发地带。大学生离校、返校、外出旅游、社会实践、寻找工作等外出活动中，乘坐各种交通工具，交通事故也时有发生，有时甚至造成群体性伤亡，教训十分惨重。发生交通事故的处理办法如下：

（1）及时报案。一旦发生交通事故，首先要及时报案，有利于事故的公正处理，千万不能与肇事者"私了"。若在校外发生交通事故，除及时报案外，还应该及时与学校取得联系，由学校出面处理有关事宜。

（2）保护现场。事故现场的勘察结论是划分事故责任的依据之一，若现场没有保护好，会给交通事故的处理带来困难，甚至造成"有理说不清"的情况。切记，发生交通事故后要保护好事故现场。

（3）控制肇事者。若肇事者想逃脱，一定要设法控制。自己不能控制可以发动周围的人帮忙控制，若实在无法控制也要记住肇事车辆的车辆牌号等特征。

（二）社会实践中的人身安全

人身安全至关重要，在实践实训过程中要格外注意人身安全。具体而言，应当做到以下几点：

（1）避免单独行动。尽量避免单独行动，个人单独进行实践实训活动时，应当随时与亲人、学校、调查访谈单位保持联系。

（2）尽量低调行事。参加实践实训时，应尽量低调行事，防止因财物外露或个人激烈行为而遭到不法分子侵害。

（3）遵守法律法规。外出时，自觉遵守各项法律法规，时刻注意安全，避免发生意外事故。

（4）注意防止性侵。学生在实践实训中更应该注意人身安全，穿着要得体大方，不穿暴露的衣服，避免在夜间单独外出活动，以防遭到性侵害。

（5）携带常用药物。学生参加实践实训活动时，可以自带一些常用的药物（如晕船晕车药、感冒药、防中暑及腹泻的藿香正气水等），在出现一般常见病时对症服药；病情严重的，应及时就医。

（三）社会实践中的财产安全

学生在劳动教育，尤其是顶岗实习勤工助学和社会实践的过程中，经常会遇到与安全有关的问题。这些问题复杂多样。概括起来，主要的安全问题分为盗窃、诈骗、抢劫等。而且，这些问题不仅存在于顶岗实习勤工助学和社会实践中，在学生的日常生活和学习中均有涉及。

1. 防盗窃

无论是宿舍图书馆、车间、办公室还是浴室及其他地方，若发现被盗，一定要保持头脑清醒，不要大呼小叫。例如，回宿舍办公室时，如果发现门窗被打开，或者玻璃被打碎、纱窗被割破、室内物品被翻得比较乱等情况，要第一时间想到这是室内发生了盗窃。遇到这种情况，头脑要清醒，不要急于到室内查找自己的物品。

2. 防诈骗

诈骗是指以非法占有为目的，用虚构事实或者隐瞒真相的方法骗取款额较大的公私财物的行为。学生群体因生活环境单一、社会阅历较浅而具有独立性差、好奇心强、识别力差的特点，也正因为如此，许多诈骗组织和个人将触角伸向学生，致使许多学生的财产受到损失，严重影响了社会的稳定与和谐。

> **案例链接**

大学生做家教须谨慎

回家过暑假的某大学大二学生张某，因应聘家教，"面试"时一不小心被骗1000余元。据了解，张某放假后即回黔江过暑假。为了减轻家里的负担，张某通过网络，发布了想应聘家教的相关信息。7月24日下午，张某接到一名男子的电话，该男子自称姓黄，家里的小孩正上小学五年级，需要一名辅导英语和数学的家教。双方在电话里聊了一会儿之后。该男子建议，7时双方在小广场见面，再商谈具体的事宜。

下午7时左右，张某赶到小广场。双方见面之后，黄某便一直不停地接打电话，好像业务很忙，而对于家教的事，双方并没有谈很多。过了一会儿，黄某执意要请张吃饭。于是，两人一起走进大早岗的一家餐馆。入座之后，黄某又开始忙碌起来，不断进出餐馆接打电话。中间一次，他找老板拿了两条烟，让老板拿报纸包好。刚要准备吃饭，黄某忽然又接了一个电话，然后告诉张某："有个朋友也要来吃饭，我去接他，马上就回来。"说完，拿着两条烟出去了。半个多小时过去了，始终不见黄某回来。此时，张某有点担心了，赶忙拨打黄的电话，但是语音提示"对方已关机"。张某胡乱地吃了点东西，然后喊来老板问是不是结账了。结果，黄某不但没有结账，还给张某留下了1000余元的账单。"饭钱倒没多少，关键是那两条烟价值900多元。"张某说，因为当时自己没带多少钱，最后他只有喊朋友送钱过来才得以脱身。

3. 防抢劫

抢劫是行为人以暴力胁迫或其他方法强行抢走财物的行为。抢劫具有较大的危害性和骚扰性，往往转化为凶杀伤害强奸等恶性案件，严重侵犯学生的财产及人身权利，威胁学生的生命安全，造成学生生命健康及精神上的损害。学生只有提高自我保护能力和自我保护意识，才能避免自己成为受害对象，并在危急时刻保护自己的生命安全和财产安全。

（四）社会实践中的人际交往安全

学生应当学会正确的交往技巧，避免因为交往不慎而引发安全问题。具体而言，应当做到以下几点：

（1）注意礼貌。与人交流时应注意礼貌，态度要诚恳，语调要轻柔，问事问路要用礼貌称谓，问话应客气。

（2）态度谦逊。在访谈对象时，应当注意倾听被调查者的陈述并认真做好记录，态度要谦逊。

（3）换位思考。遇到不顺心的事情或者受到不公正的待遇时要学会换位思考，及时调整心态，不要闹情绪互相谩骂，更不能打架斗殴，制造纠纷。

❖劳动实践教育

实践行动

珍爱生命 安全第一

【实践目的】
增强学生的法制安全意识，预防和减少涉及学生的安全事故。

【实践内容】

1. 触电施救演练。填写下表：

演练项目	内容要点	操作过程及要求
脱离电源		
拨打120求救		
人工呼吸		

2. 学校通过组织观看安全教育录像、悬挂安全教育标语和张贴交通安全挂图、邀请相关法制人员做安全专题讲座以及对全校设施设备进行安全大检查等活动，为学生普及安全知识。通过活动，学生分小组讨论生活中存在哪些安全隐患，针对这些隐患应如何解决，并形成书面报告提交给老师，3000字左右。

附 录

大中小学劳动教育指导纲要（试行）

为深入贯彻习近平总书记关于教育的重要论述，全面贯彻党的教育方针，落实《中共中央国务院关于全面加强新时代大中小学劳动教育的意见》，加快构建德智体美劳全面培养的教育体系，制定本指导纲要。

一、劳动教育性质和基本理念

（一）劳动教育性质

劳动是创造物质财富和精神财富的过程，是人类特有的基本社会实践活动。劳动教育是发挥劳动的育人功能，对学生进行热爱劳动热爱劳动人民的教育活动。当前实施劳动教育的重点是在系统的文化知识学习之外，有目的有计划地组织学生参加日常生活劳动生产劳动和服务性劳动，让学生动手实践出力流汗，接受锻炼、磨炼意志，培养学生正确劳动价值观和良好劳动品质。

劳动教育是新时代党对教育的新要求，是中国特色社会主义教育制度的重要内容，是全面发展教育体系的重要组成部分，是大中小学必须开展的教育活动。它具有鲜明的思想性，必须将马克思主义劳动观贯彻始终，强调劳动是一切财富价值的源泉，劳动者是国家的主人，一切劳动和劳动者都应该得到鼓励和尊重倡导通过诚实劳动创造美好生活实现人生梦想，反对一切不劳而获崇尚暴富贪图享乐的错误思想。具有突出的社会性，必须加强学校教育与社会生活生产实践的直接联系，发挥劳动在个人与社会之间的纽带作用，引导学生认识社会，增强社会责任感同时注重让学生学会分工合作，体会社会主义社会平等和谐的新型劳动关系。具有显著的实践性，必须面向真实的生活世界和职业世界，引导学生以动手实践为主要方式，在认识世界的基础上，获得有积极意义的价值体验，学会建设世界，塑造自己，实现树德、增智、强体、育美的目的。

（二）劳动教育基本理念

（1）强化劳动观念，弘扬劳动精神。将劳动观念和劳动精神教育贯穿人才培养全过程，贯穿家庭学校社会各方面。注重让学生在学习和掌握基本劳动知识技能的过程中，领悟劳动的意义价值,形成勤俭奋斗创新奉献的劳动精神。

(2) 强调身心参与,注重手脑并用。把握劳动教育的根本特征,让学生面对真实的个人生活生产和社会性服务任务情境,亲历实际的劳动过程,善于观察思考,注重运用所学知识解决实际问题,提高劳动质量和效率。

(3) 继承优良传统,彰显时代特征。在充分发挥传统劳动传统工艺项目育人功能的同时,紧跟科技发展和产业变革,准确把握新时代劳动工具、劳动技术、劳动形态的新变化,创新劳动教育内容途径方式,增强劳动教育的时代性。

(4) 发挥主体作用,激发创新创造。关注学生劳动过程中的体验和感悟,引导学生感受劳动的艰辛和收获的快乐,增强获得感、成就感、荣誉感。鼓励学生在学习和借鉴他人丰富经验技艺的基础上,尝试新方法探索新技术,打破僵化的思维方式,推陈出新。

二、劳动教育目标和内容

(一) 总体目标

准确把握社会主义建设者和接班人的劳动精神面貌、劳动价值取向和劳动技能水平的培养要求,全面提高学生劳动素养,使学生:

树立正确的劳动观念。正确理解劳动是人类发展和社会进步的根本力量,认识劳动创造人,劳动创造价值创造财富创造美好生活的道理,尊重劳动,尊重普通劳动者,牢固树立劳动最光荣、劳动最崇高、劳动最伟大、劳动最美丽的思想观念。

具有必备的劳动能力。掌握基本的劳动知识和技能,正确使用常见劳动工具,增强体力智力和创造力,具备完成一定劳动任务所需要的设计操作能力及团队合作能力。

培育积极的劳动精神。领会"幸福是奋斗出来的"内涵与意义,继承中华民族勤俭节约敬业奉献的优良传统,弘扬开拓创新砥砺奋进的时代精神。

养成良好的劳动习惯和品质。能够自觉自愿认真负责安全规范坚持不懈地参与劳动,形成诚实守信吃苦耐劳的品质。珍惜劳动成果,养成良好的消费习惯,杜绝浪费。

(二) 主要内容

劳动教育主要内容包括日常生活劳动、生产劳动和服务性劳动中的知识技能与价值观。日常生活劳动教育立足个人生活事务处理,结合开展新时代校园爱国卫生运动,注重生活能力和良好卫生习惯培养,树立自立自强意识。生产劳动教育要让学生在工农业生产过程中直接经历物质财富的创造过程,体验从简单劳动、原始劳动向复杂劳动、创造性劳动的发展过程,学会使用工具,掌握相关技术,感受劳动创造价值,增强产品质量意识,体会平凡劳动中的伟大。服务性劳动教育让学生利用知识、技能等为他人和社会提供服务,在服务性岗位上见习实习,树立服务意识,实践服务技能;在公益劳动、志愿服务中强化社会责任感。

(三) 学段要求

1. 小学

低年级:以个人生活起居为主要内容,开展劳动教育,注重培养劳动意识和劳动安全意识，使学生懂得人人都要劳动，感知劳动乐趣，爱惜劳动成果。指导学生：

（1）完成个人物品整理、清洗，进行简单的家庭清扫和垃圾分类等，树立自己的事情自己做的意识，提高生活自理能力；

（2）参与适当的班级集体劳动，主动维护教室内外环境卫生等，培养集体荣誉感；

（3）进行简单手工制作，照顾身边的动植物，关爱生命，热爱自然。

中高年级：以校园劳动和家庭劳动为主要内容开展劳动教育，体会劳动光荣，尊重普通劳动者，初步养成热爱劳动、热爱生活的态度。指导学生：

（1）参与家居清洁、收纳整理，制作简单的家常餐等，每年学会1~2项生活技能，增强生活自理能力和勤俭节约意识，培养家庭责任感；

（2）参加校园卫生保洁、垃圾分类处理、绿化美化等，适当参加社区环保、公共卫生等力所能及的公益劳动，增强公共服务意识；

（3）初步体验种植、养殖、手工制作等简单的生产劳动，初步学会与他人合作劳动，懂得生活用品、食品来之不易，珍惜劳动成果。

2. 初中

兼顾家政学习、校内外生产劳动、服务性劳动，安排劳动教育内容，开展职业启蒙教育，体会劳动创造美好生活，养成认真负责、吃苦耐劳的劳动品质和安全意识，增强公共服务意识和担当精神。让学生：

（1）承担一定的家庭日常清洁、烹饪、家居美化等劳动，进一步培养生活自理能力和习惯，增强家庭责任意识；

（2）定期开展校园包干区域保洁和美化，以及助残、敬老、扶弱等服务性劳动，初步形成对学校、社区负责任的态度和社会公德意识；

（3）适当体验包括金工、木工、电工、陶艺、布艺等项目在内的劳动及传统工艺制作过程，尝试家用器具、家具、电器的简单修理，参与种植、养殖等生产活动，学习相关技术，获得初步的职业体验，形成初步的生涯规划意识。

3. 普通高中

注重围绕丰富职业体验，开展服务性劳动和生产劳动，理解劳动创造价值，接受锻炼、磨炼意志，具有劳动自立意识和主动服务他人、服务社会的情怀。指导学生：

（1）持续开展日常生活劳动，增强生活自理能力，固化良好劳动习惯；

（2）选择服务性岗位，经历真实的岗位工作过程，获得真切的职业体验，培养职业兴趣；积极参加大型赛事、社区建设、环境保护等公益活动、志愿服务，强化社会责任意识和奉献精神；

（3）统筹劳动教育与通用技术课程相关内容，从工业、农业、现代服务业以及中华优秀传统文化特色项目中，自主选择1~2项生产劳动，经历完整的实践过程，提高创意物化能力，养成吃苦耐劳、精益求精的品质，增强生涯规划的意识和能力。

4. 职业院校

重点结合专业特点，增强职业荣誉感和责任感，提高职业劳动技能水平，培育积极向上的劳动精神和认真负责的劳动态度。组织学生：

（1）持续开展日常生活劳动，自我管理生活，提高劳动自立自强的意识和能力；

（2）定期开展校内外公益服务性劳动，做好校园环境秩序维护，运用专业技能为社会、为他人提供相关公益服务，培育社会公德，厚植爱国爱民的情怀；

（3）依托实习实训，参与真实的生产劳动和服务性劳动，增强职业认同感和劳动自豪感，提升创意物化能力，培育不断探索、精益求精、追求卓越的工匠精神和爱岗敬业的劳动态度，坚信"三百六十行，行行出状元"，体认劳动不分贵贱，任何职业都很光荣，都能出彩。

5. 普通高等学校

强化马克思主义劳动观教育，注重围绕创新创业，结合学科专业开展生产劳动和服务性劳动，积累职业经验，培育创造性劳动能力和诚实守信的合法劳动意识。使学生：

（1）掌握通用劳动科学知识，深刻理解马克思主义劳动观和社会主义劳动关系，树立正确的择业、就业、创业观，具有到艰苦地区和行业工作的奋斗精神；

（2）巩固良好的日常生活劳动习惯，自觉做好宿舍卫生保洁，独立处理个人生活事务，积极参加勤工助学活动，提高劳动自立自强能力；

（3）强化服务性劳动，自觉参与教室、食堂、校园场所的卫生保洁、绿化美化和管理服务等，结合"三支一扶"、大学生志愿服务西部计划、"青年红色筑梦之旅""三下乡"等社会实践活动开展服务性劳动，强化公共服务意识和面对重大疫情、灾害等危机主动作为的奉献精神；

（4）重视生产劳动锻炼，积极参加实习实训专业服务和创新创业活动，重视新知识、新技术、新工艺、新方法的运用，提高在生产实践中发现问题和创造性解决问题的能力，在动手实践的过程中创造有价值的物化劳动成果。

三、劳动教育途径、关键环节和评价

（一）劳动教育途径

将劳动教育纳入人才培养全过程，丰富拓展劳动教育实施途径。

1. 独立开设劳动教育必修课

在大中小学设立劳动教育必修课程。中小学劳动教育课平均每周不少于1课时，用于活动策划、技能指导、练习实践、总结交流等，与通用技术和地方课程校本课程等有关内容进行必要统筹。职业院校开设劳动专题教育必修课，不少于16学时；主要围绕劳动精神、劳模精神、工匠精神、劳动组织劳动安全和劳动法规等方面设计。普通高等学校要将劳动教育纳入专业人才培养方案，明确主要依托的课程，可在已有课程中专设劳动教育模块，也可专门开设劳动专题教育必修课，本科阶段不少于32学时；课程内容应加强马克思主义劳动观教育，普及与学生职业发展密切相关的通用劳动科学知识，并经历必要的实践体验。

2. 在学科专业中有机渗透劳动教育

中小学道德与法治（思想政治）、语文、历史、艺术等学科要有重点地纳入劳动创造人本身、劳动创造历史、劳动创造世界、劳动不分贵贱等马克思主义劳动观，纳入歌颂劳模、歌颂普通劳动者的选文选材，纳入阐释勤劳节俭、艰苦奋斗等中华民族优良传统的内容，加强对学生辛勤劳动、诚实劳动、合法劳动等方面的教育。数学、科学、地理、技术、体育与健康等学科要注重培养学生劳动的科学态度、规范、意识、效率、观念和创新精神。

职业院校要将劳动教育全面融入公共基础课，要强化马克思主义劳动观、劳动安全、劳动法规教育。专业课在进行职业劳动知识技能教学的同时，注重培养"干一行爱一行"的敬业精神，吃苦耐劳、团结合作、严谨细致的工作态度。

普通高等学校要将劳动教育有机纳入专业教育、创新创业教育，不断深化产教融合，强化劳动锻炼要求，加强高等学校与行业骨干企业高新企业中小微企业紧密协同，推动人才培养模式改革。专业类课程主要与服务学习、实习实训、科学实验、社会实践、毕业设计等相结合开展各类劳动实践，注重分析相关劳动形态发展趋势，强化劳动品质培养。在公共必修课中，要进一步强化马克思主义劳动观教育、劳动相关法律法规与政策教育。

3. 在课外校外活动中安排劳动实践

将劳动教育与学生的个人生活、校园生活和社会生活有机结合起来，丰富劳动体验，提高劳动能力，深化对劳动价值的理解。

中小学每周课外活动和家庭生活中劳动时间，小学一至二年级不少于2小时，其他年级不少于3小时；职业院校和普通高等学校要明确生活中的劳动事项和时间，纳入学生日常管理工作。

大中小学每学年设立劳动周，采用专题讲座、主题演讲、劳动技能竞赛、劳动成果展示、劳动项目实践等形式进行。小学以校内为主，小学高年级可适当安排部分校外劳动；普通中学职业院校和普通高等学校兼顾校内外，可在学年内或寒暑假安排，以集体劳动为主，由学校组织实施。高等学校也可安排劳动月，集中落实各学年劳动周要求。

4. 在校园文化建设中强化劳动文化

学校要将劳动习惯、劳动品质的养成教育融入校园文化建设之中。要通过制定劳动公约每日劳动常规学期劳动任务单，采取与劳动教育有关的兴趣小组、社团等组织形式，结合植树节、学雷锋纪念日、五一劳动节、农民丰收节、志愿者日等，开展丰富的劳动主题教育活动，营造劳动光荣创造伟大的校园文化。

要举办"劳模大讲堂""大国工匠进校园"优秀毕业生报告会等劳动榜样人物进校园活动，组织劳动技能和劳动成果展示，综合运用讲座、宣传栏、新媒体等，广泛宣传劳动榜样、人物事迹，特别是身边的普通劳动者事迹，让师生在校园里近距离接触劳动模范，聆听劳模故事，观摩精湛技艺，感受并领悟勤勉敬业的劳动精神，争做新时代的奋斗者。

（二）劳动教育关键环节

各地和学校要注重围绕劳动教育的目标和内容要求，从提高劳动教育的效果出发，把握劳动教育任务的特点，抓住关键环节，选择适宜的劳动教育方式。

（1）讲解说明。围绕劳动为什么、是什么问题，有重点地进行讲解，让学生懂得劳动的意义和价值。加强劳动观念、劳动纪律、劳动相关法律法规的正面引导，指明轻视劳动特别是轻视普通劳动的危害，让学生明辨是非。加强劳动知识技能的讲解，让学生认清事理，掌握实践操作的基本原理、程序规则，正确使用工具的方法和技术。讲解要与启发思考示范练习等结合起来。

（2）淬炼操作。围绕如何做的问题，注重示范与练习，让学生会劳动。强化规范意识，注重从最基本的程序学起，严守规则，避免主观随意。强化质量意识，注重引导学生关注细节，每个步骤环节都要精准到位。强化专注品质，注重引导学生对操作行为的评估与监控，做到眼到手到心到，有始有终。

（3）项目实践。围绕劳动能力的培养，让学生完成真实、综合任务，经历完整劳动过程。注重劳动价值体认，引导学生从现实生活中发现需求，选择和确定劳动项目。强化规划设计意识，充分发挥学生的主动性、积极性、创造性，引导学生对项目实践进行整体构思，综合运用所学知识、技术，不断优化行动方案。强化身体力行，锤炼意志品质，敢于在困难与挑战中完成行动任务。

（4）反思交流。围绕劳动价值意义的建构，引导学生总结、交流，促进学生形成反思交流习惯。指导学生思考劳动过程和结果与社会进步、个体成长的关联，避免停留在简单的苦乐体验上。组织学生交流分享劳动的体验和收获，肯定具有积极意义的认识，纠正观念上的偏差。将反思交流与改进结合起来，使学生在劳动中获得成长。

（5）榜样激励。围绕劳动的精神追求，树立典型，激发劳动热情。注意遴选、树立多类型榜样，不仅要有大国工匠、劳动模范，还要有身边表现优异的普通劳动者和同学。指导学生从榜样的具体事迹中领悟他们的高尚精神和优良品质。明确要求学生在日常劳动实践中努力向榜样看齐。

（三）劳动教育评价

将劳动素养纳入学生综合素质评价体系。以劳动教育目标、内容要求为依据，将过程性评价和结果性评价结合起来，健全和完善学生劳动素养评价标准、程序和方法，鼓励、支持各地利用大数据、云平台、物联网等现代信息技术手段，开展劳动教育过程监测与纪实评价，发挥评价的育人导向和反馈改进功能。

1. 平时表现评价

要在平时劳动教育实践活动中及时进行评价，以评价促进学生发展。要覆盖各类型劳动教育活动，明确学年劳动实践类型、次数、时间等考核要求。关注学生在劳动教育活动中的实际表现，注重从行为表现中分析把握劳动观念形成情况。以自我评价为主，辅以教师、同伴、家长、服务对象、用人单位等他评方式，指导学生进行反思改进。要指导学生如实记录劳动教育活动情况，收集整理相关制品、作品等，选择代表性的写实记录，纳入综合素质档案，作为学生学年评优评先的重要参考。

2. 学段综合评价

学段结束时，要依据学段目标和内容，结合综合素质档案分析，兼顾必修课学习和课外劳动实践，对劳动观念、劳动能力、劳动精神、劳动习惯和品质等劳动素养发展状况进行综合评定。建立诚信机制，实行写实记录抽查制度，对弄虚作假者在评优评先方面一票否决，性质严重的应依法依规严肃处理。在高中和大学开展志愿者星级认证。高中学校和高等学校要将考核结果作为毕业依据之一。推动将学段综合评价结果作为学生升学、就业的重要参考。

3. 开展学生劳动素养监测

将学生劳动素养监测纳入基础教育质量监测、职业院校教学质量评估和普通高等学校本科教学质量评估。可委托有关专业机构，定期组织开展关于学生劳动素养状况调查，注重学生劳动观念、劳动能力、劳动精神、劳动习惯和品质等的监测。发挥监测结果的示范引导、反馈改进等功能。

四、学校劳动教育的规划与实施

（一）整体规划劳动教育

学校是劳动教育的实施主体，应根据国家相关规定，结合当地和本校实际情况，对劳动教育进行整体设计、系统规划，形成劳动教育总体实施方案。方案要明确劳动教育目标内容、课时安排、主要劳动实践活动安排、劳动教育过程组织与指导及考核评价办法等。同时要基于学生的年段特征、阶段性教育要求，研究制订"学校学年（或学期）劳动教育计划"，对学年、学期劳动教育实践活动作出具体安排，特别是规划好劳动周等集中劳动，细化有关要求。使总体实施方案和学年（或学期）活动计划相互配套、衔接，形成可持续开展的劳动教育实施方案。

学校在劳动教育规划时要注意处理好以下几方面的关系。

1. 理论学习和实践锻炼的关系

理论学习和实践锻炼都是劳动教育的必要内容。理论学习重在让学生理解和掌握"劳动创造了人本身""劳动创造世界"等历史唯物主义基本理论主张以及劳动相关法律、法规、政策，作为行动的指南。实践锻炼重在将所学知识转化为真正有用的实际本领，形成良好的劳动习惯，弘扬劳动精神。规划劳动教育时，要两者兼顾，坚持以实践锻炼为主，切实保证每一个学生都有必要的劳动实践经历，不能只是口头上喊劳动、课堂上讲劳动。要通过学生实践前的计划构想、实践中的观察思考和实践后的反思交流，加深对有关思想理论、法规政策的理解，实现理论学习和实践锻炼的统一。

2. 劳动教育与其他教育活动的关系

在开足专门劳动教育必修课的同时，中小学劳动教育必修课实践环节中与综合实践活动的社会服务、设计制作、职业体验重叠部分，可整合实施。职业院校、普通高等学校劳动教育中学生生产劳动和服务性劳动可以通过专业实习、实训、创新创业等实践环节完成，日常生活劳动可以通过学生管理落实。

3. 劳动的传统形态与新形态的关系

❖劳动实践教育

将日常生活劳动教育贯穿大中小学始终。在安排生产劳动和服务性劳动项目时，中小学要以使用传统工具传统工艺的劳动为主，引导学生体会劳动人民的艰辛与智慧，传承中华优秀传统文化，兼顾使用新知识、新技术、新工艺、新方法的劳动。职业院校普通高等学校要注重结合产业新业态、劳动新形态，选择现代农业、工业、服务业项目，提升创造性劳动能力。

（二）劳动教育的组织实施

1. 实施机构和人员

学校要建立健全劳动教育组织实施的工作机制。明确主管校领导，设置机构或明确相关部门负责劳动教育的规划设计、组织协调、资源整合、师资培训、过程管理、总结评价等。

要建立专兼职相结合的劳动教育教师队伍。根据学校劳动教育需要，明确劳动教育责任人，进行劳动教育规划组织实施评价等，配齐劳动教育必修课教师，保持教师队伍的相对稳定性。要充分发挥教职员工特别是班主任辅导员导师的作用，利用少先队共青团党组织以及学生社团等各方面的力量，合力开展劳动教育实践活动。充分利用家长及当地人力资源，聘请相关行业专业人士担任劳动实践指导教师。

2. 劳动安全风险防范与管理

学校要把劳动安全教育与管理作为组织实施的必要内容，强化劳动安全意识，建立健全安全教育与管理并重的劳动安全保障体系。

要依据学生身心发育情况，适度安排劳动强度时长，切实关注劳动任务及场所设施的适宜性。科学评估劳动实践活动的安全风险，认真排查清除学生劳动实践中的各种隐患。在场所设施、选择材料、选用工具设备和防护用品使用活动流程等方面制定安全科学操作规范，强化劳动过程每个岗位的管理，明确各方责任，防患于未然。制定劳动实践活动风险防控预案，完善应急与事故处理机制。要特别关注劳动过程中的卫生隐患，按照疾控卫生健康部门及行业有关规定，采取相应措施，切实保证学生的身心健康。鼓励购买劳动教育相关保险。

3. 建立协同实施机制

中小学要推动建立以学校为主导、家庭为基础、社区为依托的协同实施机制，形成共育合力。学校要通过家长会、家长学校社区宣讲、网络媒体等途径，引导家长树立正确的劳动观；明确家长的劳动教育责任，让家长主动指导和督促孩子完成家庭社区劳动任务；学校要与相关社会实践基地共同开发并实施劳动教育课程。

职业院校普通高等学校要建立学校负责规划设计，行业企业社会机构主要负责业务指导，双方共同管理的劳动教育实施机制。通过建立劳模工作室技能大师工作室，设置荣誉教师实务导师岗位等，多渠道引入社会力量参与学校劳动教育。要联合社会力量，共建共享稳定的劳动实践基地、校外实习实训基地、各类型创新创业孵化平台，多渠道拓展劳动实践场所。

五、劳动教育条件保障与专业支持

地方教育行政部门要切实加强对劳动教育工作的组织领导，明确机构和人员承担区域推进劳动教育的职责任务，切实加强条件保障专业支持和督导评估，整体提高大中小学劳动教育质量和水平。

（一）条件建设

1. 丰富和拓展劳动实践场所

地方教育行政部门要统筹规划和配置劳动教育实践资源，满足学校多样化劳动实践需求。充分利用现有综合实践基地青少年校外活动场所、职业院校和普通高等学校劳动实践场所，建立健全开放共享机制，特别是充分利用职业院校实训实习场所设施设备，为普通中小学和普通高等学校提供所需要的服务。可安排一批土地、山林、草场等作为学农实践基地，确认一批厂矿企业作为学工实践基地，认定一批城乡社区、福利院、医院博物馆科技馆图书馆等事业单位社会机构公共场所作为服务性劳动基地。推动学校充分利用校内学习生活有关场所，逐步建好配齐劳动技术实践教室实训基地，丰富劳动教育资源。

2. 加强师资队伍建设

要明确劳动课教师管理要求，保障劳动课教师在绩效考核、职称评聘、评先评优、专业发展等方面与其他专任教师享受同等待遇。推动中小学职业院校与普通高等学校建立师资交流共享机制，发挥职业院校教师的专业优势，承担普通学校劳动教育教学任务。建立劳动课教师特聘制度，为学校聘请具有实践经验的社会专业技术人员劳动模范等担任兼职教师创造条件。

高等学校要加强劳动教育师资培养，有条件的院校开设劳动教育相关专业。把劳动教育纳入教育行政干部校长教师辅导员培训内容，开展全员培训，强化劳动意识劳动观念，提升劳动教育的自觉性。对承担劳动教育课程的教师进行专项培训，增强劳动育人意识和提高专业化水平。

3. 健全经费投入机制

各地要统筹中央补助资金和自有财力，多种形式筹措资金，加快建设校内劳动教育场所和校外劳动教育实践基地，加强学校劳动教育设施建设，建立学校劳动教育器材、耗材补充机制。学校可按照规定统筹安排公用经费等资金开展劳动教育，可采取政府购买服务方式，吸引社会力量提供劳动教育服务。

（二）加强专业研究和指导

1. 加强劳动教育研究与指导

在全国教育科学规划、教育部人文社会科学研究项目中支持劳动教育研究。地方教育行政部门鼓励和支持相关机构设立劳动教育研究项目。设立一批试验区或试验学校，注重开展跟踪研究、行动研究。举办论坛讲座，营造良好学术氛围。

各级中小学教研机构要配备劳动教育教研员，组织开展专题教研、区域教研、网络教研，通过协同创新、校际联动、区域推进，提高劳动教育整体实施水平。鼓励高等学校依

❖ 劳动实践教育

托有关专业机构开展劳动教育教学研究。

2. 组织开展劳动教育课程资源研发

基于劳动教育教学的实际需要,省级教育行政部门明确中小学劳动实践指导手册编写要求,体现"一纲多本",满足不同地区学校的多样化需求,负责组织审查。职业院校可组织编写劳动精神、劳模精神、工匠精神专题读本,由编写院校或委托专业机构进行审查。鼓励学校、学术团体、专业机构等收集整理反映劳动先进人物事迹和精神的影视资料,组织研发展示劳动过程、劳动安全要求的数字资源,梳理遴选来自教学一线的典型案例和鲜活经验,形成分学段、分专题的劳动教育课程资源包,促进优质资源的共享与使用。

(三)督导评估与激励

1. 加强对学校劳动教育实施情况的督查

把劳动教育纳入教育督导体系,完善督导办法。对地方各级人民政府和有关部门保障劳动教育情况进行督导。对学校劳动教育开课率、学生劳动实践组织的有序性、教学指导的针对性、保障措施的有效性等进行督查和指导。督导结果要向社会公开,作为衡量区域教育质量和水平的重要指标,作为对被督导部门和学校及其主要负责人考核奖惩的依据。

2. 建立健全劳动教育激励机制

在国家级、省级教学成果奖励中,将劳动教育教学成果纳入评奖范围,对优秀成果予以奖励。依托有关专业组织教科研机构等开展劳动教育经验交流和成果展示活动,激发广大教师实践创新的潜能和动力。积极协调新闻媒体传播劳动光荣、创造伟大思想,大力宣传劳动教育先进学校、先进个人。

参考文献

[1] 檀传宝. 劳动创造美好生活[M]. 北京：中国劳动社会保障出版社，2019.

[2] 洪英党，朱浩，向米玲. 劳动教育教程（中职版）[M]. 北京：航空工业出版社，2020.

[3] 彭凌龄. 中职生劳动教育教程[M]. 上海：同济大学出版社，2020.

[4] 徐国庆. 劳动教育[M]. 北京：高等教育出版社，2020.

[5] 袁国，徐颖，张功. 新时代劳动教育教程[M]. 北京：航空工业出版社，2020.

[6] 周万才，周丽姐，王潇伟. 劳动教育理论与实践教程[M]. 上海：上海交通大学出版社，2020.

[7] 刘向兵. 新时代高校劳动教育论纲[M]. 北京：社会科学文献出版社，2019.

[8] 何卫华，林峰. 大学生劳动教育理论与实践教程[M]. 厦门：厦门人民大学出版社，2019.

[9] 陈秋明. 大学生志愿服务理论与实践[M]. 北京：商务印书馆，2018.

[10] 向德荣. 劳模精神职工读本[M]. 北京：中国工人出版社，2018.

[11] 吴顺. 工匠精神：传承与创新[M]. 北京：中共党史出版社，2018.